U0465354

下在莊裏的雪

李明久传

付 聪 著

河北出版传媒集团
河北教育出版社

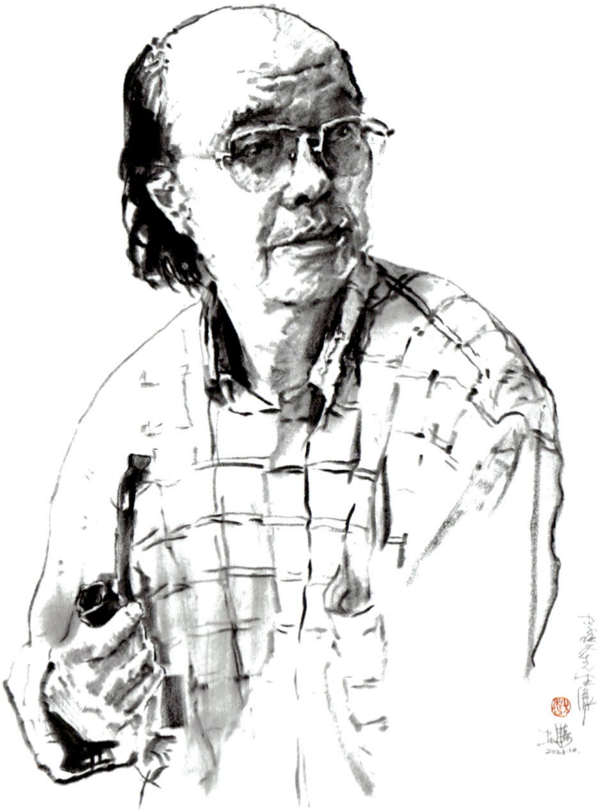

序 一

闻 章

最近始知自己不会写文章,想着该怎么改造自己。偏这时,付聪要我为她的新书写序。

厚厚一沓打印稿,洋洋洒洒十几万字,这让我很吃惊。十年前,我也给李明久先生写过几篇文字,我采访他时,他的第一句话便是:"我是个没故事的人。"果然没多少故事。付聪说,李明久先生对她也是这么说的:"我是个没故事的人。"

没故事,而能写这么多,付聪怎么做到的?

李明久先生与付聪,一个是三〇后,一个是八〇后,年龄悬殊,阅历差距大,代沟深且阔,别说李明久先生没故事,即便有,靠什么功夫能保证原意不失?付聪说她会揣摩,我相信她是个会揣摩的,为人写传,若不会揣摩,想也别想。但揣摩不能碰到隔膜,隔膜若在,揣摩则无功。付聪说,李明久先生看过她写的部分稿子,诧曰:你怎么好像见过的?付聪不但能揣摩,且能获得当事人认可,那得有多难能,难能而能,才是真能!

当年,当李明久先生说出"我是个没故事的人"后,我说:"李老师,您真幸运!"

人生不需要故事，故事是什么？是曲折，是跌宕，是缠绕，是以苦恼作背景的快乐或者以快乐作企图的苦恼。因此，人生难得没故事。有没有故事不重要，有没有成就才重要。成就怎么来？一般情况下离不开磨难，百般挫折，百般苦痛，于诸多迂回中生感悟，于诸多感悟中自我超越，就这样，跌宕出一路故事。而李明久先生却是特例，他没有故事，只有成就。

付聪与李明久先生，一个敢写，一个能允。允者大，写者壮；允者高，写者真；允者无失，写者有得。我突然感觉到，此二位虽人生时段不同、人生境遇各异，但其内在禀赋却有一个东西相同：聪慧。何谓"聪慧"？聪能感，慧能悟。聪而能感的人很多，感而能悟的人很少。感是感世界，悟是悟自己。能感始知有世界，能悟才能让世界成为自己。

李明久先生来自雪国，天资聪颖，别人一句话，他能活成一辈子的操守。当年一落魄者告诉他"管住自己的嘴，做好自己的事"，他记住了，也做到了。殊不知，这句话，在那个人那里是教训，在他这儿是成就。响鼓不用重槌，他是见花开而知绽放的人，所以他用不着故事。聪慧，而又不自恃聪慧，反而平和；平和而又不自守平和，而是始终有方向，于平和中求进取，此是李明久先生成就的根本。所谓"外师造化，中得心源"，李明久先生不仅画画依从此道，连做人也是如此。

付聪也是，不知是谁为她取的名，付聪付聪天天喊，呼者他认，答者自认，所以付聪聪慧是应该。

付聪本是做编辑的，没想到当作家。几年前因《冀美绘事》一书，受出版社指派，让她去写画家钟长生，去了便写了。之后又奉命写了老驷、老乐、老墙、破老头等几位画家，箭无虚发，有百步穿杨之绩。之后她便胆壮气豪，连徐光耀、韩羽、王蒙、张文新、蒋子龙等这样的大家也敢"触碰"，很快结集成书出版。当作家千难万难，在她这儿却如春日花开一般，不知不觉间已经灿烂。还有绘画，她原本不会，不知怎么便想画，落笔即不俗，见者皆赞。

这一本传记是付聪写作路上的新开拓，她的快乐在勇敢里生出来。

二〇二三年十二月十九日于花开堂

小品　33cm×33cm

序 二

郭宝亮

付聪让李浩捎来《下在庄里的雪——李明久传》的书稿，嘱我作序，我甚是惶恐。我对绘画艺术是真正的外行，她为我国知名画家作传，我能说些什么呢？但付聪说我是她的老师，理当作序，是推辞不得的。因此，我只好应允此事，不能辜负她的信任。

记得那年付聪跟着我做硕士论文，给我的第一印象是她的文笔非常优美，思路清晰，感觉敏锐，悟性极高，属于那种一点就透的聪明主儿。当时我就暗自思忖，这个人儿有当作家的潜在资质，可惜不知被什么给耽误了。果不其然，几年后她给我拿来一部长篇小说，我读完之后，感觉还真像么回事。当然也有不足，好为人师的我也给她提了几点意见，她不久又做了修改，拿给我看，而我由于忙于手头的课题，竟然一拖再拖，直到今天，也没见小说发表或出版，是否与我的拖沓有关呢？二〇二二年九月，我收到付聪寄来的她的新著《品茗听雪》，是又喜又惊，喜的是我多年前的预感应验了，惊的是这孩子，胆儿也忒大，啥时候竟然也涉足书画艺术领域，写起这些艺术家们来了。在她的朋友圈里，经常能看到她在晒自己的绘画作品，我虽然不懂绘画，但看着也挺赏心悦目的，颇有那么点意思。在一次饭局上，她将自己画的小画儿每人送了一幅，居然还送给了山水画大家李明久先生。我调侃她说，你这真是弄斧弄到班门啦!

《下在庄里的雪——李明久传》，据说是受命而作，而这授命于她的人，一定是一位知人善任、颇有调兵遣将本领的帅才，一句话，让付聪来干这件事算是找对人啦。为知名书画大家李明久先生作传，起码应该具备这样两种素质：一是得会写人，二是要有较高的绘画鉴赏能力，最好还会画它两笔，而这些付聪都具备。

先说第一点。作家李浩曾称赞付聪很会"抓人"。会"抓人"是说付聪善于观察，感觉敏锐，往往一针见血便抓住传主的最核心特点，三笔两笔便把人物"画"出来，《品茗听雪》已经证明了这种能力。比如她写"闻章先生的微笑"，实在传神。原先我未曾与闻章先生谋面，最近两度见到闻章先生，他的"微笑"的确很灿烂。面由心生，付聪写道："闻章先生不离群索居，不排斥日常琐碎，有着人的七情六欲、喜怒哀乐，但他用禅理解读人生、用道法参悟疾苦，身处俗世中却能获得自在和圆融。也因此，他一直是笑着的，这微笑不只在脸上，而且在心里。"比如写破老头和他的西山槐园，粗陋到底就是大雅，丑到极致就是至美，破的尽头就是崭新。如此看来，破老头的"破"大有乾坤。比如，"总是出人意料的潘海波"中，付聪写道："在有些人眼里，潘海波是个高人、神人、好人……在有些人眼里，他是个怪人、傻人、各色人……而在更多的人眼里，他是个传说。关心他的朋友觉得：他要是能再和光同尘一些就好了，要是能再求同存异一些就好了，不必要得罪的人就别去得罪就好了。可是把方块的棱角磨一磨还是不是方块了呢？那势必会削弱他的个性，削减他的可爱吧，真是矛盾。"……好了，不必再举过多的例子，付聪写人的功夫着实了得，这种功夫在对艺术大家李明久的书写中得到了淋漓尽致的展现。为了写好李明久先生，付聪为此准备了数年——采访、查阅资料、研究画作……付聪力求真实地再现李明久作为一个山水画大家的成长过程，知人论世、以意逆志，付聪写出了李明久先生对绘画艺术的执着追求——经历正规的美术教育，遍访名家，转益多师，崭露头角，迁徙河北，将冰天雪地的北国文化融入太行山文化的刚硬清峻之中，兼容并包，承传出新，"内化""外融"，"正变""反变"，形成自己独特的画风，终成享誉海内外的艺术大家。一九八四年河北师范大学成立美术系，李明久成为首任系主任，从此他全身心投入美术教育事业，桃李满园，形成特有的"河北师大现象"。难能可贵的是，付聪不是单纯地书写了一个艺术家的事件性的成长经历，而是将李明久作为一个全人来书写。付聪发挥了她细节描写的功力，比如李明久先生初到河北师大，第一堂课给学生们的印象却是极其狼狈的老气象："一个戴眼镜的中老年男子头戴一顶草帽，抱着一捆木头大步流星地走进了我们的教室"——这是从哈尔滨到石家庄，带着准备打家具的木材进教室的李明久。四十来岁就谢顶的李明久，"地方保卫中央"的发型，常常成为学生们打趣的谈资。书中还写了与学生刘进安画画到深夜，"弹尽粮绝"到处找烟屁股抽的普通人李明久。在付聪的笔下，李明久儒雅恬淡、行止有度，但也不乏疏狂恣意的一面；他常常自信满满，但也有迷茫烦恼、心不在焉的状态："行为与所说有时会出现偏差，不配套，顾左右而言他，对于李明久来说是常有的事儿。"……总之，付聪遵循着传记写作真实真诚的原则，一个活生生的李明久在她的笔下生动地凸显出来了。

再说第二点。付聪会画画，也会评画。她对绘画美学、对美术史是有一定知识储备和修养的，否则，她不可能写好李明久这样一个山水画大家。在《下在庄里的雪——李明久传》中，付聪把李明久的师承，以及与当代各位著名画家的交往和他们在艺术上的相互影响都如数家珍般地写了出来。她对李明久《瑞雪》为代表的雪域山水画的绍介分析，对其中的水墨点彩法特别加以阐发："水墨点彩就是他艺术起锚的第一个方向。这一绘画程式，是李明久绘画历程中的一个重要节点，也是他延续一生的一种艺术样式，既记录着他的艺术成长足迹，也记录着那些和北大荒版画家品茗论艺、诗酒唱和的岁月。然而，以李明久的性格，必定不会满足于此，而是左奔右突，闯出一条更加独特的新路。于是，他将水墨点彩这艘小船停泊在一个花木扶疏的岛屿上，占领这个地盘，然后寻觅通往风景更为迷人的航向。""山水画传统艺术语言，无非是勾、点、皴、擦、染，然而完全用这些老办法，是难以表达出他对画面效果的追求的，但他也不想以旁门左道为能事，去寻求什么'特技'来完成作品。……李明久观察过太行山一带大雪覆盖着的这类树，它们正和中国传统山水画中双勾的'介'字点和'个'字点相类似。他把双勾'介'字点和'个'字点扩大，并加以烘染，造成积雪覆盖的感觉。为了符合构思的要求，单有积雪不够，天空还须有雪花飘舞的感觉。传统山水画中，'弹雪'之法古已有之，即待画完成后，弹上铅粉点。李明久觉得这种办法太古板，粉点与墨色也不易协调。他采用先弹矾水点，不待干时即画墨，这样既协调又能收到矾水点与墨产生渗化奇变的效果，还保留了矾水点呈现雪花的感觉。""至于皴法的运用，如画房屋的墙壁，他采取正反两面加工的办法，即在反面先画，而后于正面适当加工，这样既表现出土墙皮的质感，又具有剥落的特殊效果。画面处理不能太实，太实了必然刻板，缺少生趣。因此要求在实处用笔也要松，要富于变化，要处理好虚实关系，安排好留白的地方。"……好了，我作为一个绘画外行，感到付聪运用的绘画术语真是令人眼花缭乱，在这方面我还是藏藏拙，少说为佳吧。然而，我想，无论是懂得绘画的人还是如我一样的门外汉，读读付聪的书，都一定会大开眼界，收获多多吧！

是为序。

二〇二四年一月十六日于石门"小自在斋"

秋湖即景　34cm×45cm

序 三

李 浩

阅读一部名人传记，一部关于哲学家、艺术家、文学家的名人传记，譬如《凡·高传》，譬如《列夫·托尔斯泰传》，譬如《巴尔扎克传》，譬如《八大山人传》，再譬如《下在庄里的雪——李明久传》——我想问的第一个问题是，我们为什么要读这些名人传记？我们想要向"名人传记"要什么？是要名人的生平？是的，我们想知道，想知道他的人生过往和传奇经历，希望知道他的生活史、艺术成长史和家族史，希望从传记中看到一个立体的、丰富的、有血有肉的"真正的人"和他身上的种种，我们甚至可能希望获得一点点的"励志"：原来他可以从这里汲取，原来他可以从这样一个平常和普通之中成长而来，那我也能，也可以。是的，励志性（毋庸讳言，所有的关于哲学家、艺术家、文学家成长史的名人传记中都包含有励志的成分，或多或少）是我们阅读名人传记时一个隐性的汲取诉求，哪怕我们只是从一个简单的"了解这个名人的基本生活和成长历史"的想法出发。阅读一部哲学家、艺术家、文学家的名人传记，我想我们还想要的是：他的思想成长史、艺术成长史、观念更变史——这同样是"重中之重"，因为它为我们提供"他何以如此""何以成为如此"的基本脉络，从而使我们获得一种清晰和明确，也让我们反观自己：我呢？我当如何？我当如何来看待他（他们）的这一选择？在这个（或多个）似乎都是通途的十字路口，我的选择应当是什么？是的，我们希望从名人传记中读到这种诱发性的反观，它在这里包含着极度可贵的精神启示和艺术启示，只有满足了这一点，这本名人传记才会成为"对大脑和心灵有好处的药剂"（弗拉基米尔·纳博科夫）。我承认这一"索要"是相对苛刻的，但它也应是一种必需，是一部名人传记可能达至高格的必要性指标。

也就是说，让我们打开一本名人传记并深入、细致地读下去，那它必须提供四种基本的"服务"：第一，生平，个人成长史和家庭史的部分；第二，励志性，尽管这个励志性言说始终包含在故事之中；第三，思想、艺术、观念的成长史和更变史，这是关于哲学家、艺术家、文学家传记最不可缺少的部分；第四，启示性，为阅读者提供"反观"自身的精神参照。一部优秀的传记作品必须要包含并同时包含这四种"服务"，它才会真正有效，才有其价值。

付聪《下在庄里的雪——李明久传》可以说基本有效地提供了这四种"服务"。关于生平，我自不需多言，除有趣的、作为楔子的第一章节之外，后面的叙述基本上是按照时间顺序完成的、关于李明久先生诸多"生平节点"的讲述，它始终紧扣着"生平"，所有枝杈的生出也是由"生平"这个词为胚胎的，是一种有效、有趣的延展；关于励志性，我也不想多言，我不想多言是因为付聪没有多言，她极为聪明地克制了自己从文本中"跳出"的念头，克制了总结归纳，而是让它融解于具体的故事之中——这恰恰是我最为赞赏的部分之一，也是这部名人传记中的一个"与众不同"之处。许多时候，书写名人的写作者极怕阅读者不知道、不了解传主的伟大卓越，极怕阅读者读不出他书写那段细节的"深意",同时也极怕阅读者不知道自己是何等的有知识、有见识,于是行至一个他认为的关键之处就跳将出来,滔滔不绝地展示自己对传主的熟稔、对文化和历史的熟稔,然后不断地总结概括:看,他这一段多励志!多伟大!多坚韧!多……殊不知,就在他跳将出来概括总结的时候,恰恰显露的是他自己的匮乏与浅薄,这会极为迅速地拉低那本书的价值。付聪的这本传记不同,她的励志性言说是通过一个个生动的、有趣的、生活化的故事来完成的,而且,她所采取的还是用那种平和的(甚至是质朴的)语调简洁地说出,是与故事完整交融的。譬如"小荷才露尖尖角——山水画初次发表"那节,譬如"春风十里柔情——安居乐业"那节,再譬如"荡胸生层云——拥抱太行山"那节,譬如……

下面,我该谈及"思想、艺术、观念的成长史和更变史"部分了,这在付聪的《下在庄里的雪——李明久传》中属于重中之重,它的重甚至盖过李明久"生平"之重,尽管这一部分的言说同样与生平紧密相连——这也是我所极度赞赏的部分之一,因为它最能呈现一位优秀的、卓越的画家的艺术价值和精神价值,是其中最晶亮夺目的"核"。就李明久先生的绘画历变而言,可以有数个不同的阶段:一是最初的学习期。这个"学习"包含有向关松房、王仙圃、尹瘦石等山水画、人物画名家临习借鉴的意思,同时也包含有向名山大川、花树草木学习临鉴的意思。这一部分的"习作"我们可见的很少,但付聪以她的文字"勾勒"出了部分已不可见但我们或有感触的画作,这,可看作是一种可贵的填补。二是笔墨、技法相对成熟的阶段。在这一阶段,李明久的绘画已经画艺精湛,无论是青绿山水还是江南水乡,无论是东北密林还是巍巍太行,无论是大江大山还是小景一隅,他的绘画都具备可观之处,无瑕疵亦无明显败笔。对于这一阶段，付聪的笔墨更多地放在李明久对于绘画的思考和教学中，她借用"众人之口"和传主之口，生动而喧哗地完成了所需要的呈现。三是"转宜多师"和"个人面目"渐渐呈现的阶段。在这一阶段，李明久左冲右突，上下求索，师古人亦师造化，我们甚至部分地可看到李可染、高剑父、张大千、宋文治、黄秋园、吴冠中、朱屺瞻等诸多画家的笔墨元素在他绘画中的"渗入"，他试图博取，更试图在这一博取中建立明晰的个人标识。在这一阶段，太行景致和雪景的绘画慢慢多了起来，以付聪在传记中的概括性提及的话来说，"李明久笔下的太行山，以形托意，又意在形外；大气磅礴，又清俊朗逸。"这是中肯的评价，同时又是颇有见地的评价。四是成熟期，"个人面目"彰显期，它的标志即是"下在庄里的雪"。在一篇文字中我曾谈到我对李明久先生这一阶段绘画的个人看法："与传统山水画中重峦叠嶂、强烈体现的散点透视原则不同，与传统山水绘画有意建造的峰回路转和它所带来的曲折迂回不同，李明久的'雪域山水'往往是'抻平了的局部'，有意将构图近景化，因此在他的画作中你看不到远山、近山和更近处的近景之间的交织分层，看不到山路曲径的多层迂回——在这一点上，李明久冒险地做足了减法，他让画面尽量多地照顾一个平面，一个略有斜势的局部，而减去了以往山水画中有意强调的'多层次'。妙就妙在，李明久的冒险减少是经历了'深思熟虑'的，他知道自己冒险的减法不能造成减弱，造成美感和意韵的缺损，是故，他利用了雪，利用雪的薄厚，覆盖与不能覆盖来'重新组织'层次的丰富与画面的迂回……李明久计白当黑，他创造性地创造了雪域山水的崭新画法，'雪'在这里有了更强的实体性，包括它所占据的'空白'。在以往的传统中国绘画中,'雪景'是山水形体的'虚化补衬',它依附于山形、树形,从未以真正实体的样貌得以体现,但在李明久的绘画中,它被重视、强调,成为表现的重要组成和有机体,而这一有机体又是以减法的方式、空白的方式呈现出来……"在这一阶段,付聪同样是通过众口之说和个人思考将李明久先生的艺术达至和何以如此表达得清晰鲜明。第四种服务,即它对我——作为阅读者的启示和启发。我承认我在付聪的这部书中获益,这种获益既来自它对李明久先生诸多品格的塑造,也来自其隐含的励志性和内在激荡,同时也来自她在这部《下在庄里的雪——李明久传》中所提供的艺术之思和应有选择。我也学过美术,喜欢在业余的时候画画山水,在阅读这部传记的过程中我时时会想起李明久先生对我绘画的教诲:现在,你要做减法,要有所舍才行。这部书,让我更深地理解和懂得了"减法"与"舍"的意思,也让我更愿意完成这个"减法"与"舍"。

　　提供四种基本的、普遍的"服务",是保障传记作品具有价值的基础性标准,而让这本传记具有文学性和魅力感,能够吸引住人,仅仅满足"基础性标准"大约还是不够的,它还需要提供以下四点:第一,真实性,真实是传记文学最为可贵、最为重要的支撑,它应是第一确保(可惜的是,我们太多的传记文学对于第一确保的遵守并不那么严格,它们有时的讳和伪严重伤害着传记文学的可信性);第二,生动的故事,动人的情节,它要有文学性表述,要为人物提供血肉和气息;第三,具有吸引力和深刻度的语言,它还要与传主的故事、艺术、思考和精神向度相匹配;第四,整体性,这是传记文学最难以做到但又必须保证的部分,它要求写作者既能分散展示传主丰富、多彩而有魅力和曲折感的一生（大半生），又能以一种暗暗的、超拔的概括性引线串联起所有故事，让阅读者在读完整部作品之后可以在大脑中建立一种"清晰"的和"可把握"的回味，能让他相对清晰地把他想要的故事和思想搭建起来。那，付聪的这本《下在庄里的雪——李明久传》在"四种提供"方面又做得如何？

真实性，可能是这本书令我看重的另一可贵品质之一。在付聪的书写中，我们可以读出她案头工作的扎实和细致，可以读出她在保障真实性方面所做的诸多努力，可以看到（尤其可以看到），她并无"为名者讳""为尊者讳"的心思和刻意，而是始终追求真诚和真实——譬如，她甚至专门辟出一章，写李明久"心不在焉"的状态；譬如，提及李明久在担任系主任时的"寒心"；譬如……也正是这真诚和真实，传主的血肉、气息和弱点呈现使他更鲜活，也让我们更感亲切和亲近。文学性的、有魅力的故事，在这部书中也绝不鲜见。譬如，学生刘进安与李明久一起在地上找烟蒂的一段，艺海画廊成立后李明久向校长"借钱"的那段，譬如……我在阅读《下在庄里的雪——李明久传》时不断地勾勾画画，试图将其中有趣的、生动的故事作为引文补充进我的序言之中，但写到这里，我决定放弃。因为它们太多了。因为，我愿意让大家自己在文字中寻找，我相信您能找到的一定比我勾画出来的更多。

下面我要谈及付聪的语言了。它活泼、鲜明，但不张扬，尽可能地保持着一种生活化的样貌，甚至尽可能地保持平实，减少渲染性的装饰——而恰恰是这样的语言，恰到好处地把李明久先生的有趣、好玩和内心的丰富以及对艺术的那种求索精神表现得淋漓丰沛。至于整体性——我觉得，付聪给我们呈现的是李明久先生整体的、漫长的艺术求索之路和人生之路,这里面有顺畅和快慰,有波折和疼痛,甚至会有漫不经心和心不在焉的状态……它让我们看见一个艺术从业者不凡的求索和进取,让我们看见生活和生命的给予以及内在的种种,让我们得以在掩卷之后沉思:我和我们,我们的此在和未来。

小品　33cm×33cm

| 目 录

1　楔　子
6　喜看红榴初结子　人生之初
11　小儿冰雪净聪明　村里的小画家
15　金兰同好共忘年　民间画师陈真
20　儿童急走追黄蝶　春天上私塾
22　忙趁东风放纸鸢　小小话剧演员
25　桥上少年桥下水　就读榆树县中学
27　梦里云归何处寻　辍学在家
30　高山流水遇知音　镶牙师傅
33　飞花赋彩拂世界　文艺部长
35　与君世世为兄弟　睡在下铺的陈文
38　雪深迷郢路　长春电信学校

41 追风赶月莫停留 哈尔滨考试

43 等闲平地起波澜 丢失行李

47 游刃乾坤多造化 附中里的大哥

49 柔肠一寸愁千缕 家书和情书

51 欲穷千里目 刻苦学习

55 草长莺飞二月天 丰富多彩的校园生活

58 月上柳梢头 她来了

60 小荷才露尖尖角 山水画首次发表

66 风流儒雅亦吾师 吴镇东、尹瘦石、刘忠三位先生

68 飘然思不群 拜访叶浅予先生

71 清风多仰慕 拜访王式廓先生

74 仰慕贤者躅 拜访秦仲文先生

77 人间能得几回闻 拜访吴镜汀先生

79 随风潜入夜 拜访王叔晖和吴光宇先生

82 笔落惊风雨 拜访蒋兆和先生

83 眷眷往昔时 毕业之作

86 海阔凭鱼跃 工作有了着落

90 郎才女貌桃华宴 突如其来的婚礼

94	春风十里柔情 安居乐业
96	只有师恩无穷期 恩师王仙圃
100	时来天地皆同力 调职河北师大
103	荡胸生层云 拥抱太行山
108	长风破浪会有时 狼牙山浩气图
112	玉壶存冰心 第一堂美术课
115	落红不是无情物 和学生在一起
119	传道授业解惑 托裱绝技
122	化作春泥更护花 坐在地上的大家
125	桃李春风一杯酒 北戴河之行
129	人多知遇独难求 孙其峰教授
133	画得江山助 桂林写生
135	直挂云帆济沧海 法国之邀
137	无言谁会凭栏意 恩师去世
140	文章本天成 画语录
143	海内存知己 北大荒版画
145	天涯若比邻 四友天津办展
147	流传必绝伦 水墨点彩

152	玉树琼枝相映耀	好朋友张步
154	忽如一夜春风来	《瑞雪》诞生
161	忆昔参鸾识俊英	田辛甫先生
168	三更灯火五更鸡	一盆热汤面
177	薪火相传行致远	师生合作《燕塞湖》
182	心事浩茫连广宇	辗转难眠
185	无边光景一时新	石家庄第一座画廊
188	志同道合味悠哉	汪易扬画展
191	笔墨传情续风华	同道交流
193	江山代有人才出	河北画院群英
198	风物长宜放眼量	购买名家画作
201	定册功成身退勇	功成身退
204	岂容华发待流年	学生林宇新
211	谦谦君子德	"发菜"发财
216	无边光景一时新	大运河写生
220	入水披沙始见金	运河新貌
225	且将新火试新茶	香港画展
228	人生所贵在知己	结识萧晖荣先生

230	是非分明敢当先	不同的意见
234	为伊消得人憔悴	心不在焉的状态
238	风正一帆悬	来自香港的订单
242	润物细无声	学生闫新生
245	山水之间诉衷肠	神交弘一法师
247	乐与师徒共	学生蒋世国
251	清词丽句必为邻	一手好文章
253	兴在趣方逸	迷上收藏
256	复得返自然	再度上任又卸任
258	吹尽狂沙始到金	运河新境界
265	直挂云帆济沧海	河北师大现象
269	冲天香阵透长安	名扬海外
273	海内存知己	关于大写意
277	气吞万里如虎	江山无尽图
281	少壮工夫老始成	篆刻和书法
283	今朝放荡思无涯	深夜访贵德
287	天下谁人不识君	摩耶精舍仰大千
290	吾将上下而求索	笑谈"九十成大器"

294　两人对酌山花开　文人画和画家画

296　千呼万唤始出来　评论家的见解

301　少壮工夫老始成　雪域山水绝唱

305　雄关漫道真如铁　雪景画的新与变

312　只留清气满乾坤　对"危机"的思考

317　非宁静无以致远　小园香径

319　雅集可以洗心尘　蹊园逸品

323　君子之交淡如水　茶余饭后的交往

326　傲骨梅无仰面花　为善从不与人知

330　坐看云起时　李明久封馆开馆

333　路漫漫其修远兮　高寒之境

337　师恩恰似三江水　学生王旭

341　他年应记老师心　学生文岗

344　死生从此各西东　学生徐福厚

348　谁言寸草心　学生贠冬鸣

350　惜春行乐莫辞频　晚年生活

352　李明久艺术年表

366　后　记

楔　子

初夏的山风最是清爽宜人,阳光亦不似酷暑那般骄灼,流云悠闲地浮于天际,原始森林如碧浪清波,蜿蜒曲折的山路在迷蒙雾霭中时隐时现,通向山顶的龙山书院。

龙山书院所在之地本是石家庄井陉大山深处的一处幽秘之境,由河北当代书画名家潘学聪、文化学者孙彦星等于山中采风探幽时发现。山中泉水甘甜、空气清洁、民风淳朴,更有千年古刹金华寺坐落其间,仙气缭绕、烟波浩渺,犹如一处世外桃源。随着流连日久,感情甚笃,众人遂合力于此建龙山书院,盼之发扬光大。

是日,龙山书院熙熙攘攘,众文化学者、艺术名家济济一堂,共庆书院揭牌之喜。座中八十五岁的书画大家李明久先生气质脱俗、清新如竹。他在众人簇拥下,赏龙山书院书画展,时而凝神驻足、若有所思,时而听他人评画、似有所感。前些日子,李明久微恙,家中静养虽有时日,却常感身有倦怠,精神恹恹。此次来龙山书院,得见诗人刘小放、作家闻章、书法家潘海波等一干老友,遂觉豁然开朗、神清气爽。赏画完毕,李明久一行被让进偏厅品茶。他以惯常的姿态落座,清瘦的双臂开阔地搭在椅背,神态安然平和又透着长者气度,令人不自觉地谈笑有节制、不敢高声语。不时有后辈以倾慕的姿态向他靠近,请求合影留念,或请教问题。李明久有求必应,有问必答,语调疏缓优雅,如同梵

小品　33cm×33cm

音，沉静而悠远，自有一种力量。众人无不恭恭敬敬、侧耳倾听。

揭牌仪式由潘海波主持，承续其一贯幽默风趣的风格，使整个活动气氛轻松诙谐，因有德高望重的长者李明久等坐镇，又不失高端而隆重。因李明久身体历来硬朗，便无人把他作为耄耋老者给予特殊对待。虽原地站立了近半个时辰，膝盖稍有僵硬，但他仍有兴致游览龙山书院后花园。这里曲径通幽，高低错落，目之所及百花翻浪、苍翠欲滴。

龙山书院所在虽已是山顶，但山外有山，远处重峦叠嶂，群山连绵，犹如戏台布景悬挂天际。站在平台边向下望去，竟是百丈悬崖，只是深不见底的沟壑植被繁茂，蓊蓊郁郁，并不令人生畏。今年以来，李明久少有动笔，而此时此刻，他心中徐徐铺开一页素纸，一幅汁墨淋漓的画稿缓缓升腾起来。他将目光放在远处，并不为某一具体景致停留，却闪现着温煦的淡淡光彩。直到鹅黄色的棉麻长裤被微风吹动拍打在腿上，他才回过神来。大自然就是有这种魔力，使人忘了肉体凡胎，不知今夕何夕。此刻，李明久胸中荡起的诗情，不是"会当凌绝顶，一览众山小"，而是那句"念天地之悠悠，独怆然而涕下"的绝唱。

关于画事，李明久从来都是自信但不自满。时至今日，他已蜚声画坛，桃李满天下，却仍未停止求索和实践。他从不喜用奇异的画材画具，也不用异乎寻常的技法，更是杜绝险、奇、怪等哗众取宠之风，纯然是踏踏实实承继中国传统水墨衣钵，将中国传统水墨总结归纳的关于美之规律、法则发挥到极致，再加上自我独特的憬悟与提炼，进而形成独属于自己的绘画程式。正如一个孩童继承了父辈的基因，却有了新的样貌，生出了新的智慧一般。这正是他所倡导的师古而化的观点。因此，他的作品正宗、纯粹、优雅、清逸、朗静，不让古人；又因其开创式的、独树一帜的面貌，令人百看不厌、耳目一新。观其画，如听古琴，余音绕梁，三日不绝于耳。那高山流水、文雅清逸之气息，正与他个人的性情、气质有关。

李明久素来推崇古代文人之风范：人生在世，须有君子风度、竹兰之气。其行止坐卧，谈吐语调，无不透着斯文儒雅，而内心却永葆活泼、浪漫。此次龙山书院之行，正有体现。

龙山书院将午餐安排在半山腰的燕然居。"燕然居"之名取自《道德经》："虽有荣观，燕处超然。"室内画案丝竹，院落田亩篱笆，极为雅致。在矮墙边的古树下，众人落座用餐，野风伴着野味即生野趣。李明久和刘小放，这两位相交数十年的好友，一人端着一碗粉条大锅菜，相视而笑，兴味盎然。素以"豪气"著称、人称"放翁"的诗人刘小放，今日着一件猩红色T恤衫，更显明朗，而着淡黄色格子衬衫的李明久则更显雅静。此刻，两位老者，复归孩童一般天真烂漫。

众人倦了，而李明久却仍意犹未尽，执意去金华寺探访一遭。他这一生，从不辜负美好，凡事讲究尽兴，既然到了龙山书院，不到金华寺一览岂不遗憾。数名后辈随从，不为访金华寺，只为置身李明久左右，听其教诲一二。金华寺规模不大，却巍峨雄伟，登上山门，须拾级而上。有后辈执意搀扶，虽然不必，李明久也并不推脱，一口气登上三十余级台阶，呼吸并无急促，步伐不见紊乱。瞻仰佛堂的神圣，不为发愿、忏悔或祈求，而是对那未知的以及眼见的世界都心存感激和敬畏，亦为净化内心，为画事沾染些许禅韵。院落中，参天古柏、亭台楼榭、石狮子在空灵的梵音中越显圣洁。那株遮天蔽日的千年皂角最令李明久欣喜，他手扶树干，望向远方山峦，恣情感受天朗气清、日丽风和。

楔 子

冥冥中一切自有机缘，时空交汇，某年某月某一天，李明久访龙山书院，游金华寺，闲情逸趣，心悦神怡。醉翁之意不在酒，在乎山水之间。而李明久先生身在山水之间，却神游何处？人知从先生游而乐，而不知先生乐其乐也。

喜看红榴初结子
人生之初

一轮巨大的水淋淋的太阳从村东的柴火垛上爬上天边的时候，整个吉林省榆树县（今榆树市）忠善乡西万泉岭村被包裹在一片明艳的红色之中。大多数人家还在睡觉，而老李家却灯火通明，闹火龙一般经历着家族添丁进口的大事。

父亲和兄弟不知道躲到哪里避嫌去了，只剩李鸿彬一人焦急地在院子里走来走去。妻子痛苦的呻吟声一阵紧似一阵，村里的几个婶子、大娘还有岳母在北屋里忙活着。这已经折腾了一天一夜，孩子还没有生下来，他的心像猫抓一样，一会儿忧、一会儿怕、一会儿喜。

忽然，一声婴儿的啼哭惊飞了老榆树上的那只喜鹊。李鸿彬的心也如石头一般落了地。"生了，生了，是个大胖小子！"北屋里的大娘大婶们一边喊着一边疾步走来向他报喜，门被推开的一瞬间，李鸿彬实在耐不住脸上的火烧，快步走出了院子。只看到他的背影的大婶子，笑着嗔怪道："这脸嫩的后生，当了爹了，倒害上臊了。"

李明久出生的那天，爷爷、父亲、叔叔都没有见到他，而母亲早已累得昏睡过去，也没有见到他的小脸儿。他身边的至亲只有外婆。所以后来李明久逐渐长大，像所有孩子一样拽着大人的衣襟询问自己出生时候的事情，母亲通常会说一句：这得问你姥姥，我那时睡着了，啥都不知道。李明久出生时的盛况,就从外婆口里反反复复讲了一遍又一遍。"你一生下来,嚯,十字披红!别人都跟我说你这个大外甥可了不得,日后不定得怎么出息!"姥姥眉飞色舞,村里的阴阳先生掐指一算说:"这孩子天庭饱满、气宇不凡,是当大官的料。你看见村头那条河了吗?那是龙——脉。"外婆将龙字拉得老长,仿佛拉得越长,就越神圣,而这神圣就是属于李明久的。外婆的话,李明久半懂不懂,但是他自觉有一种与众不同,一颗自尊自重的种子扎根在他的骨血里。日后李明久表现出的天资灵秀,都似冥冥中自有注定,他像乘着风的牵引,朝着艺术天地一步步靠近。

李明久的母亲姓王,没有名字,连小名也没有,这在那个年代不足为奇。人们生活艰苦,而妇女则更苦。繁重的家务劳动、田野劳动,再加上生育之苦,却换不来社会的尊重。在出嫁前,甚至都难得见到夫婿一面,只能嫁鸡随鸡,嫁狗随狗。李明久的母亲就是这样。我们姑且称她为李王氏。

昏睡了几个时辰,婴儿的啼哭将李王氏唤醒。她迷迷糊糊地微睁双眼,看到熟悉的自家房顶,意识才回到现实之中。她有孩子了!一种巨大的喜悦使她虚弱的身体仿佛漂浮起来。屋子里的一切,矮桌上豁口的瓷碗,土炕上的笤帚疙瘩,簸箩里的顶针、线板,也都闪着亮光漂浮起来。她从来没有这样愉悦过。别说结婚之后,就是之前做闺女在娘家时,也从来没有这么好受过。"娘——娘——"李王氏推了推正伏在炕头打盹儿的母亲,"把他抱给我吧。"母亲回过神来,立刻把外孙抱过来:"快看看你娘吧,你娘为了生你差点要了命喽。这下好了,这下好了,总算闯过了鬼门关。"她有些讨好地嘴里念叨不停,"啧啧,看这大胖小子，七斤八两，你可有福了——"她知道闺女心里一直有个疙瘩，当初闺女对同村的一位青年有意，不想嫁给素未谋面的李鸿彬。可是她不好驳了媒人的面子，硬是把闺女嫁了过来。只因为那做媒的人家生活比较富裕，经常接济自家，也算有恩。嫁过来才知道，媒人所说的家境还算殷实，不过是一处院子两间屋子，有了李明久，就是老少三代住着。说女婿老实本分、踏实肯干倒是属实，不过也忒木讷了些，一天也说不了两句话。闺女回一回娘家就哭诉一回："一句暖心的话没有，一张嘴噎死个人。跟他说什么话，他都听不懂似的。就知道吃饭、干活，干活、吃饭。"她只能好言相劝："过日子嘛，可不就是吃饭、干活，干活、吃饭？谁家不是这样？家家有本难念的经，别人的日子还不如你哩。"嘴上这么说，她又怎能不心疼？可木已成舟，心疼又能怎么样呢？她所能做的，只能是以后多给闺女操点心，多帮衬他们吧。

婴儿一送到李王氏的怀里，哭声戛然而止。李王氏看着这个哭得通红还有些皱巴巴的小脸儿，心里化成了一汪春水。这是她的儿子，她的山，她的天，她的幸福的源泉。她的日子从此以后有了色彩，有了生机，有了灵魂。她的热泪滴在了婴儿的脸蛋上，婴儿仿佛懂事一般挓挲着小手想要触摸李王氏的眼。

一连数日，母亲都跨村来伺候月子。这天，李王氏又把婴儿的小手、小脚交替含在嘴里，像吮吸一块糖果，又在他逐渐鼓满的脸蛋上嘬上一口。母亲看见了，嗔怪道："哎哟，快别亲了。怎么这么不知道害臊。你们小时候，我要想亲一口，都得左右看看有没有人，哪好意思这么亲。""不嘛，我偏要亲。这是我儿子，我想亲就亲。来，儿子，给妈妈笑一个。""哎哟，还一口一个儿子地叫，看谁家的闺女这么没羞没臊。"母女俩你一句我一句地说笑着。很快李明久就出了满月。那时他还不叫李明久，为了取皮实健壮之意，父亲给他起名"铁子"。然而不管他叫什么，妈妈永远是叫他"儿子"，一直到他上中学。

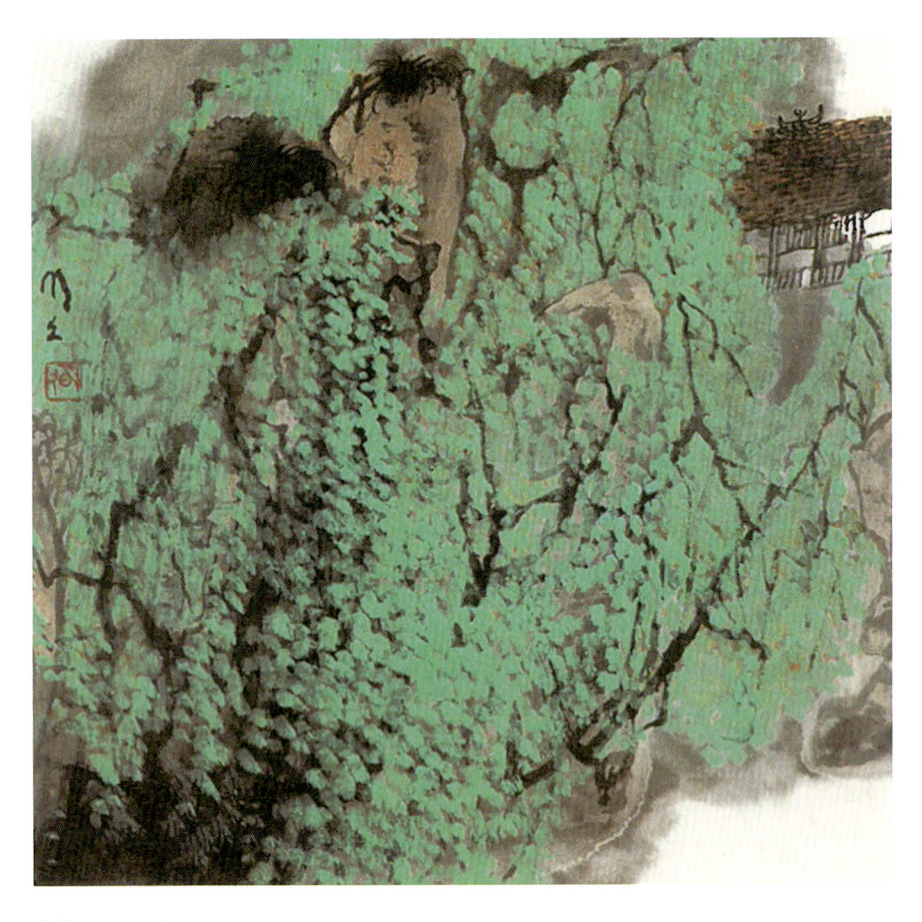

小品　33cm×33cm

小儿冰雪争聪明
村里的小画家

  冬季的早晨，是不容易起来的。天气太冷，李明久迟迟不愿意穿衣服。妈妈说："快起来了，你昨天的画不是还没有画完？起来了可以接着画啊。"李明久听了这话，才从被窝里露出脑袋来。妈妈把小棉袄给他披上，让他小手攥住贴身穿的小衫的袖口："攥好了吗？""攥好了。""别松手啊。""嗯。"于是，妈妈便把棉袄的袖子往上提。"小衫呢？""不知道。"妈妈哭笑不得，只好把手伸进袖管里，把小衫的袖子拽出来。左边是这样，右边还是这样。"小坏蛋——"妈妈点了一下李明久的小脑门儿，两个人咯咯笑起来。
  书桌是妈妈用来擀面的面板背面，画纸是父亲糊窗户剩下的草纸。李明久趴在炕头上，撅着小屁股，在专心致志地临摹一张年画。这张《三国演义》比昨天临的《水浒传》还要复杂，可越是复杂就越勾起了李明久的兴趣，关羽的长胡子、张飞的大圆眼、刘备的大耳朵，都是那么有趣。妈妈走过来，温柔地站在他的旁边，像一个小学生在观摩先生创作一般，惊奇地说："哦，原来眼睛是这样画的啊！哦，这个胡子画得真像啊！"有了观众，李明久愈发画得仔细。终于完稿了，妈妈故作崇拜地说："太棒了，我儿子怎么这么聪明！妈妈看了一百遍都不会画，你怎么拿起笔来就会画哩？妈妈就等这一张挂墙呢。"说着，就把这张大作和其他作品并排挂在了墙围子上。之前是见牛画牛、见马画马,而这次集中临摹年画活动,是从进了正月开始的。大年三十儿起,不管上谁家串门,李明久都能多多少少看到些新气象,比如很多人家贴起了窗花和年画。自己家墙上却没有年画,他年龄太小,还不知道家里因为太贫穷,根本无力消费吃喝之外的东西。他腼腆地从街坊邻居家借来年画临摹,每完成一张,妈妈就如获至宝,往墙上挂一张。李明久越干越有劲头儿,时间不长,家里墙面和窗户就快挂满了。

此时,李明久和父母一家三口已经从老宅搬出来了,租了一个乡亲的院子居住。李明久逐渐长大了,叔叔以后还要在那里娶媳妇,那两间老屋实在不够用了。为了给李明久攒钱上私塾,父亲便更加卖力地扛活打短。劳累使他更加少言寡语、毫无情趣。然而,母亲却不再像先前那样厌恶丈夫,反而愈加心疼这个只知道干活的傻汉子。每次吃饭,母亲会先给父亲盛饭,连大蒜都要剥好了递到他手里;晚上,母亲会给父亲端洗脚水,会给他盖被子。父亲很少陪李明久玩,甚至很少和他说话,但是这个聪明活泼的小小子儿分明在他干涸、枯萎的心河里栽种上了萋萋芳草。每天早上一睁眼,他就拥有了使不完的力气。孩子大了,该念书了,他要去挣钱。一种强烈的念头儿支撑着他。这样的日子很累,但是很有奔头儿。

"铁子——铁子——你怎么还不出来?"村里的伙伴们已经等得不耐烦,直接找到李明久家里来了。原来他们昨天已经相约今天上午在后街集合去滑冰。李明久一画画就忘了时间。此刻,他赶紧跑出来,连忙说:"咱们快走吧。"

妈妈在身后叫住李明久,给他把棉帽子和棉手套戴上。虽然妈妈嘱咐过很多次：不戴帽子，耳朵就冻掉了；不戴手套，小手上有潮气就粘在门把手上了，可是李明久还是记不住。他慌着去玩。"还要不要带上你的皮鞭子？""带上——"妈妈把皮鞭子和陀螺递给他，又拽了拽他的罩衣。村里的孩子们大都直接穿厚厚的棉裤棉袄，一穿一冬天，直到天暖和了才换下来拆洗。而李明久的棉衣棉裤外面却套着外罩。这样脏了可以脱下外罩来浆洗。因此，李明久的衣服总是干干净净的。"玩儿的时候注意安全。""知道了——"李明久一边答应着，一边和孩子们跑远了。

冬季的村庄难免有些萧条冷清。村里随处可见的榆树也只剩瘦骨嶙峋的枯枝在艰难地支撑着。没有鲜艳的色彩，大地只剩一片黑白灰。然而，李明久喜欢这样的冰天雪地，小伙伴们也喜欢。他们穿着厚厚的靰鞡鞋，放着干净的路不走，专门踩在积雪上，听嘎吱嘎吱的声音。一边走路一边打闹，一张嘴就呼出一口白气。他们发现了这一点，于是故意地说话，故意地拉长了音儿喊叫，逗弄着这有趣的白气。太阳仿佛被孩子们的欢乐感染了，它扭过身来，将阳光洒向村庄，于是白色的屋檐、树杈、街道都镶上了金边儿。此时，西万泉岭村成了一个光怪陆离的神奇世界。

李明久们的目的地是当年外婆口中的龙脉。这是一条贯穿西万泉岭村以及相邻的东万泉岭村和狗进屯村的一条河流，名唤老牛沟。因为狗进屯村的一个人曾经在民国时期当过某县县长，老牛沟被阴阳先生称为龙脉，后来又被附加了众多传说，越传越神。不管是不是龙脉，这条河流确实滋润了这一方水土，给这一带的人们带来缤纷色彩。

老牛沟河水随着气候变化时断时续，大多数时候是湿地状态。抓蝌蚌、逮泥鳅、采了芦苇编垫子，这里是孩子们欢乐的天堂。而现在正值寒冬，河面被冻成了各种形态的冰块，有的像锯齿一样凸起，有的像菜花一样分散着，有的地方像镜子一样平整，在阳光的照耀下，闪耀着五颜六色的光芒。这个天然的冰场，正是溜冰、打冰猴儿的好地方。所谓"打冰猴儿"，就是在冰面上抽打陀螺，是东北的孩子们最喜闻乐见的游戏。此刻，他们手持小皮鞭，抽打得正欢……

金兰同好共忘年
民间画师陈真

一阵热火朝天的冰上游戏之后,孩子们商量着明天的活动。"我明天不来打冰猴儿了,我要在家里看画家谱。"一个孩子说,"我爷爷请了狗进屯的陈真先生过来,要给家里画家谱。""什么是家谱?"李明久很感兴趣,只因为里面有个"画"字。"我也不知道,反正应该很有意思。""我去看!""我也去看!"孩子们七嘴八舌地争相报名。

第二天,李明久早早地就到那个小伙伴儿家报到了,就连平时最爱吃的黏豆包都没有吃完。临走时他嘱咐妈妈:"给我留着那半个黏豆包,我回来接着吃。""干啥去,这么火急火燎的?""看画家谱的去。""见了人,要有礼貌。""知道了。"李明久记着妈妈的话,见大人就叫,爷爷、奶奶、大伯、大娘、叔叔、婶婶,看面相分年龄地叫,很讨大人喜欢。

他见了陈真,端详他的模样。他身穿一件样式古朴的灰色半长袍,头戴一顶形状很独特的黑色帽子,有点像妈妈蒸的黏豆包,也有点像妈妈给他准备的半夜用的小尿盆儿。以前他可从来没有见过这样的帽子。陈真的脸有点长,但是很白净,有点像女人的皮肤,要不是有长长的八字胡须就更像女人了。他拿着毛笔的手,骨节分明,手指又白又长,而且干干净净的,没有农村人常有的黑指甲缝儿。叫他什么呢?看他的皮

小品　33cm×33cm

肤像叔叔,可是他长长的胡须又像伯伯,甚至是爷爷。李明久心里思索着。最终他叫了一声:"先生。"陈真答应着,抬头看了一眼站在一群孩子中间的李明久。这个小小子儿穿得干干净净、利利索索,清秀的小脸儿像个小姑娘,一看就知道家里大人是体面人。他低头接着画家谱。不想,那个小小子儿又说话了:"先生,这是什么花?""这是荷花,寓意一家人和和美美。""那这个呢?""这是牡丹,寓意着吉祥富贵。""那这两个人是谁?""这是家族的长辈。""那这底下的一群人呢?""这是家族里的子孙后代。"李明久半懂不懂,只是觉得陈真伟大极了。他笔下的每一条线都那么流畅，而且一笔就能画成，不用回去描。他还有那么多宝贝，粗的、细的、长的、短的毛笔好几根。还有他托在左手中的那个白色的调色盘，那么莹白平整。最神奇的是那些五颜六色的颜料。他每样挤出一点点在调色盘里，右手用毛笔蘸水在调色盘上面抹来抹去，便给家谱上色。不一会儿，荷花变得粉红，叶子变得碧绿，人物的衣裳变成了朱红、深蓝等新鲜又稳重的颜色。

李明久忽然想到了什么，拔腿就往家里跑。"妈妈，快点给我把那张画揭下来，还有那张。"妈妈看着李明久心急火燎的样子，不明所以，但是她从来信任孩子，最大限度地给他自由。此刻，她按照李明久的指示小心翼翼地把年画从墙上揭下来。"嘶——"母亲口中发出惋惜的声音，虽然已经很小心，但还是有些损坏。李明久顾不得那么多，拿起年画就跑了出去。

"先生，请您看看我的画。"李明久有些自豪又有些忐忑地把画递给陈真。陈真看了李明久的画，脸上的表情变了，吃惊地说："你画的？"李明久点点头。"后生可畏啊。"陈真抚摸着他的头连连夸赞。李明久腼腆地微笑着，其实心里早就手舞足蹈了。这一句话，对李明久来说，应该是撬动他艺术生命的第一个支点。他的兴趣、他的自信、他的灵感被点燃了。李明久借着陈真的颜料给自己的年画涂上色彩。临走，陈真还送给了李明久笔墨和纸。从此，他们成了忘年交。

随着李明久越画越多，越画越好，他的小画家名气在村子里响亮起来，也传到了母亲的耳朵里。"看我儿子，真棒。"她捧着儿子的小脸儿端详，然后把脑门儿贴上去，在他的小脸蛋上亲了一口。儿子虽然只有五六岁，但却是可以交流的知己，说什么话他都能听懂，还很讲道理。

　　在李明久的记忆中，母亲跟他说话从来都是温柔亲昵的，一次也没有训斥过他。她从来不叫李明久的名字，连小名也没有叫过，就是一口一个"儿子"，也从不避讳在人前夸赞李明久，这在农村很是少见。有这样的母亲，李明久的生命里充满馨香和温暖。而李明久的父亲呢？他对于妻子和儿子的关心和爱只是藏在心里，从来不说出口，只是默默扛起家里的所有重活累活。他最喜欢的消遣是，一边抽着烟袋锅子，一边看妻子教导儿子，欣赏他们母子俩你一言我一语地聊天。

光风霁月　67cm×67cm

金兰同好共忘年·民间画师陈真

儿童急走追黄蝶
春天上私塾

天气渐渐转暖，老牛沟的冰融化了，鲜嫩的榆树钱儿也慢慢爬上树梢。孩子们的游戏变成了扔坨子、捋榆钱儿。然而这样无忧无虑的日子就要远去了。李明久已经六岁，一家人为了把他送到私塾去念书，省吃俭用，终于攒够了学费。可是，李明久还不知道呢，他正在张罗着一次探险活动。

这次探险活动的目的地是忠善村的一个坟圈子。天刚擦黑儿，李明久和小伙伴们就出发了。高的矮的胖的瘦的，一大队人马，雄赳赳气昂昂地向忠善村开进。天色越来越黑，月亮越来越亮。一种探险的神秘感，使他们充满了兴奋。从爷爷奶奶姥姥姥爷那里听来的鬼故事，争先恐后地讲了一路。三四里的路很快就走完了，进了忠善村，李明久带路，径直往坟圈子摸去。因为他三姑就是这个村儿的，地形儿他早就很熟悉了。随着坟圈子越来越近，气氛也紧张起来。"你怕不怕？""我不怕。""你呢？""我也不怕。这有什么可怕的？鬼故事都是假的。"孩子们都不怕，但是呼吸都短促起来。远处不时传来几声狗叫，一只老鸹不知道在哪个地方怪叫着。"哎呀，吓人——"突然，不知道谁大喊一声，孩子们呼啦啦掉头往回跑。"跑什么跑——"李明久一边大喊着一边也跟着跑。一口气跑出二里地去。

这次探险以失败告终。而李明久却记了一辈子。这是他开始念书之前玩得最疯的一次。

私塾有陈梦周和陈会两位老师。陈梦周老师教国学，陈会老师教绘画。有十几个孩子跟着学。铁子变成了李铁，十分光荣地成了其中的一员。以前画画是闹着玩儿，而现在画画成了正经事。

陈会老师画的倭瓜栩栩如生，桌子板凳十分形象，李明久又有了新的崇拜对象。有一回他听到陈会老师和陈梦周老师窃窃私语："你看这个孩子，画得真不错，日后必成大器……"他心里美滋滋的，画得更加起劲儿了。

陈梦周老师的国学课也很有趣。他教的《三字经》《百家姓》朗朗上口，像唱歌一样。书桌就放在东北大炕上，孩子们上学先上炕。有一天，李铁和其他孩子们正在摇头晃脑地大背《三字经》，陈梦周老师走到他跟前说："李铁——"陈老师的话音拉得很长，"我想过了，给你起个名字，就叫李鸣久。"他的语调和面容都很严肃，"你画画很有天赋，将来必成大器，声名久远。"并用手比画着，一个口一个鸟的那个鸣。"谢谢先生。"李明久面上礼貌而平静，内心却欢快得像一只跳跃的山雀。

"妈妈，我有名字了——"李明久放学回家一进院子就喊了起来……

忙趁东风放纸鸢
小小话剧演员

一年多后，西万泉岭村附近的忠善村有了公办小学，李明久正式成了一名小学生。他像一株鲜嫩的幼苗，尽情地汲取着阳光雨露。老师将李鸣久的"鸣"字，改为"明"，以求更加文雅。李明久除了欣喜，心中并无太大波澜。那时他还太小，不知道这个名字的分量，更不会想到日后这个名字将会名动省城甚至全国画坛。

秋收"丰"景美如画，颗粒归仓收获忙。秋收过后，忙碌了一年的乡亲们终于可以放松一下。村里的打谷场，四驾马车搭成的舞台上，话剧《小二黑结婚》正在上演。

能干帅气的民兵队长小二黑与同村聪明伶俐的姑娘于小芹相好已经二三年了，可是小二黑他爹二诸葛非得说小二黑是金命，小芹是火命，恐怕火克金，就是不同意他俩自由结婚。二诸葛整天搞封建迷信那一套，有一年春天大旱，直到阴历五月初三才下了点雨。大家都趁雨后抢着种地，二诸葛算了一卦说"不宜栽种"，等到"黄道吉日"，可惜地都干了。二诸葛耽误了种庄稼，成了村里的笑谈。

二诸葛一上台，背着手，绕着舞台转了一圈，然后面向观众席，故作神秘地拉着长音说："今日，不宜栽种。"那滑稽的样子引得台下哄堂大笑。不仅是因为这桥段有趣，还因为这个二诸葛是个短胳膊短腿的孩子所饰，这个孩子就是李明久。

　　那时候，没有电视，没有电脑，没有手机，但是人们却具备自娱自乐的本领。秋收以后，村里就会安排一些文艺活动，请戏曲班子、说评书的到村里进行演出。天气不冷的时候，就在打谷场上，将几驾马车并排在一起，再用草席搭上棚子，挂上幕布，就成了一个简易的舞台。到了冬天，演出场所转移到村里闲置的房子里，大炕就成了舞台。

　　学校是一支重要的演出力量。忠善小学的音乐老师多才多艺又极热心，一到假期，他就带领孩子们排练节目，然后在各个村庄巡回演出。这是孩子们最快乐的时光，村里会派大马车来迎接小演员们和锣鼓等演出道具，演出完还会置备晚餐招待他们。李明久是音乐老师选中的文艺苗子，唱歌、跳舞、话剧，他样样都是核心人物。《小二黑结婚》《梁山伯与祝英台》是他经常参演的节目。

　　此刻，台下有一个特殊的观众，他一边叫好一边使劲地给李明久鼓掌。这便是李明久的"忘年交"，十里八村最有文化的人——陈真。自从那次陈真到西万泉岭村画家谱，李明久带着自己的画让陈真看，受到他的鼓励，李明久就更加喜欢画画了。后来，他经常带着自己的新作去陈真家里请教，一来二去两人成了"忘年交"。陈真不但会画画，还是有名的说书艺人。李明久最着迷他讲的《七侠五义》。哪个村里请他去说书，李明久必定追着去看。

　　等到李明久演完，陈真一把将他从台上抱下来。李明久问他："我演得棒不棒？""太棒了，我为了看完你的演出，一直憋着尿呢。"陈真说罢，两人哈哈大笑着找地儿方便去了。

山水　34cm×42cm

桥上少年桥下水
就读榆树县中学

傍晚的太阳，没了中午的火气，却像姥姥烙的红糖大饼一般，看上去又大又软。大饼从树梢上出溜下去，像是被树枝划开了几道口子，糖心儿蜜饯流了出来，把天边染得嫣红。李明久走在乡间小路上，远远地看见西万泉岭飘浮在浓一阵淡一阵的雾气中，像真的又像假的，脚步更加轻快起来。从五棵树镇上的榆树县第三中学到西万泉岭一共十八里地，学校是住宿制，今天恰是周六，上完最后一节课，他像一只欢快的燕子迅速飞出教室，飞向家的方向。不管他回家早晚，只要一拐到自家所在的巷子，就远远地看见妈妈在门口等他。他意识到这一点后，就从不肯在外边逗留，放学后以最快的速度回家，以免让母亲多等。

当下，李明久已经从天真稚气的孩童出落成英气勃发的少年。霞光透过树叶洒了他一脸一身，斑斑驳驳地摇曳着，显得少年更加清俊活泼。路边的野花开得正旺，一只白色的蝴蝶和一只黄色的蝴蝶在窃窃私语。李明久走过去，它们俩慌不择路地飞远了。李明久随手采了几株野花，不知道这是什么花，香气甜甜的，直往人鼻子里钻。他想着一会儿回到家，让母亲插在"花瓶"里。所谓的花瓶，就是母亲捡来的几个酒瓶，这是母亲眼中的艺术品，被她摆在箱柜上进行装饰。在李明久心中，母亲是能干的、美丽的，而且是懂得美的。家中虽贫，但被母亲打理得井井有条，一切家当物什的摆放都有讲究，任何犄角旮旯必定干净整洁。

村子越来越近了，不知道谁家的狗在叫，叫一阵、歇一阵，叫一阵、歇一阵。翻过了村前的大坝，绕过了老牛沟，进入自家所在的那条巷子。好奇怪，妈妈怎么没有在门口迎接他呢？李明久心怀忐忑地迈进家门……

梦里云归何处寻
辍学在家

春日的午后，李明久抱着一大盆衣物到河边浆洗。潺潺的河水带走了衣服上的污垢，却带不走少年心头的忧愁。他将洗好的衣服晾在草地上，拿出《芥子园画谱》，可是根本看不进去，脑子里都是母亲的病痛。此时，李明久已经辍学将近一年了。每天天不亮，他就要步行十八里地到五棵树镇，给母亲买些新鲜的蔬菜和肉食，然后再步行十八里地回家。做饭、洗衣、照顾母亲，每天忙碌到深夜。母亲生病的事，起初一直瞒着他，直到母亲实在支撑不住，卧床不起了，李明久才知道。父亲还要下地干活，实在没人照顾母亲，只好让李明久辍学了。

母亲一生爱干净，如今卧病在床，生活不能自理，李明久便每天给她擦洗身子、梳头洗脸，细心地喂饭、喂药。潜意识中，李明久认为只要自己用心照顾妈妈，妈妈就能好起来，直到那次到长春的大医院看病，李明久才知道，母亲的病是再也好不了了。他一个人躲出去，哭了一次又一次。死亡，曾经是那么遥远，李明久从来没有想过母亲会走，毕竟她还那么年轻。而此刻他不得不面对现实了，也许，真的有一天，母亲会升到天堂，但是他希望那一天晚一点、再晚一点到来。

春雨滴滴答答下了大半日，屋子内的光线更加暗淡。母亲看着儿子忙前忙后，又是心疼又是不甘。她多么希望自己好起来，让儿子去上学，他是那么优秀，那么聪明，将来一定能干成大事，也许能当个大官。有时候，她会想得更远，一直想到李明久娶妻生子、成家立业，自己给他们带孩子。泪水顺着眼角流着，濡湿了枕头。她知道，这一切都不可能了，剧烈的疼痛持续不断，像恶狗一样时刻啃咬着她。

李明久戴上斗笠跨出门槛去喂牲口，还没到牛棚泪水就流了一脸。他不敢让母亲看见他哭。母亲也不让他看见自己流泪，每当李明久把饭和药端到她面前，她都勉强挤出笑容，尽量把因疼痛而紧蹙到一起的眉头展开。

李明久与母亲、姨姥合照

美好的童年治愈一生，不幸的童年用一生治愈。母亲在陪伴他的十三年时间里，为他积蓄了足够的温暖和爱，使他在以后的日子里有足够的能量面对风霜雨雪和黑暗。每当李明久取得一些进步，他都会想到母亲那和蔼的眼神，她一定会欣喜地鼓励他、表扬他。当他遇到挫折或困难，也会想到母亲，她一定会说没关系，我们冷静地想想该怎么办，一定会好起来的。

母亲去世了，但是母亲好像从来没有离开过他。只是，母亲没有享过儿子一天的福，他的成就、他的荣光，母亲都没有看到。她的一生被贫穷和疾病包围，去过最远的地方就是长春，还是因为去看病躺在担架上去的。

李明久清楚地记得，母亲被村支书和叔叔、大伯抬进棺材的时候，眼睛没有闭上，似乎尚有一丝呼吸。他想冲过去抱住母亲，他想把那棺材砸碎，可是他动不了，他像被钉子钉在了地上，一步也不能移动，甚至张不开嘴喊一声妈妈。他在无数个深夜懊悔自己的怯懦，懊悔自己没有在最后的时候，趴在母亲身边跟她说："放心吧，妈妈，我会坚强，我会好好的。"

高山流水遇知音
镶牙师傅

    李明久返校了，老师和同学们从他的脸上看不出少年丧母之痛，只看见他忙碌的身影。他补落下的一门门功课，拿起扔下许久的画笔，还有丰富多彩的校园活动，这些事情填充了他所有的时间，将他那心底的苦涩淹没。

    然而，一到周末，李明久就知道，那些都是假象，母亲离去的创伤可以结痂、可以存盘，但是永远不会消失。它像一条伤疤沉淀在心底，只要一触碰，就会抽疼不已。从五棵树镇到西万泉岭的十八里地依然如故，那黄昏晚霞、村庄雾霭、绿树掩映、粉蝶繁花如故依然，却再也没有母亲站在家门口迎接他的归来。回到家中，他和父亲形影相吊、相对无言，破败的房间、简陋的饭食，道不尽的辛酸。

    此后，李明久很怕周末，很怕回家。他更多的时候是去外婆家过周末，抑或是去三姨家。外婆家境虽然也不富裕，却心疼李明久，总是变着法地给他做些好吃的。三姨呢，有正式工作，有工资，又极其疼爱李明久，经常给他点零花钱。

    李明久的画作在《榆树报》上发表了，还得了些许稿费。一次、两次、三次……李明久的手头竟"宽裕"起来，此后再没有向父亲索要过生活费。除了吃饭，再有了多余的钱，李明久最想干的就是给自己的崇拜偶像孙凤桐老师买酒喝。

榆树县三中的美术老师孙凤桐先生是影响李明久艺术人生的又一位重要人物。李明久正是从他的教导中领略了黄胄、李可染、吴镜汀、秦仲文、胡佩衡等美术大家的风采。彼时，李明久正处在从孩童到大人转变的过程中，周围特点鲜明的人和事总是在他纯净的心里留下投影。孙凤桐老师就是这样一个特别的人物。他学识渊博、见识高远，高谈阔论中显示出他的灵魂是那样的不俗，然而他的生活状况却是那样落魄。他不修边幅、嗜酒如命，经常因为没有钱买酒喝而抓心挠肝。一日，李明久用省下的零花钱换来一瓶酒，兴致勃勃地给孙凤桐老师送去。孙凤桐见着酒，一口气饮下半瓶，才把注意力转移到李明久身上。这个孩子的绘画天赋和性情的稳重早就给他留下了深刻的印象，只是后来听说他家里有事辍学了，感到十分惋惜。现在他重新返校，正是重新雕琢的好时机。他看看酒瓶，亲切地拍了一下李明久的头，"你小子，还想着你的老师——"至此，从理智到情感，全方位拉近了他和李明久的距离。李明久呢，他睁着澄澈的眼睛，看着先生喝酒那享受的样子，心中无比喜悦，似乎自己比先生还要痛快。在他眼中，像先生这样的人配得上世上所有的美酒。

又到周末，孙凤桐招呼李明久到家中做客，一碟小菜半碗米饭，把筷子放在碗上说："快点吃，吃完带你去个好地方。"

饭罢，出了孙凤桐的家，二人向斜对面一个装潢别致的门脸奔去。还未进门，李明久就被门口竖立着的一个大大的灯箱所吸引。灯箱里绘制着一幅笔触精细的松鹤延年图，古色古香又精巧雅致，只是宣纸边缘有些残破。李明久猜，这定是孙凤桐老师所做。进入堂内，竟是另外一番风景，大大出乎李明久的意料。满屋墨气飘香之中，一个形状别致的躺椅上仰卧着一位老者，一个文质彬彬的青年竟手握"钢钳"伸向老者口中……见孙凤桐等人进来，青年立刻笑逐颜开："孙老师来了，快坐快坐。"很显然，他们已经熟识，简单地寒暄过后，那青年继续将"钢钳"深入老者口中……而孙凤桐随意找地方略坐一下，又站起来自行找茶壶沏茶。原来，这书香满屋的所在竟然是一个镶牙馆，那文质彬彬的青年就是镶牙馆的镶牙师傅。

镶牙师傅名唤陈太，常与孙凤桐谈古论今、品诗讲画。只闲聊半晌，李明久便觉其谈吐不凡、见解不俗，且看他性格畅达、真诚直率，遂视之为同道之人。从此之后，李明久周末常去孙凤桐家或陈太镶牙馆闲坐喝茶。孙凤桐和陈太都把李明久当作小兄弟，而李明久把二人既当老师又当兄长，三人惺惺相惜、无话不谈。

一日，茶过三巡，陈太忽然从抽屉中拿出几张钱塞到他手中："这是你为灯箱作画的润笔费，拿着，别嫌少。"原来，日前，李明久听从孙凤桐之命画了一幅"松柏常青"图，送给陈太，以替换灯箱内已残损的"松鹤延年"图。不想陈太竟如此客气，专门奉上润笔费。李明久当然推托不从。推让几番，陈太见李明久脸上竟浮上红晕，才肯作罢。兄弟之义，就在这日久天长、点点滴滴中生长起来。

飞花赋彩拂世界
文艺部长

交谊舞是起源于西方的国际性社交舞蹈，大约于二十世纪二十年代传入中国当时的几大城市和通商口岸。而此时此刻，一九五六年春天，中国东北一个寻常的小镇上的榆树县三中，一个寻常的课间，初中生们正在操场上大跳交谊舞。这种新鲜的舞蹈，给孩子们带来前所未有的趣味，而这个主意就来自他们的文艺部长李明久。

李明久总是有用不完的点子，把学生的文艺生活搞得丰富而又多彩。当初学校领导和教师们讨论让品学兼优的李明久做学生会主席，音乐老师说，一个学校的文艺活动关系到整个学校的文化氛围和对外形象，十分重要，还是让他做文艺部长吧。于是，李明久就当了文艺部长。而学生会主席王贵清也是个传奇人物，这个在小学时出了名的调皮捣蛋嘎小子，上了初中以后，竟长成了一表人才。此时的他，总是和颜悦色，蔼然可亲，有一种谦谦君子的风度。他平时话并不多，但是只要一说就说到点儿上，这正是李明久愿意与他交好的原因。而王贵清也十分欣赏李明久。他羡慕李明久的满腹才情，也享受和他谈论事情时的默契。二人一个文质彬彬，一个温文尔雅，成了校园里的两个才俊。

好的朋友是抒发情感的出口，是人生路上开智启蒙的导师，是并肩前行的动力，是挑战困难的勇气和力量。王贵清和李明久之间就是这样的友谊。在学生会工作上，二人是非常默契的搭档。同学们把他们视作主心骨儿，有什么困惑和问题，往往找到李明久和王贵清反映，而王贵清和李明久则一定想方设法替同学解决好问题。二人把校园氛围搞得风清气正、多姿多彩。

  一日，王贵清与李明久这两位学生会"领导人"，在校园一角共谋振兴学校体育运动事业大计。午后温煦的阳光斜照在他们意气风发的脸上，淡淡的青涩胡须闪耀着一层毛茸茸的光辉。恰好几个女生经过，其中有一个扎着马尾辫的女生十分俏丽，忽有男生大喊："李明久夫人，李明久夫人！"那马尾辫女学生羞红了脸，一溜烟儿跑走了。李明久向那男生挥拳示意："别再闹了！"原来，日前，学校文艺联欢会上，李明久和这位女生搭档参演了一出话剧《新局长到来之前》。李明久当局长，那女学生就当那个局长在乡下的妻子。乡下的妻子来城里看丈夫，丈夫因为当上了局长，就嫌弃乡下的妻子。演出非常成功，可是自那以后，也麻烦不断。总有坏坏的男生，叫那女学生李明久夫人，尤其是当李明久和那女生两个人碰面之后，闹得更欢。李明久倒不十分反感，那女孩子如湖水一般澄澈的眼眸，以及浮在脸蛋上的两朵红晕，让他觉得甚是可爱。与她有些交集，李明久倒觉得蛮有趣。可是那女孩子却又气又羞，只要看见李明久，远远地就绕道而行。可是坏小子们哪肯放过这个"乐趣"，一有机会就起哄。最终，女孩子哭着找到老师打报告。老师专门开会说这个问题："以后谁都不能再这么闹了啊。"这个风波才算过去。

  也许，冥冥之中一切早有注定。这位马尾辫女生和李明久的更深的缘分，正在将来静静地等候。

与君世世为兄弟
睡在下铺的陈文

  这是榆树县三中男生宿舍的一个寻常夜晚。窗外寒风刺骨，室内却涌动着暖流。不仅是因为宿舍中间的大煤炉子，也因为同学们之间的和睦友爱。当下已是半夜两点，睡在李明久下铺的同学陈文，披衣下床，看了看炉火，添了两块煤块，重又将炉子封好。李明久听到响动，眯着眼伸了伸头看到陈文在炉子前忙活着，便又安心睡下。今天本该李明久值日了，陈文先醒来便帮他看了炉子，而这已经不是第一次。这个朝鲜族男孩，厚道、真诚、质朴，他崇拜并疼惜李明久，喜欢李明久那些充满趣味的奇思妙想，把他当作自己的弟弟。在生活中，他比李明久更细心，更成熟，时常关心李明久。少年之间的友谊就是这般纯洁无瑕。李明久就像弟弟一般，安心地领受着兄长的照顾。此刻，陈文忙罢，走过去给李明久拽了拽被子，把他的脖颈肩膀处塞严实，才躺下。

  这个睡在下铺的兄弟，是李明久人生中的一抹温暖。在他们毕业之后，二人还常有联络，直到晚年。

  带领李明久走出少年丧母之痛的，一是对文艺的热爱，一是师友给予他的温暖和关怀。前者让他如饥似渴地学习和追求，后者让他不寒冷、不孤单。他就在这热爱和温暖中茁壮成长，越发优秀。他不仅品学兼优，在绘画、表演上都有特长，还在长春举办的滑冰比赛中取得三等

小品　34cm×46cm

奖的好成绩，为榆树县三中争得了荣誉。

时光荏苒，李明久的中学时代接近尾声。学生们都在为将来的学业和前途做规划。学校为李明久留了一个邮电部长春电信学校的保送名额，征求他的意见。李明久明白，有了这所学校的毕业证书，意味着将来的工作前途一片光明。自从母亲去世后，父亲一个人孤苦伶仃地生活，家里境况更加惨淡，他太需要有一个明朗的出路了。虽然这个学校与自己钟爱的艺术毫不搭界，但他还是决定接受这个保送名额，就读邮电部长春电信学校。

雪深迷郢路
长春电信学校

繁花开得正艳，草木愈加葱茏，然而李明久的心却如深秋一般万物凋零。在邮电部长春电信学校，所学专业不能说不好，然而却不能提起李明久的兴趣。学校课业紧张、纪律严格，他几乎没有时间画画，这使他倍加苦闷。

从小学到中学，李明久都是舞台的主角。他像一株拔节生长的翠竹，恣意地展现着青翠；又像一轮初升的太阳，热情地散发着光芒。而在邮电部长春电信学校的日子，他却韬光敛彩，习惯躲在灯火阑珊处，独自惆怅。

一个人的精力有限，把时间用在此物上，彼物自然要受到影响。许久没有动笔的手有些生疏，李明久感觉自己的灵感如水蒸气一般正在消散。难道自己的人生与艺术再也没有交集了吗？难道就这样任岁月蹉跎下去吗？身在此处而心在彼处的滋味，令李明久辗转反侧、夜不能寐。恍惚中，他看到母亲以平常的姿态端坐在面前，正慈祥而和蔼地微笑着，那是她年轻时端庄而秀丽的面容。她对李明久说："儿子，别担心，都会好起来的。"李明久趴在她的膝上，安心地沉沉睡去。天刚泛起鱼肚白，他恍然惊醒，昨晚梦境中母亲的样子和她说过的话历历在目。然而现在，母亲不在，希望也不在，一股更深的忧愁席卷了他。他披衣起床，在校园中散步，冥冥之中似有什么指引着他恍恍惚惚走出了校园。今天是周末，他恰好去买些日用品。

由于心中惆怅，他无暇顾及周围景致，只是若有所思地低头走路。转过一个街角，一张传单被他踩在脚下，也映入他的眼帘，上边赫然写着"招生简章"四个大字。这竟是哈尔滨艺术学院的招生简章。念着上边的文字，李明久的心狂跳不已。何不报考哈尔滨艺术学院？这一念头在他胸口激荡。当初他选择就读邮电部长春电信学校，只为眼前，却没有想过终生与艺术无缘会让他多么痛苦。如今他已尝苦果，有了新的机会，纵使千难万难，他都要试一试了。他拿着招生简章，一路跑回学校。

"老师，我要办理退学。"李明久找到班主任，斩钉截铁地说。班主任看着李明久莫名其妙，问好好的为什么要退学。李明久向老师说明情况。老师劝他好好考虑，并且跟家长商量以后再做决定。可是李明久决心已下，执意让老师帮他办理了退学手续，甚至在他找到班主任之前，已经简单收拾了衣物。而今退学手续已办，他把被褥打成行李卷儿，背在身上就离校了。

父亲得知自己已经退学将会怎样生气，李明久不敢想。但是他知道自己的选择是对的。因为如果再这样下去，他便再难振作。他要画画，他要学艺术。只有这样，他才能像个正常人一样有精神和力量。他没有回家，而是背着行李卷儿从长春来到五棵树镇，直奔陈太大哥的镶牙馆去。

"你这是怎么回事？怎么把被窝卷儿都背回来了？"陈太大哥见李明久风尘仆仆的样子，关切地问道。"我退学了。""你怎么退学了？"李明久把招生简章的事情跟陈太大哥说了。"什么时候走啊？""明天吧，明天不走，后天走。""好，有志向！"陈太的这一句赞赏，让李明久忐忑不安的心踏实了。"那你去哈尔滨考试肯定得用钱。你哪有钱啊，我给你拿钱吧。"陈太说着，就从他桌子的抽屉里拿出了几十块钱。那时候的几十块是一大笔钱，李明久有点难为情，腼腆地客气了一下："不不——我想别的辙去——"陈太说："你想什么辙呀？你怎么想辙呀？你拿去吧，你用吧。"陈太把钱塞到李明久手里，又补充一句："这钱，不是借，就是给你的，不用还。"

　　李明久迎来了改变命运的时刻，这个十五六岁的孩子，带着陈太大哥给的盘缠，背着行李独自启程了。

追风赶月莫停留
哈尔滨考试

哈尔滨艺术学院,校园壮美宽阔、井然有序,李明久一踏进来便感到既亲切又肃然起敬。然而他找到办公室一打听,才知道招生考试已于日前结束,炉歇灶冷,没戏了。李明久顿时如落入冰窟般,失魂落魄地站在楼道里,不知何去何从。这时候,一个大学生从李明久身边路过,看到李明久茫然无助的样子,好心地问了一句:"同学,你这是来找人吗?"李明久说:"我来参加招生考试,可是已经结束了,我来晚了。"那位学兄说:"是呢,考试结束了。"他停顿了一下,又热心地说,"你等一下,我给你问问老师,看还能不能补考。""太好了,谢谢您,同学。"李明久晦暗的眼眸中又燃起一丝光亮。他来回踱步,焦急地等待着,像等待着命运的判决。

远远地,李明久看到那位学兄风风火火地跑过来,他赶紧迎上前去,期待地看着他的脸。看到那张脸上洋溢着大大的笑容,李明久感动得眼眶红了,他知道有戏了。系主任张法梦先生在那位同学的引领下看了李明久带来的速写、素描作品,说:"让他画画试试吧。"

李明久和那位学兄心里都在欢呼雀跃。他们来到一间画室,画一张拉奥孔石膏像。学兄还在一边悄悄指点,那儿应该这么着,这儿应该这么着。两个小时过去了,画作完成。学兄说,你画得真不错,老师肯定相中了。结果，确实如此，李明久的素描得到了张法梦老师的赞赏。他微微点头说："嗯，画得不错。可是招生已经结束了。这样吧，你去附中吧，先上附中，再考大学。"他当即给附中负责人打了电话，推荐李明久。

　　命运的转角处果真有让人意想不到的景致。如果没有遇见那位好心的学兄，如果张法梦老师没有给他一次补考的机会，如果……当李明久被那些萍水相逢的陌生人帮助的时候，感谢的话却很难说出口，只是沉淀在内心里，伴随一生。

等闲平地起波澜
丢失行李

被哈尔滨艺术学院附中录取了。李明久载着满心欢喜坐在返回老家的火车上。他托腮望着窗外飞速后移的树木,一簇一簇叶子,在反光作用下,变成了一团团白花。它们跳跃着、翻腾着,仿佛在为他鼓掌。

可以画画了,可以画画了!李明久从来没有这般喜悦过,他畅想着未来,想象着那即将到来的可以酣畅淋漓画画的日子;他想到了母亲,想象着她若活着会为儿子感到欣慰和自豪的笑容。

从哈尔滨坐火车到五棵树镇,再从镇上步行十八里地到西万泉岭村,李明久终于回到了家乡。父亲得知他已经退学后的讶异,李明久早有心理准备。他连忙把自己被哈尔滨艺术学院附中录取的好消息补充上。眼见着父亲蜡黄的面颊有了些血色,他才放心。父亲一个人太苦了,他都知道。

李明久的父亲是中国广大农村中那种典型的只知道干活、老实巴交又性格倔强的农民。他性子比较闷,对妻子和儿子的关心和爱只是藏在心里,从来说不出口,只是默默地扛起家里的所有重活累活。虽然是个粗糙的大男人,但他愿听妻子的唠叨,也愿听任妻子安排、指挥自己,这让他感到心里无比踏实。他也喜欢看妻子管教儿子,喜欢欣赏他们母子俩你一言我一语地聊天。只要她在,生活虽然艰辛,却是有滋味的。

山水 34cm×46cm

妻子走了，也带走了他生命中的馨香和光亮，使他的生活更加单调、乏味和枯燥。有时候，他会一个人抽着烟想念妻子，有时候梦见她又回来了，梦见她指挥自己干这干那，梦见她挎着篮子、上边搭着手巾去田间给他送饭，梦见她温柔地呼唤儿子……

李明久从学校回来后，除了必要的交流，两个人大多时候相对无言，显得更加冷冷清清。

此刻，父亲看着李明久有些疲惫又有些兴奋且带着些许胆怯的小脸儿，感到一阵心疼，随即而来的是恐慌和迷茫。学美术有什么前途？将来能有什么工作？学费从哪里来？他不知道，也不知道跟谁商量。虽然心里着急，但事已至此，也别无他法。"万事当心。"他干瘪的嘴唇翕动了几下，终究只挤出了这四个字。

与父亲相比，李明久的姥姥对他的前途更加乐观。"好好学吧，我大外甥一定没有问题，从小阴阳先生就算过的，我大外甥将来是要当大官的。"三姨也很支持李明久。她是吉林省劳模，是区里的妇女主任，拿工资的，家里经济条件好一些，经常从经济上接济李明久家。尤其是李明久母亲故去以后，三姨对他更是多加帮助。这次又是三姨给凑够了学费。

这天，李明久拿着办好的入学手续，带上学费和姥姥烙的大油饼，一个人出发了。到了陶赖昭镇欠东站，他坐在候车室的大长条凳子上，等待转乘到哈尔滨的列车。没想到，一不留神竟沉沉地睡着了。想来他拎着大提箱，独自步行十八里地，来到陶赖昭镇，实在是太疲乏了。

可怕的是，李明久坐的位置正好靠窗，而大提箱就放在窗台上，他一觉醒来，发现那大提箱不翼而飞了。这可怎么得了。衣物、入学手续，还有姥姥烙的大油饼，可都在里边呢。李明久急得团团转，他找到警察求助。警察说，可能就是你姥姥烙的大油饼给坏事了，小偷闻见了油饼的香味儿，起了偷提箱的意。里边的东西，小偷是没用的，有可能会扔掉，你找找周围有没有。可是李明久在附近找了一遍又一遍，啥都没有找到。这可怎么办？李明久心情沮丧到极点，只好硬着头皮到了哈尔滨艺术学校找老师反映情况。

一个十五六的孩子，"千里走单骑"，办了这么一件决定人生走向的大事，可以想见李明久性格中的坚毅和沉稳。然而孩子毕竟是孩子，他也会犯错，他也会失误。也许李明久的求学之路，注定要经历波折。来到哈尔滨艺术学院附中，李明久两手空空如也，老师对他的遭遇除了同情，也别无办法。入学手续必须得补办，李明久不得不又返回老家，补办好手续又返回学校。

这一通折腾给李明久上了生动的一课，使他在今后人生中时时对自己有可能出现的冒失有所警惕。

游刃乾坤多造化
附中里的大哥

刚一到哈尔滨艺术学院附中，课还没有开始上，老师就相中了李明久，非让他当班干部不可。然而，李明久一心想赶紧考上大学，对当班干部并不感冒。可是盛情难却，李明久不好意思推托，就答应下来。

说来也奇怪，从小学到初中再到附中以及后来的大学，李明久一直都当班干部。大概当老师的都是火眼金睛，一眼就看出他是当学生干部的好苗子。

附中就是哈尔滨艺术学院的预科。考入附中的学生有两类，一类是中学毕业后，想考美术院校的；一类是已经参加社会工作的，比如电影院的、搞装修的，这些行当里搞美术的人员。已经步入过社会的同学与从未走出过校门的同学有很大不同，他们思维活跃，思路开阔，却也比较不守规矩。李明久虽然归于从没有走出过校门的那一类，却不知道他有什么魔力，很快就成了班里的"老大哥"。这个"老大哥"跟年龄无关，是指的核心地位。无论是曾经步入过社会的还是没步入过社会的同学，都把他当好哥们儿。同学们有什么问题或者困难，第一个想到的是跟明久商量商量。如果同学间有什么纠纷，明久一出面就会调解成功。

作为班干部，不但班风搞得很好，他本人学业也非常出色。仅一年时间，李明久就接到了哈尔滨艺术学院的录取通知书。

水乡小景　34cm×45cm

　　本来附中学习需要三年才能毕业，为什么这么短时间，李明久就升了本科？这背后是哪位老师，或者是哪些老师帮助了他？李明久到现在也不清楚。总之，那个年代人们对人才的重视，人和人之间的无私帮助，是他终生难忘和感激的。

柔肠一寸愁千缕
家书和情书

离家千里，却并无飘零之感，李明久在附中的生活充实而忙碌。然而，当他看到同宿舍的同学展开信纸写家书，不禁也开始想家了。其实，比起想念，更多的是心疼和担心。他那凄苦、孤单而又倔强的父亲，一个人在家里重复地挨着单调的日子。自从母亲走后，父亲就变得更加消沉低迷，但是他知道自己的责任，知道李明久需要他，一直强打着精神生活。在李明久离家到附中上学的前夕，父亲尽力地想着如果他妈妈还在的话会怎么为儿子准备。他搜肠刮肚地叮嘱着儿子要注意的事。如此一来，更使李明久感到心头沉重和悲戚。

此刻，李明久打开一页素纸，却迟迟不能动笔。他和父亲之间，从来不会表达感情，那些关心的话，多少有些肉麻。最后千言万语，只汇成一句话："爸，我在学校一切都好，您不用担心。照顾好自己。"

写完这句话，李明久意犹未尽，总有一种诉说衷肠的冲动。他的脑海中朦朦胧胧地浮现出一个女孩子的幻影：那个梳着马尾辫，见了他就会双颊泛起红晕的女孩。她叫蔺桂荣，初中时在一次学校演出活动中，两个人作为搭档参演了一场话剧《新局长到来之前》。李明久饰演局长，蔺桂荣饰演局长夫人。从此，李明久就对这个女孩子产生了朦朦胧胧的好感，只是他自己并未察觉。本来两人是同一届学生，后来因为母亲生病，李明久休学一年，蔺桂荣先他一年毕业，考上了吉林省艺术学校。转年，李明久被保送到长春电信学校。那时，因为心情苦闷，他无心想别的，更无心推开爱情的门扉，那青春期的懵懂初恋只得静静地等待时机。而此刻，李明久终于踏上了自己向往已久的通往艺术殿堂的道路。这种内心的激动和兴奋，他是多么希望有个人能够倾诉和懂得啊。也许是对异性有所渴望的年龄到了，也许是冥冥中缘分的牵引，他希望这种倾诉是对一个女孩子，而且是那个初中时期就有好感的同学蔺桂荣。

"蔺桂荣同学，你好。很久不见，甚是想念。得知你考上了吉林省艺术学校，为你感到高兴，请接受我这迟来的祝贺。比起你来我的道路就曲折得多……"李明久把自己先是被保送到长春电信学校，后又退学报考哈尔滨艺术学校，最终被哈尔滨艺术学校附中录取的事情，一五一十地给自己心爱的女孩子讲述着。讲述的过程就像自己又重新经历了一遍。那些苦闷、躁动、渴望、兴奋……又在他胸口轮番涌现，然后归于平静。"此刻，不知道为什么特别想跟你说这些话，而且这些话只想给你说。如果你讨厌我给你写信，以后我就不写了。如果你不反感，我就当你接受了我的心意。盼望你给我回信。此致敬礼。"李明久非常委婉地表达了自己的感情，接下来就是默默地等待。

信寄出以后，李明久每天都盯着查看学校的信报箱。每当有学生取信回来，李明久的心就会狂跳一番。他太渴望蔺桂荣的来信了，就像一个溺水之人等待她的搭救。可是一个星期过去了，他还没有收到蔺桂荣的回信。"应该是没戏了。"他暗自揣度，也有些懊悔自己的自作多情。他每天把自己沉浸在创作当中，用对艺术的钻研和疲累来抑制自己的思念和渴望。

欲穷千里目
刻苦学习

哈尔滨艺术学院美术系的大一新生报到了，他们用新奇的眼光打量着周围的一切，校园、宿舍、同学、老师，一切都是那么新鲜有趣。未来的人生是五彩斑斓的梦，而这里便是梦开始的地方。

午后的阳光透过窗棂洒进教室，暖洋洋的。辅导员推门进来，身后跟着一个有些腼腆的男生。他身材中等，国字脸型，双颊红扑扑的，看上去斯文安静，名字也颇好听——李明久。开学有一段时间了，六名同学已经熟识，彼此间很和睦。李明久的加入，有些突然。听辅导员介绍说他是从附中转来的，之前在吉林长春电信学校上过学，后来因为酷爱美术，竟然自己退了学，辗转到附中就读，现在终于得偿所愿到了哈尔滨艺术学院学习美术。哦，这是怎样的勇气！看来这是个有故事的人，怪不得看上去比别人成熟稳重些。同学们对李明久充满了好奇。男生们暗暗想，这转来的要是个女生就好了。因为班里男多女少，阴阳失调。全班只有两名女生，剩下全是老爷们儿。其中一个女生还是没有长熟的小生瓜。她是班里的开心果，开口闭口就是我妈说、我妈说，于是，每当她说完一句话，同学们就打趣她，这是不是你妈说的？

时间不长，同学们就发现了李明久的与众不同。他的速写画得极好，造型能力非常突出。他还喜欢在生宣纸上抹几笔写意梅花并题字

"忽报人间特繁华"。那时，其他同学还没碰过生宣纸呢。

"老久，再画一张速写看看。"陈宗麟把速写本摊在李明久面前。李明久被班里同学昵称老久，不仅是因为他名字里有个"久"字，还因为他的年岁在班里最大。还有一个更为有趣的原因，当时流行的电影《林海雪原》中的英雄人物杨子荣打入威虎山后被称为老九，既威武又智慧，是当时年轻人的偶像。李明久在班里颇有这种威望。他接过陈宗麟的速写本，用碳素铅笔卧倒拖拉成线，侧扫成面，笔触非常生动灵活，很快一个人物形象跃然纸上，很有黄胄的风韵。陈宗麟和其他同学看得十分眼馋。老师传授的是传统工笔技法，而解决中国画人物造型的重要手段就是速写，可是学校没有设置速写课，没有老师教，学生全凭个人摸索。李明久也和大家一样在摸索，但是他天赋极高。他用自己的速写给了其他同学潜移默化的影响，后来他被推选为学习委员。

在哈尔滨艺术学院的日子，李明久总是醒来得很早，迫不及待地开启精彩美妙的一天。他的画笔已经搁置得太久，艺术感觉已被冷落多时，他已不能再等，必须抓紧时间与它们相拥。在这里，李明久梦想中的天堂——哈尔滨艺术学院，他是一条鱼儿畅游在大海，是一只鸟儿飞翔在蓝天，他的心完全踏实下来，什么都不想，唯有画呀画。

一个周六的上午，李明久像往常一样，穿过楼道，向教室走去，迎面遇见一男一女抬着一尊石膏像艰难地前行，便赶紧站在一边，闪开道路，让他们通过，随后又跟过去一起整理教具。此二人相貌普通、穿着朴素，以前从未在学校见过，大概是新来的校工吧。只听男的说，你看拉奥孔的耳朵被碰掉了一点，可惜了；女的说，你看维纳斯的脖子怎么整得黑乎乎的。李明久心想：这两位校工还挺有学问，还认识拉奥孔像。当时，他万万没有想到，这两位"校工"将是影响他一生的两个"巨人"。

过了几日，美术系师生开大会，他又见到了这两位"校工"。学院的领导和人事处的领导，在大会上宣布：即日起，杨角先生任美术系主任。在热烈的掌声中，杨角先生站起来。他个子很高，上宽下窄长脸型，李明久立刻认出他就是那位抬拉奥孔石膏像的"校工"。接着领导又介绍了张晓非老师——那位"女校工"。后来李明久才知道，杨角和张晓非是一对夫妇，二人都是出色的教育管理人才，他们都曾在延安鲁迅艺术学院任职。延安鲁迅艺术学院是沈阳鲁迅美术学院的前身，当时，全国八大美术学院中，鲁迅美术学院是非常有影响力的。沈阳鲁迅美术学院成立后，杨角和张晓非被派过去当主要领导，一个任党委书记，一个任院长。后来，他们夫妇被安排到哈尔滨艺术学院任职。

夜幕降临，晚风习习，月辉洒在平静的松花江，闪烁着银色的梦。晚课结束，张晓非和学生们在美丽的松花江畔漫步。这是李明久记忆深处最美好的一幕。"来到哈尔滨艺术学院，不管学得好与不好，你们已经走在艺术这条路上了，要在这条路上坚持到底。"张晓非亲切地对孩子们说。她的外表并不漂亮，皮肤黑黄，甚至五官有点男性化，喜欢抽烟，但是她在学生们心目中美丽极了、亲切极了。

杨角先生在哈尔滨艺术学院就职后，大概过了三四个月，就被调到哈尔滨市文联当主席，由张晓非先生接任美术系主任。张晓非先生曾师从李苦禅和林风眠，先修国画，后习油画，艺术修养很高。在上海曾坐过国民党的监狱。她就任美术系主任以来，以先进的办学理念，使哈尔滨艺术学院声誉大大提高，成了黑龙江乃至全国美术界的一面旗帜。

此刻，微风牵起她的衣角，在皎洁的月光映衬下，她的面庞看上去更加和蔼可亲。李明久走在张晓非先生身边，仿佛感受到了妈妈的气息。"李明久，你的速写画得极好。速写是基础，不要懈怠，一直努力，你将来一定能成大器。"她温暖的声音，伴着潺潺的松花江水，流过李明久的心田。张晓非对李明久很看重，在生活和学习上对他十分关心，多次夸赞李明久的速写画得好。她的关爱，她的每一句教导、每一个肯定的眼神，都给了李明久极大的鼓舞。在这个少年丧母，常年离家在外的学生心里，已经默默地把她当作母亲。她的才干和人品，深深镌刻在李明久的心底，对其一生有极其深刻的影响。多年以后，李明久也当上了一所高校的美术系主任，他常常想起自己母校的系主任张晓非，她是怎样对待学生的，她是怎样管理和教学的，由此坚定信念，一定要做一个像张晓非那样的好系主任，为培育美术人才做出一番贡献来。

草长莺飞二月天
丰富多彩的校园生活

    下课铃声响了，校园里渐渐欢腾起来。教室里、楼道里一片欢声笑语。有同学推开教室的窗户，从二楼向下望去，叫住路边卖冷饮的摊主："喂，师傅，麻烦来一根冰棍儿。"说罢，将几分钱放进涮笔的小桶，用一根绳子拴在提手上，从窗户把小桶送下去。卖冷饮的师傅，取出钱币，将一根儿冰棍放进小桶，那载着欢乐的小桶便晃晃悠悠飘升上来。

    哈尔滨艺术学院坐落在哈尔滨中央大街一号，是几栋典雅的三层建筑。而中央大街是一条非同寻常的街道，不仅全国闻名，而且是当时亚洲最大最长的步行街。它始建于一八九八年，一开始叫"中国大街"，一九二五年改称为"中央大街"。这里也是当时哈尔滨乃至全国最美丽、最洋气的街道，汇聚了西方建筑史上历经数百年形成的各类建筑风格，充满着欧风西韵、异域风情，是中俄贸易繁荣的缩影。在新中国成立之初，国家百废待兴、各大城市建设得还不够发达的年代，这里尤其显得繁华时尚。每当夜晚，华灯初上，时髦男女便会成双结对到这里休闲。常有外国的或者中国的摩登女郎抹着红唇、洒着香水，挎着绅士，优雅走过，成为中央大街一景。这里的国际性建筑、外国风情、时髦因子，都潜移默化地滋养着哈尔滨艺术学院学子们的艺术细胞。

榆树县三中校滑冰队代表榆树县参加省滑冰比赛（后排左二为李明久，前排是两位体育老师）

转眼又是周末,学校礼堂照例有精彩的舞会。李明久和几个要好的同学也去凑热闹。他们站在一旁欣赏着舞池中旋转的同学们,却并不准备亲自参与。相对于音乐系和戏剧系的学生,美术系的学生在跳舞方面总是相形见绌,毕竟他们擅长的是手上功夫。有时候,他们也会步入舞池,随着音乐走一走,但大多数时候,他们更乐意欣赏。

哈尔滨艺术学院音乐系是当时哈尔滨文艺界一股重要的演出力量,每年都有大型专场演出。哈尔滨的季节性演出活动"哈尔滨之夏"音乐会异彩纷呈,把哈尔滨塑造成了一座四处飘歌的"音乐之城"。而哈尔滨艺术学院音乐系就是"哈尔滨之夏"音乐会的主角。学院的戏剧系也经常排演一些话剧节目进行展演。李明久非常喜欢这些文艺活动,每有演出,不管是在校内还是校外,他总是到处跟着去看。

与音乐系和戏剧系等表演性质的专业相比,美术系更像躲在幕后。然而每到学期末,他们就从幕后走到前台。学校大礼堂里的美术系教学汇报画展,李明久们成了主角,他们的大作和老师们的作品一起,集中亮相,一展风采。伴随着全校师生的观摩、欣赏和赞叹,一种自豪感在美术系学子们心中油然而生。

月上柳梢头
她来了

松花江畔，中央大街，哈尔滨这座中国版图上耀眼的城市，对于李明久这样才华横溢又浪漫的青年来说，似乎是最适合诞生爱情的地方，然而他的心却远远地牵挂着榆树县文化馆的一个姑娘。

事实上，自从在附中时，李明久给中学同学蔺桂荣寄出了"情书"，他的心就再也无法平静。苦等一个月，不见音信，即将死心之际，却收到了鸿雁传书。原来，竟是邮递员失误，导致蔺桂荣收信迟了。中学时，那种懵懂的好感，蔺桂荣又怎么会没有呢？此刻，她已经不是那个只会害羞逃跑的女孩了。她勇敢地给李明久写信表达了自己的心意。

如今二人确立恋爱关系已经一年有余。每逢假期，李明久必然要到榆树县文化馆逗留一段时日。一是看望恋人蔺桂荣，一是看望挚友张长弓。张长弓一表人才，剑眉星目，比李明久年长几岁。李明久念中学时，因有画画才能，常参加县文化馆的活动而与张长弓结识。二人性情相投，一见如故，情比兄弟。李明久的大学学费，还是张长弓帮着凑齐的。文化馆笔墨纸砚一应俱全，李明久放假来了，常常在张长弓的陪伴下，挥毫泼墨，展卷作画。晚间，李明久就住在张长弓家。有时待张长弓下班后，李明久和张长弓一同回家，俩人一聊聊到深夜。有时，他会让张长弓先回家，然后与对象蔺桂荣约会。

月光下的石板路银辉遍洒，一长一短两个影子并排而行。哈尔滨艺术学院的趣事，榆树县文化馆的生活……蔺桂荣和李明久总有说不完的话，只是埋藏在心底的那拳拳的爱意和深深的思念，两个人都绝口不提。那个年代的人们总是那么保守而含蓄。也许正是因为这含蓄才使这份爱情显得更加美好和珍贵。两个人的欢声笑语洒满了一路，忽然双双陷入了沉默。也许是夜色太温柔，两个人的手臂不由自主靠得很近，竟无意间挨在一起。对方的温度传递过来，李明久的心有些颤抖。

他想自己是男子汉，总要主动一些，便鼓起勇气，一把牵过蔺桂荣的小手。然后呢，他像什么都没有发生一样，继续走着。蔺桂荣被甜蜜撞个满怀，更为李明久假装若无其事的可爱样子而偷笑。

女孩子就是这样，以往都是李明久更加主动热烈一些，而蔺桂荣的爱显得含蓄而克制，可自从那次牵过手以后，蔺桂荣对李明久的思念一日胜过一日。李明久返校一个月了，蔺桂荣再也坚持不住了，她跟单位请了三天假，毅然去哈尔滨艺术学院看望心上人。

"李明久，有人找。"李明久正在教室看书，忽听同学陈宗麟怪腔怪调地喊了一嗓子。平时，他可是从来没有叫过他李明久，一直都是叫"老久"的。李明久走出教室，吃了一惊，来找他的竟是日思夜想的女友蔺桂荣。从此，全班同学都认识了李明久的对象。

晚上，蔺桂荣便在女生宿舍住。国画班的两名女生对她十分热情，将她照顾得十分周到。只是，一有机会她们就俏皮地打探她与李明久的恋情。

小荷才露尖尖角
山水画首次发表

听说著名的山水老画家关松房先生要来哈尔滨艺术学院讲学，李明久十分激动，美术系的学子们也都很激动。打听到他老人家已下榻哈尔滨旅行宾馆，便相约去宾馆看望他。

关先生正欲下楼，迎面遇上同学们从楼梯走上来，便在二楼站定，对着学生们行了一个非常正式的老式抱拳礼。这一情形深深定格在了李明久的脑海里，再也挥之不去。关先生是北京中国画院画师，他的山水画从宋、元脱出，又入石涛蹊径，而后自立门户。他亦精于鉴赏，曾为晚清皇室子弟教授山水画。他被邀请到哈尔滨艺术学院教授山水画后，指导学生们临习了许多宋元明清的山水画真迹，使学生们在学习传统技法方面打下了坚实基础。当时，老先生已经七十岁，给人一种非常强烈的老北京的味道，是那种典型的维护着中国古老文化、遵循着古老文明礼仪的老者。关先生老式文人的体面和文明带给李明久很大触动，潜移默化影响了他的审美、修养和做派。李明久一生待人谦逊、文雅，讲究体面，与关松房先生的影响有很大关系。

秋高气爽，正是出门写生的好时候。关先生带领国画班的同学们赴辽宁千山写生。到了陡峭的半山腰，学生们七手八脚地将关先生抬上去。一位女生在前边开道，不想一枝倔强的树枝逃脱了女学生的手掌，竟不偏不倚打到关先生的脑门上，登时渗出血来。一阵剧痛袭来，关先生手捂住受伤处，心中慌乱，口中却连说"不要紧不要紧"，以安慰惊慌失措的学生们。所幸只是皮外伤，并无大碍，到达写生处，关先生疼痛稍减，便开始指点学生作画，学生由此愈加感念敬佩关先生的师德。

辽宁千山位于辽宁省鞍山市东南，这里钟灵毓秀，风光旖旎多姿，更令人津津乐道的是，千山厚重的历史宗教文化和神奇瑰丽的自然风光相得益彰。李明久和同学们一头扎进这秀美风景，在心旷神怡中写生作画，横看成岭侧成峰，皆被纳入尺幅之中。关松房先生每转到李明久身边，看他皴擦点染，便忍不住点头赞赏，他的画秀丽中有气势、见情趣，与旁人不同。

一连数日驻千山写生，沉浸在天然氧吧之中，美术学子们的身心愉悦，灵感愈加勃发。一些关于千山奇景的描述和传说，激荡着他们年轻的心。李明久尤其惊叹千山天然形成的弥勒大佛。五官、四肢、体态完全经岩石风化而成，没有人工雕刻的一丝痕迹。我国的卧佛并不少见，在千山景区也能找到不少，而天然巨型坐佛，目前世界上发现的仅此一尊。

唯有巨大，才能开阔；唯有开阔，才能包容。在这茫茫天地之间，万类自由自在生长，巨佛便是造化慈悲的化身，警醒着人们珍惜大自然的恩赐。身处这里，李明久的画笔仿佛沾染了天地灵气，一幅幅壮美又神奇的画卷毫不费力地从他的心河里流淌出来。再加上关松房先生的赞赏和鼓励，他的笔触愈发自信，内心愈发坚定，从此，他立志要成为一名山水画家。

雪国情　68cm×88cm

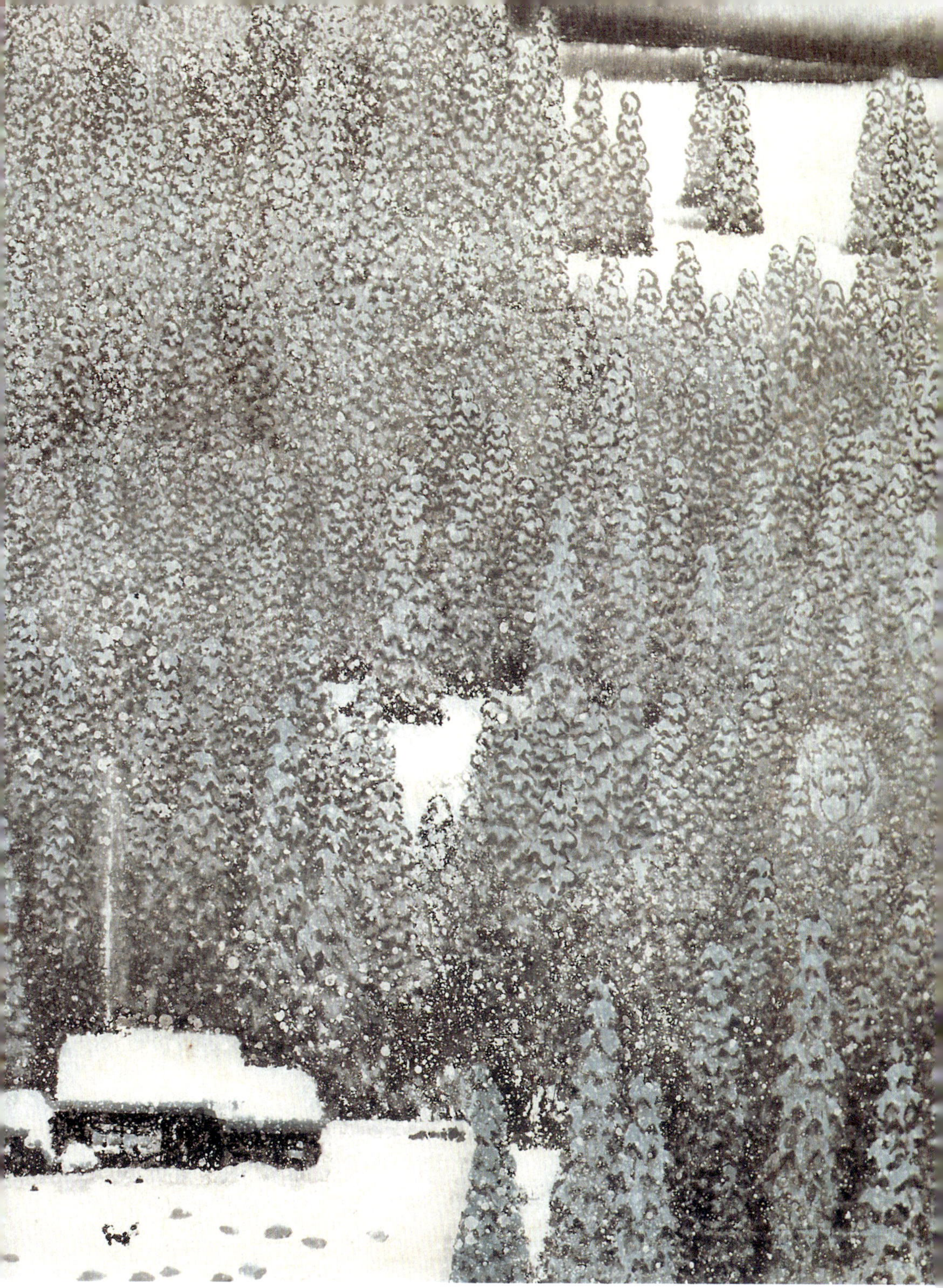

除了大自然的鬼斧神工，李明久更为宏伟的人文景观而惊叹。宗教文化是千山人文景观的主体。千山有寺、观、宫、庙、庵等二十余处，因佛道两教共居一山而形成了"古刹隐山林，道观筑谷间"的奇观。其中道教著名宫观千山无量观，亦名无梁观，传因初建时无梁而得名，是千山诸观之首。千山无量观的由来大致为：山中有天然古洞，名"古罗汉洞"。清康熙初年，龙门派第八代弟子郭守真的徒弟刘太琳、王太祥居此洞修炼，并在天然山洞周围依山势构建宫观，殿堂呈阶梯状层层高升，高低交错，因洞无砖石土木构造，故称为"无梁之观"，后改称"无梁观""无量观"，并屡有修缮。李明久心有所感，借笔抒情，与山体景色浑然一体，紧凑严整，犹如镶嵌在山川之中的仙境一般的千山无量观跃然纸上。

是日，哈尔滨艺术学院大礼堂熙熙攘攘，美术系学生"千山写生汇报展览"开幕了。前来观展的除了全校师生，还有各大媒体的记者。其中有《哈尔滨晚报》美术编辑刘苇女士，她走到一幅画跟前，迟迟不能移开目光，对着旁边的美术系老师廉浦先生连连称赞："这画好，这画好，这画真好！"这幅画便是李明久所作的《千山无量观》。廉浦老师打量了一番，这幅《千山无量观》确实在众多画作中间显得熠熠生辉、出类拔萃。

后来，《千山无量观》被发表在《哈尔滨晚报》上。虽然从初中开始，李明久就时有作品在媒体发表，但是《千山无量观》是他在媒体上发表的第一幅山水画。这给了李明久极大的鼓舞，"我是可以的，我是有艺术天赋的，沿着这条路走下去，一定会成为一个优秀的山水画家。"李明久的内心更加笃定，更加坚定了他走山水画的道路。

　　《千山无量观》发表后，李明久受到更多媒体的关注，经常受邀为《北方文学》等报刊绘制插图。他的绘画之路越走越宽。

风流儒雅亦吾师
吴镇东、尹瘦石、刘忠三位先生

哈尔滨艺术学院美术系主任张晓非主张开放办学，遍请全国艺术名家来哈尔滨艺术学院讲学。尹瘦石、李斛、刘勃舒、许勇、王仙圃……这些修养和艺术造诣极高的名家都被邀请过来。他们的思想和艺术，像涓涓溪流滋润着学生们的心田。他们的学识和修养，甚至他们的举手投足都潜移默化地影响着学生们。

除了关松房先生之外，另一位给李明久影响极大的老师是著名花鸟画家吴镇东先生。他的花鸟画出自吴昌硕，又能自成家数。在吴先生的指授下，李明久兼习白石、雪涛画法，领悟较多，曾一度对花鸟画发生兴趣。

尹瘦石先生对李明久影响极深。他是原北京画院副院长，因境遇变故在哈尔滨艺术学院执教。尹先生精研训诂，于绘画、书法、诗文无所不能，靡不精熟，尤以画马为世人所重。他与柳亚子、郭沫若、沈钧儒、徐悲鸿交谊甚厚，曾与柳亚子联办《柳诗尹画展》，毛泽东为此展题名，由此可见瘦石先生的影响是很大的。他所画的马，神采飞扬，风神勃发，可与徐悲鸿先生画马齐名。他学养深厚，谈吐非凡，给学生们的熏陶是多方面的。尹瘦石对李明久说过一句话，"画是一生的事，别想别的。"这更坚定了李明久一生为画的信念。

李明久的书法、金石功夫主要师承刘忠先生。这位老人博学识广，对文字学颇有研究，并精于诗词、音律，是东北著名的文化学者。他的书法、篆刻出入秦汉法度，而能独树一帜。他的隶字，古朴端庄，尤以不求工巧为人称道。在他指授下，李明久初习汉碑，兼参刘忠先生笔意，受到先生器重，在同学中颇受偏爱。他在李明久临习的《乙瑛碑》墨迹中作跋，"明久学弟，你的习字，最好学习《居延汉简》，若能升堂入室，前无古人，后无来者"云云，给李明久习书指出一条明路。李明久的书法篆刻功底，主要是在这段时间里打下的。

　　到了一九六四年春天，在临近毕业的时候，李明久和美术系的同学们已经练就了扎实的基本功，亟须进一步开阔眼界。系主任张晓非开放式的教育理念，为他们拓宽了前进的道路，于是，一场声势浩大、意义非凡的艺术考察之旅开启了。由刘勃舒、尹瘦石、关松房等先生引领，李明久和同学们前往中央美术学院、北京中国画院拜谒王式廓、叶浅予、吴光宇、溥松窗、秦仲文等艺术界前辈，他们由此接受熏陶，眼界大开。

飘然思不群
拜访叶浅予先生

叶浅予先生住在北京的一处四合院。院落宽敞气派又京味十足。李明久还是第一次见到这样的处所，充满了好奇和新鲜，但是他保持一贯的沉稳，只是眼观心记，并不动声色。他和同学们被让进叶先生的书房。这里一切布置陈设古色古香，十分考究。书柜、画案、太师椅都一水儿的红木，博古架上陈设着精致的古玩和大部头的书籍。一种高雅与贵气扑面而来。

叶先生一九〇七年生人，算起来李明久一行拜访他时，他已经五十七岁，但是李明久感觉他只有四十岁出头的样子，当真玉树临风、风流倜傥。他为学生们演示作画，大约二十分钟时间，一个新疆女子翩翩起舞的影像便逐渐呈现在画纸上。学生们屏气凝神，不愿意放过每一个细节。正看得入迷，突然一个声音传来："叶先生，有查户口的来了。"叶浅予先生闻言，只是"哦"了一声，并不抬头，继续作画。整个轮廓作罢，再着几笔，画纸上的新疆女子便似乎有了呼吸、情绪，愈加神采飞扬起来。叶浅予先生作画时的专注、优雅和沉稳，让李明久看得津津有味、回味无穷。

叶浅予以漫画、速写、舞画"三绝"享誉中国当代画坛。而其艺术造诣首先体现在速写上。他善于提炼、捕捉社会生活中的场景和人物形象，创作了大批生动传神、栩栩如生的现实主义画作。在叶浅予刻画的众多人物形象中，舞蹈人物画最是形神兼备、令人赞叹。他从敦煌绘画宝库中汲取艺术修养，采用敦煌绘画的重彩方式表现舞蹈人物，形成了浓郁热情的舞蹈人物画风格。

叶浅予不仅在速写和舞蹈人物画方面取得了很大的成就，而且他对于漫画的贡献是具有里程碑意义的。他自进入画坛就能以民主批判的眼光、敏锐的思考，关注到当时上海社会的弊端与黑暗，大胆地投入漫画艺术的实践。可以说，叶浅予最早是以漫画起家，凭借自己过人的才气，成为漫画界的领军人物。

李明久仰慕叶浅予先生的艺术和风范，以他为榜样，在很多方面受他影响。李明久从哈尔滨艺术学院一毕业就到杂志社做美术编辑工作，能作漫画，擅画插图，人物画、山水画都能熟练驾驭。后来到河北师范大学任教，诲人不倦，又成为河北师大美术系首任系主任，培养了大批美术人才，很多学生成为重要美术工作岗位的骨干，其中不少人成为当代美术名家。

而其生活情趣以及性格中的浪漫因子也与叶浅予先生极为相似。叶先生生性活泼，开朗豁达，生活态度达观包容，漫画家的幽默总是使他在生活中充满兴致。而李明久也是性情中人，骨子里有一种艺术家的浪漫。他性格通达，一生广结好友，对人宽容，素日潇洒随性，敢于追求生活中的乐趣，不受约束，但是他讲究体面，注意风度，几十年为人师表，对自己的言行十分注意。正应了叶浅予先生的信条：随心欲，不逾矩。

小品　33cm×33cm

运河渔曲　67cm×67cm

清风多仰慕
拜访王式廓先生

一九六四年五一前后，李明久一行在刘勃舒老师的带领下，在中央美术学院的一间工作室见到了大名鼎鼎的王式廓先生。

王式廓先生的素描在中国现代绘画史上享有很高的地位，有素描艺术巨匠的美誉。他是二十世纪中国第一代革命画家。一九三七年八月，王式廓徒步赴革命圣地延安，在当时中国共产党的第一所艺术院校——鲁迅艺术学院研究员。他经常深入到农村和农民们打成一片，画了众多风格纯朴、淳厚的延安农民肖像，创作了素描《平型关大战》《读报》《进边区》和木刻《开荒》《改造二流子》等作品。

提到王式廓，就不得不提到《血衣》，这是一件写入中国美术史，尤其是中国革命美术史的作品。李明久一行在拜访王式廓先生时，他正在创作《血衣》的素描稿。他向学生们介绍了这幅作品的构思和意义。该作品描绘阶级斗争为纲的年代，翻身农民忆苦思甜、控诉旧社会遭受地主阶级剥削压迫的场景，画面抓住一位悲痛欲绝的妇女正举起血衣的瞬间，描绘了激愤的人海与起伏的山峦，在沉郁浑厚的黑白色调中汇成了震撼人心的控诉，是反映中国农民政治觉醒的作品。

王式廓先生穿着朴素，语言朴实，充满了革命热情，一个献身革命的美术工作者形象深深触动了李明久年轻的心。这是李明久首次近距离接触主题性绘画创作，使他了解了美术为革命服务的意义。在他眼中，王式廓先生这样的美术家是那样崇高而伟大，他的价值观由此得到了升华。

事实上，王式廓先生从一九五〇年就开始构思《血衣》，该创作原计划以油画形式完成，一九五七年，作品尚在素描草图、习作阶段时，就被中国美协机关刊物《美术》重点报道，不仅在封面和内页选刊习作和草图，而且还专门发表了评论文章。一件作品，尚未完成即受到如此关注，这在《美术》杂志编辑史上极其少见。一九五九年中华人民共和国十年大庆时要求王式廓在比较紧的时间内将《血衣》全幅创作完成，若按原计划画油画，时间显然不够，因此要在国庆节前完成创作任务，唯一可行的办法就是将为创作油画《血衣》积累的素描草稿、习作，顺势转换升级为完整的素描创作。打定主意后的王式廓为此经过数月努力，为当时刚落成的中国革命博物馆赶制出了素描《血衣》，以极其朴素但非常符合作品情感基调的黑白灰语言，极具戏剧性冲突效果却又葆有浓郁现实生活气息的构图处理和人物塑造，使新中国美术创作第一次实现了以素描表现重大主题，较为完整地体现了素描作为现实主义创作方式的艺术价值，非常珍贵。及至一九六四年李明久一行去拜访他时，他仍然在不断完善《血衣》的素描稿，为进一步创作油画《血衣》做着准备。当时，李明久一行已经感觉到王式廓先生的身体状况不容乐观。王式廓接受中国革命历史博物馆油画《血衣》的创作任务，每天带病工作十三四个小时，留下了几十幅具有高度艺术水平的农民肖像珍品。一九七三年的一天下午，在画一老一少农民的头像时，因劳累过度手握画笔倒在油画架旁。当地党政领导立即指挥进行抢救。经过十八个小时

王式廓《血衣》

的紧张工作，抢救无效，王式廓先生不幸与世长辞。

王式廓先生为革命献身、为艺术献身的精神给李明久很大触动。他意识到：一个艺术家为了创作一幅精品，即使用尽毕生精力也是值得的。有的人画了一辈子，但是没有一幅作品能够流传于世，即使作品再多，也是没有意义的。创作精品，创作对社会、对人民有意义的作品，是一个艺术家应该追求的方向。

仰慕贤者躅
拜访秦仲文先生

一九六四年，由尹瘦石先生带队，李明久和同学们拜访了秦仲文先生。秦仲文先生是北京画院的老画家，成名早于齐白石、徐悲鸿等人。他与尹瘦石先生是故交，二人见面感慨万千。

秦仲文先生已经七十多岁，看上去很胖，老北京味儿极浓。他见到同学们，显得十分高兴，开怀大笑着张开双臂欢迎大家的到来。他热情地请同学们坐下，同学们却恭恭敬敬不肯落座，他便站着给同学生们画画示范，一边作画一边讲他对山水画的理解。

秦仲文先生的画作浓郁沉厚、简括宁静，从技法到意蕴均富文气。五十岁以前，秦仲文的画主要是临摹古人，五十岁以后则多写生之作，努力突破古人窠臼，找到独有的绘画语言，形成自己的面貌。二十世纪五十年代后期至二十世纪六十年代前期，他的作品最多，也愈加成熟，创作了《岷山遇雨》《岳阳楼》《乌江天险》等经典作品。秦仲文能诗能文，还长于美术史研究，其所著的《中国绘画学史》是二十世纪前半叶重要的美术史著作之一。

秦仲文性格豪爽，脾气耿直。由于他认真研摹过古代绘画，有深厚的笔墨功力，并且谙熟诗词、长于书法，因此他对传统绘画艺术的理解深入而贯通，留下了画史著述。他坚守着中国画笔墨传统，极力维护传统画法与特点。

　　李明久仰慕秦仲文先生以北方人的豪爽气质驾驭南派山水画的技巧，用笔坚挺有力，墨法精微，能在不大的画幅中表现阔大雄浑的气魄；亦欣赏他以行楷笔法画的墨竹，风格清劲厚朴。他认同秦仲文先生维护中国画笔墨传统。在他个人的艺术实践和成长过程中，基本走了与秦仲文同样的道路，师古人、师造化，然后突破古人窠臼，找到自己的绘画语言和样式，形成独有的面貌。在李明久几十年的教学生涯中，也始终强调学生临摹古人画作的重要性，同时他又教育学生注重学习美术史，注重写生。

　　秦仲文的耿直豪气以及艺术造诣、艺术理念，永远留在李明久的记忆里。

古桥新容

人间能得几回闻
拜访吴镜汀先生

吴镜汀先生是从旧社会向新社会过渡时期的一批老派山水画家中的代表人物，很有名望。李明久在哈尔滨艺术学院学习期间，吴镜汀的画作经常被作为范画供学生临摹。在李明久的眼中，吴镜汀先生的画风格飘逸俊秀、清劲有力，可以说几近完美，没有瑕疵。

一九六四年，尹瘦石先生带队，李明久得以和同学们一起拜访吴镜汀先生。大家都非常激动，他们三三两两挤坐在凳子上，全神贯注地听吴镜汀先生讲画，讲艺术。吴镜汀先生清瘦而文雅，老式文人的气息十分浓郁。他的画作清朗斯文，宁静悠远，古意隽永。李明久心想，画如其人，当真如此。

吴镜汀先生的艺术求索之路与秦仲文先生十分相似。他研习古人国画用功极其深苦，在名师金城、贺履之、俞涤凡、萧谦中的指导下，从"四王"特别是王翚入手，进而上溯宋元名家，反复临摹历代名作，不断研习，打下了坚实的传统绘画基础。在基本功力炉火纯青之后，又通过写生寻找独属于自己的绘画路径。经过不断揣摩、淬炼，他的山水画功力终于得到升华，形成了在复杂、巧妙的章法中刻画树石自然形态的骨法，笔墨浑厚而富于纹理表达，成为近代国画家对传统笔墨的重要贡献之一。

在中国画的传承与弘扬方面，吴镜汀的主张也与秦仲文一致。他强调临摹的重要性，认为画国画就要下"笨功夫"，夯实基本功。

李明久认同吴镜汀、秦仲文等前辈的主张，从中国传统水墨中汲取营养，又注重突破其窠臼，寻找自己的绘画语言，开创独属于自己的绘画样式，并将这一理念运用于国画教学中，一生于此路坚定不移。

随风潜入夜
拜访王叔晖和吴光宇先生

李明久的人物画素养得益于到北京拜访吴光宇和王叔晖两位工笔重彩人物画大家。

若论师承，从小酷爱画画的王叔晖，十五岁时经由其二姐夫的弟弟，年长其四岁、在当时已是小有名气的人物画家吴光宇先生介绍，她得到了当时国画大家徐燕孙先生和吴光宇先生等的鉴评和教诲。其中，她最重要的老师是徐燕孙和吴光宇。徐燕孙是著名的工笔人物画家，其在人物造型和笔法的运用上，对王叔晖影响非常大。吴光宇在画面布局，以及色彩处理等方面，对王叔晖有多方教诲。吴光宇师承也是徐燕孙。两位先生虽都是专攻工笔重彩人物，又有相同的师承，风格却截然不同，基本没有相似之处。这给了李明久很大启发。他意识到，不管基本功的锤炼过程如何，营养汲取自哪端，找到自己的路子，形成自己的面貌，自成一家，是一个画家要解决的最终问题。

王叔晖先生是李明久一行到北京拜访的唯一的一位女画家。她沉静内敛而又和蔼可亲的气质给了李明久很深的印象。王叔晖终生未婚，过着独居生活，绘画几乎占据了她所有时间。那时，她大概五十多岁，身材高挑，有些清瘦。见到美术学子们来访，十分热情亲切，举手投足间透着优雅含蓄，极有修养。王叔晖先生的工笔人物画在当时是首屈一指的，李明久在课上还曾临摹过她的作品。其下笔工细、恬静、稳扎稳打，用得最多的是被称为"吴带当风"的状叶描，具有中国画中工笔白描的特点。她笔下的女主角总是那么温柔端庄，美丽聪颖，看她的画，就像在欣赏一出戏，"戏味"很浓。其最出名的作品是一套十六幅本的《西厢记》连环画，是被载入新中国美术史的佳作。这套《西厢记》连环画人物形神生动，环境充满诗情画意，色彩典雅端丽，线条流畅刚劲，荣获第一届全国连环画创作评奖的"绘画一等奖"。

吴光宇先生是北京传统派人物仕女画的突出代表画家之一。在其兄长吴镜汀的影响下，其描景状物变工为写，更加潇洒随意；尤善在生宣纸上作笔势跌宕、工中带写的重彩人物，创造了更为雄丽洒脱、也更为刚健婀娜的个人风格。他的画作取材较集中于脍炙人口的历史人物、文学形象、民神和婴戏，轻雅意，重俗赏；造型善于取法戏曲人物的身姿动态，讲提炼，略夸张；师古除卷轴画之外，亦多借鉴民间壁画，富气势，有力量；衣纹在吴道子一派的基础上，大胆吸收了南宋马夏和明代浙派的纵肆笔法，既矫健，又流畅；设色亦强化了补色对比和白粉泥金的作用，亦绚丽，亦明快。其中，李明久最喜欢的是他的写意人物画。笔墨相互为用，笔中有墨，墨中有笔，一笔落纸，既能状物传神，又能抒情达意，还能显现个人风格。在日后的精研中，李明久进一步意识到中国人物画从以线条的方式作为绘画的语言到转入以写意水墨的方式作为绘画的语言，是一个很大的过渡。

吴光宇先生为学生们作画讲解，十分强调线条对形象塑造的运用，指出线条是中国人物画的根本。而事实上，吴光宇本人已经在古典仕女的基础上尝试用墨色来表现人物形象。及至后来，线条的使用已经不足以表现新生活，于是出现了杨之光、黄胄、叶浅予等画家。这正体现了中国人物画的流变。

李明久在拜访大家的过程中不仅领略大家风范，品读他们的艺术，而且善于站在更高更远的位置，将这些大家的艺术对比着去揣摩，从而寻找艺术的规律。这也是他的艺术修养进步极快的原因。

笔落惊风雨
拜访蒋兆和先生

  与王叔晖先生、吴光宇先生等先继承中国传统人物画的衣钵，再形成自己风格的画家不同，蒋兆和先生的人物画面貌可谓发生了天翻地覆的变化。他在传统中国画的基础上融合西画之长，创造性地拓展了中国水墨人物画的技巧，其造型之精谨，表现人物内心世界之深刻，在中国人物画史上达到了一个空前的高度。其代表作《流民图》，以一片瓦砾为背景，刻画了一百多个深受战争灾难之苦的难民形象，描绘了战乱中劳苦大众流离失所的惨状，以前所未有的宏大、悲壮，以浑厚有力的笔触，倾泻对战争的愤怒，表达对正义与和平的呼唤，让人看后深受感染和震动，为现代中国水墨人物画在世界艺坛上确立了光荣的地位。

  一九六四年，李明久一行由刘伯舒老师带领拜访了蒋兆和先生。蒋兆和先生在中央美院工作室接待了年轻的学子们。那时，他只有六十岁，在李明久看来却已是干瘦老翁，身体显得十分不好。李明久不禁好奇这样一副躯体哪里来的力量能创作《流民图》那样的巨作。

  李明久的中国人物画创作理念颇受蒋兆和先生影响。他主张以流畅细腻的线条、潇洒随性的写意笔墨，融入西方解剖、透视、块面等写实技法，共同完成人物形象的塑造。他在个人的艺术创作以及日后的高校美术教育中，对这一理念进行了实践。

眷眷往昔时
毕业之作

农村生活对于从小在农村长大的李明久来说并不陌生，然而他从来没有像现在这样仔细观察过农民的生产劳动。拉车的牲口、耕田的犁耙、院落里堆起来的粪堆，这些农村司空见惯的画面，李明久仿佛第一次见到一般新鲜。他在为了创作毕业之作而精心地做着准备。

哈尔滨艺术学院美术系系主任张晓非老师最忌教学方式死板僵化，主张灵活开放。在她的倡导下，美术系安排学生们走出去开阔眼界，先是由尹瘦石、刘伯舒老师带领学生到北京进行艺术考察，拜访了一大批在当时艺术界极有名望的艺术家。从北京艺术考察回来之后，美术系又安排同学们到黑龙江五常市的一个村庄体验生活，寻找灵感，准备毕业之作。

学生们住在老乡家里，和老乡同吃同住。晚上他们听老乡讲故事，讲生活；白天，他们带着速写本，观察老乡的生活，随时速写。李明久被安排在一位老抗联战士家里。

曾经参加过抗联，是这位东北大伯一生的荣耀。不管是茶余饭后还是田间地头，人们都乐意请他给讲上一段当年在抗联打游击对付鬼子的故事。李明久觉得，每当这时，大伯那刻满风霜的脸就变得格外神采奕奕，因为常年劳作而有些佝偻的身躯也显得无比高大起来。虽然大伯没有什么文化，讲故事没有什么文采，但是他用最朴实的语言，传递出了当时东北人民同仇敌忾，在特别艰苦的情况下，将自己生命置之度外，英勇抗战的事实。李明久经常听得入迷，抗联战士英勇杀敌的场面有时还会回荡在他的梦境里。

这是一个天气晴朗的午后。忙碌了大半天的农民，蹲在田间地头抽烟休息一下。参加过抗联的大伯照例是核心人物。他讲得眉飞色舞，而其他几位农民听得津津有味。不管多么艰难，他们毕竟走过来了，而今在和平安定的社会中，安居乐业，辛勤劳动。那些为了保家卫国抛头颅洒热血的英雄儿女，那些艰苦卓绝的抗战岁月，混着中国百姓的血和泪记载在中华民族的史册中，永远镌刻在人民英雄纪念碑上。回顾那些艰难岁月，缅怀逝去的亲人和战友，他们感到今天的生活是那么幸福和甘甜。此刻，温暖的阳光照射在他们满足而欣喜的脸上，那些深深的沟壑也泛起愉快的光辉。这一幕定格在李明久的画纸上，形成了他的毕业之作《一九六四年之春》。

时间无声流逝，为期一个月的体验生活毕业创作很快就结束了，哈尔滨艺术学院美术系毕业展览拉开帷幕。《黑龙江日报》《黑龙江农民报》《哈尔滨日报》等媒体都来采访，《一九六四年之春》吸引了前来观展的记者们的注意。虽然是黑白色彩的水墨画，春的盎然生机却跃然纸上，而农民们的朴实、满足、幸福也生动传神地被表达出来。这张画被发表在《黑龙江日报》上，成了李明久艺术历程中一个重要的节点。

太行深处景更奇　83cm×151cm

海阔凭鱼跃
工作有了着落

早上不到七点钟,哈尔滨艺术学院美术系主任张晓非就已经坐在了办公桌前,来不及清理昨天的烟蒂,就开始了一天的忙碌。张晓非是当时为数不多的女性吸烟者,每当有重要的事情需要考虑就更是烟不离手。眼下正是攻坚克难的重要阶段。天下没有不散的筵席,孩子们马上就要毕业了,这是张晓非就任以来培养出的第一届学生,她把所有的热情和经验倾注在他们身上,对他们寄予了厚望。学生的出路和前程,关系着他们的命运,这让张晓非牵肠挂肚。

她正在忙碌,忽然传来敲门声。来人竟是中共黑龙江省委农村工作部的几位同志,这让张晓非有些意外,毕竟之前哈尔滨艺术学院与该单位没有任何工作或者其他业务方面上的往来。她热情地让他们落座,问明来意。原来这几位同志是为了她的学生李明久而来。中共黑龙江省委农村工作部有一份杂志《人民公社建设》,正缺一名美术编辑,他们看上了李明久。从在《哈尔滨晚报》发表《千山无量观》,到为《北方文学》等报刊绘制插图,再到在《哈尔滨文艺》上发表《春灌》《小巷》和《街景》等速写……李明久的绘画功力和巧妙构思,一步步走进省内报刊业内人士的视野。黑龙江省委农村工作部的领导相中了这个有才气的年轻人。但是省委农村工作部是重要部门,而《人民公社建设》是党发挥舆论导向作用的重要阵地，要想吸纳进一位同志，必须要慎重。系主任张晓非的一番话打消了他们的顾虑："李明久穷苦出身，根红苗正，学习刻苦，思想积极。而且性格沉稳，有着超越同龄人的老成。从绘画功夫上来说，李明久的速写和造型能力十分出色，而且这孩子爱动脑筋，常有巧妙构思，到你们那里去当美术编辑，非常合适。"

就这样，李明久还没有毕业，工作就已经有了着落，而且是省直单位，妥妥的好工作。这让老家的父亲、姥姥、三姨甚感欣慰。还有他的心上人蔺桂荣。当她收到李明久的来信，咀嚼着那有些克制的文字后面的喜悦与深情，简直幸福极了。她历来相信李明久的才华，这一点她无比确定，因为她早就知道他与众不同，从初中时候起，就知道他是个文艺奇才。蔺桂荣明白，李明久的工作定了，不仅意味着他的能力得到肯定，也意味着他们两个人的感情有了更加稳定的归宿。

承德之春 55cm×134cm

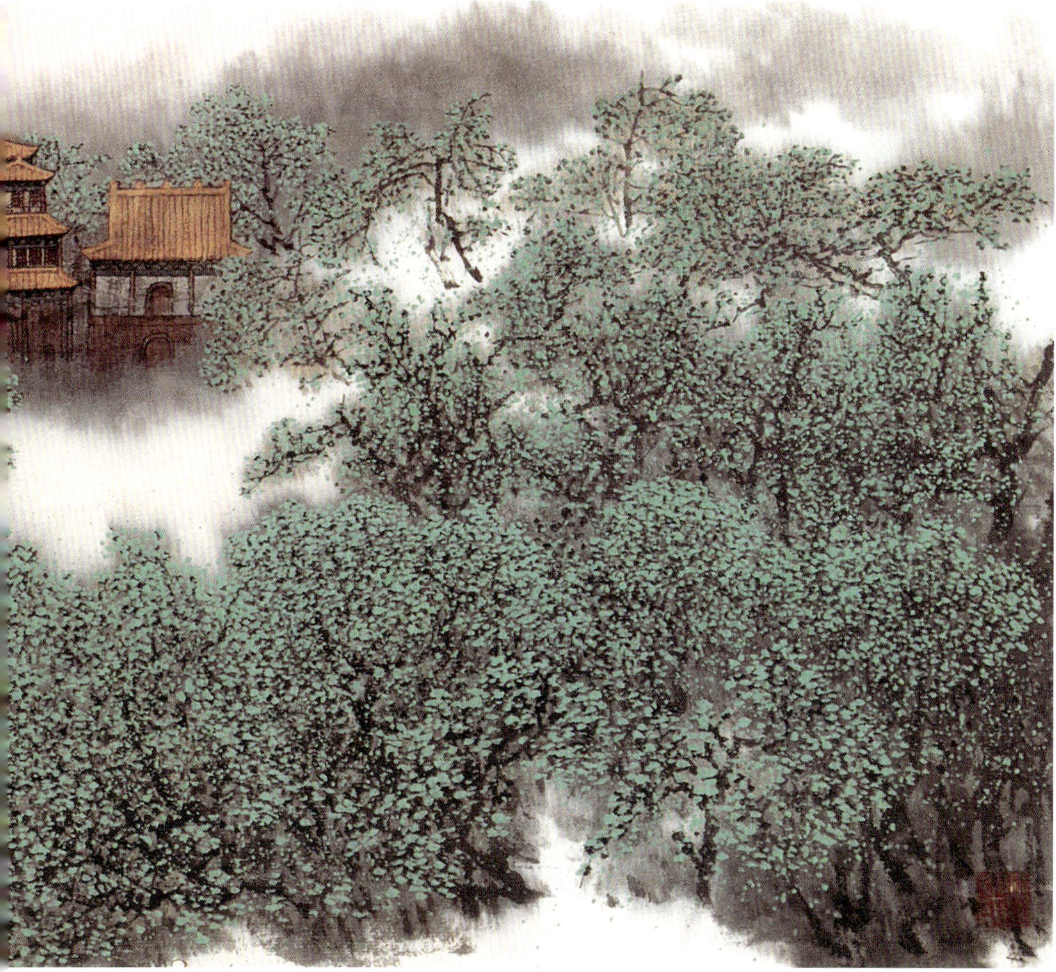

郎才女貌桃华宴
突如其来的婚礼

转眼间，李明久到《人民公社建设》工作已经将近半年了。从他到岗的第一天，就担负起了所有美术工作的重担，忙得不亦乐乎。而在此之前，编辑部的美术工作全靠向社会约稿。

《人民公社建设》所需要的插图五花八门，有的是场景的描摹，有些是人物的速写，有时还需要创作漫画。除此之外，杂志的版式设计也归李明久负责。李明久调动了全部脑细胞，随机应变，把创造力发挥到了极致，同时也练就了十八般武艺，打下了扎实的基本功。

由于工作出色又任劳任怨，李明久很受领导待见。

东北人一年一度的"储冬菜"开始了。李明久和其他几个刚参加工作不久的年轻人帮着老同志向各家地窖拉菜。几个回合下来，李明久的鼻尖已经沁出细密的汗珠，后背黏腻腻的，但是身轻体健的他仍然干得特别起劲儿。有个同事开玩笑说，你看咱们在这儿累呼呼地干活儿，他们却在楼上抽着烟卷儿看着咱们。另一个同事接茬说，什么时候咱也熬得成了老同志，也在楼上叼着烟卷儿看着别人拉冬菜。几个年轻人哈哈大笑起来。

那豪情满怀、恣肆飞扬的青春岁月，是属于李明久的。他跨上单位给他配的大摩托，向印刷厂疾驰而去，路过一个装潢设计公司，转动车把儿，马达的嘶吼声更加响亮，令在那里工作的几个同学艳羡不已。

一进腊月，年的气氛就有了。越到节点的时候，杂志社的工作就越繁忙。李明久正忙得不可开交，一抬头忽然看见一个仙女降临了。来人正是自己日思夜想的心上人蔺桂荣。此刻她就站在他面前，笑盈盈地看着他，脸颊绯红，一言不发。这正是她给李明久的一贯印象。从初中时候就是这样，蔺桂荣见了李明久只是羞红了脸，不说话。然而李明久知道，蔺桂荣虽然羞涩，却是个大胆泼辣、敢作敢为、很有主见的姑娘。她倾慕李明久的才华和人品，不嫌李明久家境不好，坚定地爱着李明久。从在哈尔滨艺术学院附中确定关系到现在，几年下来，倒是她去看李明久的次数更多。这让李明久对她尊敬而且感激。

此刻，李明久心里暖暖的，激动得语无伦次。他把蔺桂荣安排在会议室，接着去忙。直到将近中午，李明久的工作才告一段落。这一幕落在单位领导、省委农村工作部部长王操犁眼里。他关怀地问李明久那个姑娘是谁，李明久如实相告。王操犁部长一直很欣赏李明久，因为这孩子不仅有才气，肯动脑筋，而且手脚勤快，踏实肯干。他也知道李明久家里的情况，少年丧母，家无片瓦，所以一直把李明久当自己的晚辈，对他十分关心。此刻，王操犁部长见姑娘面善，两个年轻人又十分般配，当即萌生了一个想法：给他们把婚事办了。

"既然来了，就把婚结了吧！"王操犁虽然是询问的口气，但是又有着不可动摇的坚定。这突如其来的提议，让两个年轻人多少有些吃惊，随即而来的便是甜蜜和喜悦。姑娘只是笑不答话，而李明久平复了一下激动的心情，强装镇定说："她没有意见，我们就听领导的吧。"

婚礼就在《人民公社建设》编辑部办公室进行，王操犁部长当主婚人，二十多位同事见证了这场婚礼。两个洗脸盆，一盆盛满了瓜子，一盆盛满了喜糖，是这婚礼上仅有的奢侈品。那是一九六四年，社会风气艰苦朴素，结婚仪式也提倡简单化。新娘子蔺桂荣穿着膝盖带着补丁的裤子，新郎李明久则穿着平时的工作装。而这朴素的着装却遮盖不了新娘那俏丽的面容和新郎眉宇之间透出的英气。同事们怀着好奇打量着编辑部的年轻人李明久，打量着远道而来的新娘子，被他们的羞涩和真诚感染了。随着王操犁部长宣布二人正式结为夫妻，新郎新娘面向众人深深地鞠躬，同事们报以热烈的掌声。

婚礼仪式完成，入洞房成了难题。因为李明久一直住的是双人宿舍，属于他的只有一张单人床，如果房间腾给他，另外一位同志就没地方住了。关键时候，《人民公社建设》总编辑刘克先生挺身而出，向他们伸出援手。刘克家匀出了一间房，就成了李明久夫妇的婚房。

水国秋色　67cm×67cm

春风十里柔情
安居乐业

虽然没过几天,蔺桂荣就返回了吉林省榆树县文化馆的工作岗位,但是这一来一回,她已经由一个姑娘嫁做人妻,而李明久也成了拖家带口之人。新婚燕尔,他俩在各自的工作岗位上兢兢业业,靠鸿雁传书,诉说思念之情。虽然聚少离多,但是二人充满了对新生活的感激和憧憬。

时间不长,省委农村工作部便向省委办公厅申请下了一套住房。这套住房中间是厨房,左右两边各一间,其中一间分给了另外一对年轻的夫妇,而另一间则分给了李明久。总算有了自己的房子,以后蔺桂荣来了,再也不用发愁在哪住了,李明久心里踏实了。

婚后的李明久对生活更加充满激情,他的一组速写作品《立下愚公志,改造大自然——冬季农田水利基本建设速写》刊登在《北方文学》上,标题分别为《向冻土开战》《身在工地胸怀世界》和《日出之前》,在业内引起不小的轰动。

为了解决李明久和妻子两地分居的问题,省委农村工作部协调将蔺桂荣从吉林省榆树县文化馆调到了黑龙江农业厅下属的农业展览馆工作。转年,蔺桂荣诞下一女。李明久择取爱妻蔺桂荣名字的最后一个字,给女儿起名蓉蓉。从此二人世界变成了三口之家。几年后,妻子又给他生了个儿子。这是后话。

工作虽然忙碌，但是李明久仍然能挤出时间画画。晚饭后，李明久就把悬挂在屋顶的那扇碎花小布帘拉开，如此一间房屋便隔成了两间。一间留给妻女，一间便是自己画画的天地。每当这时候，李明久铺开一页宣纸，氤氲的墨香飘荡在整个房间，与婴儿的啼哭声和妻子温柔的轻哼声，交织成一幅动人的生活画卷。

渐渐地夜深了，他的蓉蓉和荣荣都已进入甜美的梦乡，李明久手中的笔，像跑开了的野马，更加随心所欲。此刻，画画的仿佛已经不是他本人，而是一股神秘的力量在无形中牵引着他的手，皴擦点染、浓淡干湿，全不费思量。在持续的创作实践中，一些关于绘画的规律性的东西便不请自来，翻涌在他的脑海。"舞技归纳起来动作为：起、靠、冲、收四个字，而笔墨技巧暗合此道。"李明久一边挥笔，一边想到这么一句话，感到颇为得意。今夜画得非常顺手，一种如有神助的感觉滋养着他的自信，而这自信使他感受到了一种不可言传的愉悦，悠然自得，飘飘欲仙。李明久知道，这种感觉只有在画画时才能找到。于是，画画于他成了一种瘾，而这种瘾比烟瘾、酒瘾都大得多，一辈子再也戒不掉了。

给李明久的绘画插上翅膀的应该是到大自然中去。由于工作需要，李明久走遍了大小兴安岭、绥芬河草原、完达山等东北著名风景区。原始的大森林、无垠的大草原、连绵的山峦给了李明久无限的灵感。

只有师恩无穷期
恩师王仙圃

人生如在大海上航行，不知道命运之舟将把人载到哪个方向。从山雨欲来风满楼到动乱开始，每一个人都身不由己地被"文革"的风暴所裹挟。省委农工部的《人民公社建设》杂志被迫停刊了。李明久被临时安排在图书馆，根据形势需要创作相应的宣传画和漫画。后来《黑龙江日报》的领导和编辑被裹进运动中，但是办报不能停，李明久和几个年轻的编辑被调到《黑龙江日报》工作。

令李明久倍感幸运的是，转到《黑龙江日报》工作后，工作地址竟离王仙圃先生家很近。李明久仰慕先生，先生欣赏李明久，师生二人便由此得以常聚。

每当心有烦忧或者在艺术上有所疑惑，或者只是因为想念，李明久就会骑上自行车穿过两条街道，来到一处气派的俄式建筑前叩响大门。那是他的恩师王仙圃先生的家。

伴着花香，走过雅致的院落，透过纱帘掩映的玻璃窗，依稀看到恩师忙碌的身影。他知道李明久到了，便忙着为他烧水沏茶，同时摆上棋盘，准备和他杀上一盘。那时先生已须发皆白，却精神矍铄，仙风道骨。每次见到恩师，李明久心里就感到无比温暖踏实，同时涌动着对艺术的憧憬和自信。先生修养极高，又恳切关怀，言谈话语中向李明久输送着营养，同时又给予李明久极大的鼓励和肯定。

王仙圃是当时东北极负盛名的老山水画家。二十世纪三十年代至四十年代，他在北京与吴镜汀、秦仲文、胡佩衡过从甚密，其造诣不在吴、秦、胡之下。他的山水涵盖元画，更醉于追随石涛画法，其画既能入古，又能变通法度。当年，他是黑龙江省美协的专职画家。哈尔滨艺术学院艺术系主任张晓非求贤若渴，聘请他到哈尔滨艺术学院授课，李明久正是他的得意门生。

其实，在王仙圃先生到哈尔滨艺术学院授课之前，李明久就见过先生了。虽然隔着很远的距离，却留下了很深的印象。一九六一年，黑龙江美协请当时在全国美术界颇有影响的两位花鸟画家到黑龙江办展览，搞学术讲座，王仙圃作为黑龙江美协创作室的工作人员参与活动。先生花白的头发梳得很整齐，身量很高，面容清瘦，有一种超凡脱俗的气质。李明久心里对老先生很是仰慕，不想，第二年王仙圃就被请到哈尔滨艺术学院讲学，李明久得以近距离领略先生风范，对先生更加崇敬。

先生喜欢喝茶、吸烟，尤其喜欢下棋。一边品茗一边对弈，常使二人忘了时间。关于李明久的画事，恩师是非常看重的，每在指点李明久的画稿时，总是耐心启发，有时要亲自示范，并加以详细讲解。李明久曾一度热衷主要用颜色作画，王仙圃在他的一幅画稿上写道："此法非汝不能为之，是汝不可为之，少有尝试当可，长久为之必有伤我民族艺术之精髓。明久学弟以为然否？望思之。"由于李明久对先生的敬重，每必言随计从。后来，王仙圃见李明久于此路罢笔，倒又鼓励起他来了。他说："我老了，难免守旧，你们年轻人应该力求出新。"李明久经过沉淀思索，在艺术道路上左奔右突，最终形成了其风格独特的水墨点彩的绘画样式。

王仙圃虽然主张师古，但又极恶食古不化。他曾在李明久的一幅画中题道："古人的发眉不能生我的面目，古人的肺腹不能做我的腹肠。"这给了李明久很大的触动。在他艺术风格形成的关键时期，他一方面践行传统，从传统中汲取营养，一方面又注重打破传统的束缚，寻找自己的道路。这一信条贯穿他整个艺术历程，乃至他后来的美术教育生涯。

王仙圃欣赏李明久的才华和悟性，也担心他耐不住画画的艰苦和清贫，担心他因为眼前的眼花缭乱而扰乱了画画的决心。他对李明久说："你们这一代人，有固定工作，哪像我当年，吃了好多的苦。但苦也有苦的好处，不苦也有不苦的坏处。你记住，搞艺术的，不管遇到什么，坦途还是峭壁，都应该是一根肠子。如果有两根肠子，就坏了，特别是在关键时刻。"李明久将这些话刻在心里。一根肠子，一个心眼儿，一辈子坚定不移。

运河小景　20cm×64cm

时来天地皆同力
调职河北师大

这日,李明久刚从恩师王仙圃处回来,便接到了来自北京的好消息。《人民日报》的好友陈志来电说,关于他工作调动的事情已经解决了,让他尽快处理原单位事务,准备到石家庄的河北师范大学艺术系任教。

李明久在《黑龙江日报》美术组的工作不可谓不惬意,只是太过繁忙,白天执行报社的采访和接待任务,晚上完成报纸所需插图,报纸上版之后,李明久才开始有画专业画的时间,常常一画就到半夜。《人民日报》的陈志、苗地,以及《法制日报》的记者法乃光,从北京到黑龙江北大荒采访,每次都由李明久当向导。他们欣赏李明久的为人和才华,又感动于他对艺术的执着和刻苦,便主动提出帮李明久寻找调到北京工作的路子,以便他到更广阔的天地发展。然而经过多番努力,并未如愿。陈志便想到了石家庄这个离北京较近的城市。自己有个老同学时任河北美术出版社社长,跟他张口倒是便利。这个老同学听了陈志关于李明久的介绍,感觉这个人才不可多得,甚有惜才之意。他回复陈志:到我们这里来倒是没有问题,但是出版社美术编辑的日常工作很是琐碎,从报社美编调到出版社做美编,对于他的情况并不会有大的改善。他搞创作,到大学里去最好,教书育人,也有时间研究美术。后来将李明久推荐给了河北师大艺术系美术教研室负责人。那时大学教育刚刚步入正轨,人才缺乏。李明久就这样到了河北师大艺术系当老师。

李明久的人生之路由此发生了转折。然而整个过程全部由朋友们代劳,他本人并未耗费丝毫心力。同道中人惺惺相惜,互相提携,那时的人就是那么纯真,那时的友情就是那么纯粹。

"你把我的老同学的电话记上,到了石家庄有什么事尽管找他。"电话那头陈志还在殷切叮嘱,李明久心中感激,却并未多言感谢之语,只是将朋友的嘱咐一一应下。挂了电话,李明久心下并无波澜,抔笔挥毫,继续投入一幅未完成的作品。他曾在《画语录》中记下一条:"想有所成就的艺术家,必须关起自家的大门。门里门外是两个世界。只有

在做教学示范

在自家门里，才可彰显自心的创造力。"之所以在繁忙的日常编辑工作之余，李明久的国画创作仍能日益精进，在全国画坛博得一席之地，正是因为他的心里有一扇随意开合的大门。每当投入创作，那扇大门便自动关闭，一个无比沉静而广阔的世界任由他的思绪驾着画笔驰骋。

  值完夜班回到家，李明久才将工作调动的事情告诉妻子蔺桂荣。蔺桂荣快人快语，一口气问了十几个问题，比如跟单位领导说了没有，什么时候动身，到了石家庄住在哪里……李明久仿佛如梦初醒，工作调动原来还面临着这么多具体问题。蔺桂荣并未埋怨李明久没有商量就定了这么一件大事。凡是对李明久画画有好处的事，她历来支持。并非她天生小鸟依人、以夫为天，只是在结婚之前她就已经看清楚，自己心里装的是丈夫，而丈夫心里装的却是艺术，自己永远是第二位的。而这第二位的位置，她已经心满意足。除了经常没有时间陪她，家里的大事小情，李明久大都听她的，对她十分体贴尊重。

荡胸生层云
拥抱太行山

　　到了石家庄，家还没有安顿好。听说有老师带领学生们去太行山写生，他的心也跟着飞进了太行山。妻子蔺桂荣看出他的焦急，便主动承担起安顿新居的重担，让他放心地去做想做的事。李明久把行李、儿女都托付给妻子，便迫不及待地跟随队伍一同进山了。

　　太行山的瑰丽奇伟、壮丽豪迈，以及这里的红色文化，早就令李明久神往。此次得以深入太行腹地，他兴奋不已，如饥似渴地用速写记录着太行壮景投射在他内心的激动。

　　他怀着好奇来到革命圣地城南庄，用他早就有的知识储备，探寻这里的革命足迹。

　　革命老区的神圣和伟大，带给李明久极大震撼，他走街串巷探访革命老区的红色遗迹，听当地老百姓讲述革命故事，怀着崇敬和豪迈的心情，创作了一批表现革命老区的速写作品，还凭着想象创作了毛泽东主席在城南庄的一处院落里的躺椅上吸着烟沉思的情形。这些都为他日后创作名动画坛的《瑞雪》奠定了基础。

　　太行的古朴厚重所饱含的深沉意蕴，雍容博大的风采所呈现的威武雄壮的性格，斑斓的色彩彰显着的无限生机，点燃了留在李明久心底童稚般的幻想和本能领悟美的情感的火种，使他在静态的茫茫的大自然本体与表达理想观念及审美情趣的艺术形式之间，在体味自然美与创造美之间，开始寻求自己的艺术之门。困惑和急于求成，使他将自己关在工作间里日夜不肯离开画案。

功夫不负有心人，一年多下来，李明久对如何表现太行山，摸索出了一套规律来。到过太行山的人都会感到，由于地处北方，春、夏、秋、冬四季，山有三季多不绿，而是黄的，山头也多半是圆形的，山上林木也稀少。所以，李明久把太行山概括为圆、秃、黄三个字，对山石纹理，创造了一种新鲜的笔法，大致概括为"一逆一横一顺"。按照这个路数，他创作了大批画稿，并选择一部分展览或发表。

一九七九年春节期间，石家庄举办"迎春画展"，李明久的六幅作品首次与河北观众见面。此间，他还应邀参加河北电视台举办的迎春书画表演。自此，李明久家中客人络绎不绝，有来寒暄、索画的，有来切磋绘画艺术的，也有持画稿求教的。初来河北时的冷落和寂寞一扫而空。

同年，李明久的山水画作品被邀请赴瑞士参加"中国画展"，在河北美术界再度引起关注。

随着画艺精进，属于李明久的画坛天地愈加宽广。其作品《新秋》被收入河南人民美术出版社出版的《中国画小辑》，《漓江倒影》在河北省文学艺术界联合会主办的《河北文艺》月刊发表。评论《生活·诗情·写真——读梁岩同志的人物肖像画有感》在《河北日报》副刊发表。作品《镜泊春雨》获河北省省级奖项，在《人民日报》"大地副刊"发表。《镜泊春雨归来时》在《人民日报》"大地副刊"发表。作品《红日照山河》入选由河北省文化局、中国美术家协会河北分会、河北省展览馆主办的"庆祝中国共产党成立六十周年河北省美术作品展览"。作品《漓江晨曲》在中国作家协会主办的《诗刊》杂志刊登。

一九八〇年,由中国邮票总公司、中国国际书店等机构主办的"中国邮票、书画、乐器、文具及体育用品展览"在新加坡世界贸易中心举行,李明久的作品《太行烟雨》《黄山百丈泉》《长白夕照图》和《镜泊春雨》入选。李明久被辑入《中国现代书画家名录》。

太行风景 69cm×138cm

太行觌浑图年山
浮其气行性田野
画家无可掬起驾空马
伯山阳之作於京华

长风破浪会有时
狼牙山浩气图

李明久从画室出来,迎面碰上一位同事,递给他一封信。"谢谢,谢谢。"他谢过同事,怀着好奇,一边走一边拆信。看署名,来信人并不相识。读信才知,原来这是一位书画爱好者。他说:"我久居河北,您的名字未有所闻,今得观大作,甚为惊叹。我以为画太行山您为河北第一人……"得到如此褒奖和赞赏,李明久自然振奋。是夜,展卷作画,更是如有神助。

举家迁至石家庄以来,李明久的笔锋逐渐剔除白山黑水的印记,开始向雄奇的太行膜拜。他无数次深入八百里太行,饱游沃览,搜集大量素材。这一时期,他的山水画自然多取材于太行,以大山大水为主。有评论家评价其作品"不失生活底色,进而塑造刚猛之境,或开阔千里,或曲折入微,皆深沉雄大,气势磅礴,发人振奋"。而李明久心里明白,自己的太行题材画作胜在令人耳目一新。

李明久在一篇文章中读道:"生命,就是一次探险。"这句话给了李明久极大的触动。既然生命都是探险,那么艺术为什么就不能探险呢?艺术高峰的攀登,不也是一次次探险完成的吗?于是,他将这一理念运用到自己的创作中,不断地探险求新。面对太行山这一题材,他不想陈陈相因,也不想模仿,而是通过一次次探险,努力寻找一条表现太行山的新路。

"对于艺术创造，我觉得'自然空间'仅仅是战事必需的'粮草'，有情感做脊梁，修养为血脉，创造有别于前者的'文化空间'，才是我的真正目的。"李明久在文章中记下了自己在探索中的感受。对自然空间的客观领会必不可少，然而将其融入自己的情感和修养，进而升华为艺术作品，才是他的目的。

巍巍太行历来是众多画家创作的源泉。然而画家在表现太行时，却往往落入两个窠臼：一个是具象写实，一个是厚而不美。而李明久笔下的太行山，以形托意，又意在形外；大气磅礴，又清俊朗逸。他把中国传统绘画中美的法则以及规律用到极致，结构布局、聚散关系、浓淡干湿无不恰到好处，在造境、格调上融入自己的气质和情思，从而形成了独属于李明久的样式。

一九七九年，河北省人民政府邀请画家们为人民大会堂河北厅和河北宾馆创作大型国画。经过几个月的创作，画家们纷纷完成作品，并装裱陈列。最终，官方选中李明久和学生白云乡、刘岩森创作的恢宏巨制《狼牙山浩气图》，长期陈列在人民大会堂河北厅。一九八〇年二月，《狼牙山浩气图》在《河北画报》刊登。

▲ 水随天去秋无际　34cm×134cm
▼ 只宜老眼看空濛　34cm×134cm

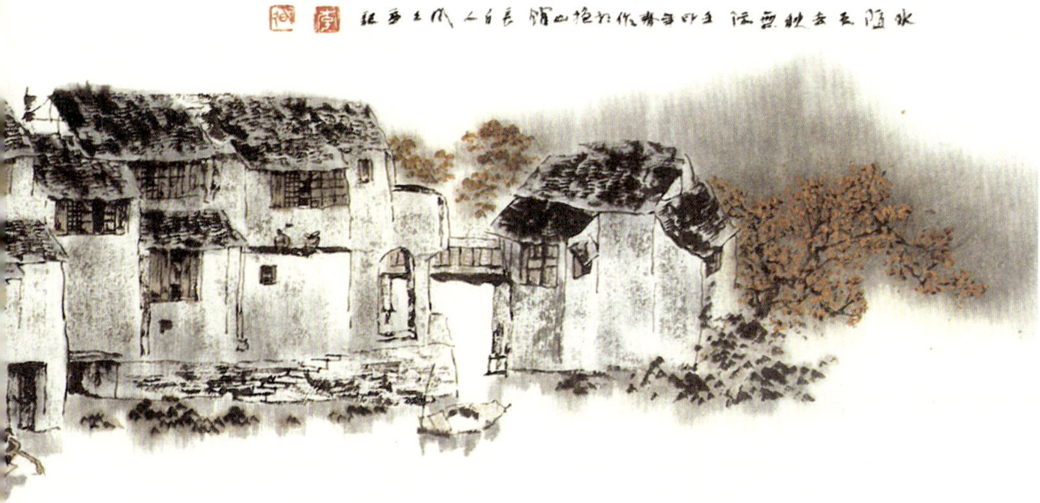

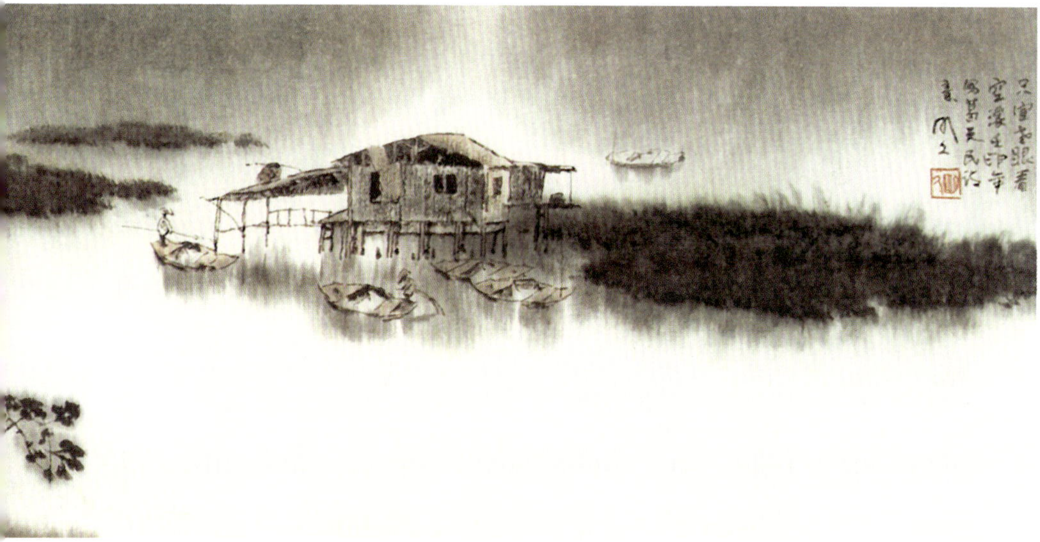

玉壶存冰心
第一堂美术课

"先生自带仙风道骨，风度儒雅，学养深厚。那时先生已脱发谢顶，常年戴着一顶帽子，黑框眼镜，说话语速很慢，却没一句废话。尤其是先生从黄山写生归来举办的画展，山与云千变万化，水墨淋漓，大气磅礴，让我们第一次近距离体验到中国山水画的玄妙。"一位学生在随笔中记下了对李明久先生的印象。

然而，李明久初到河北师范大学时却全然不是这种儒雅的形象。七七级学生刘进安有这样的描述："一九七八年的一天，一个身穿工作服大褂，头戴草帽的戴眼镜的中老年男子抱着一捆木头大步流星地走进了我们教室，随后把一捆捆木头堆在教室的北墙边。大家在画架后边窃窃私语，有同学说，新调来的，是国画老师，当时大家就嘀咕，怎么调这么老的一位老师……"那时木材颇为金贵，个人不容易买到。李明久便千方百计从东北带了一些木材到石家庄。因为住处还没有安排好，只好先把这些木材搬到教室。其实，李明久当时只有三十九岁，风华正茂，给学生的第一印象却颇为老气，大概是那搬木材的狼狈，以及那草帽眼镜和干脏活时穿的工作服大褂使然。

此时，李明久的心思全然不在于自身形象如何，太行山的壮美早已勾走了他的魂魄。听说有老师带领学生到太行山写生，家还没有安顿好，他便迫不及待地一同前往了。

从太行山回来，到了给学生们上课的时候，这位东北来的先生，却突然年轻了许多。他的草帽换成了鸭舌帽，那件洗得发白的藏蓝色口袋外翻的老式中山装加上浅色裤子和干净的皮鞋，使他一下子变成了一位饱读诗书且略带文弱的先生，偶尔再深咳两声，这种感觉就更加突出。

李明久请了一位农村大爷当模特。他给模特头上系好羊肚毛巾，再系上红腰带，外挂羊毛坎肩儿，左手执鞭，把他打扮得俨然一副羊倌的模样。李明久围着模特转来转去调整姿势，斜着看看，侧着瞧瞧，用手照着模特比画比画，闭上一只眼再瞄瞄，各个角度位置都关注到。

这是李明久到师大后上的第一堂课，为此，他准备了十分详细的讲义。待学生们围拢着坐定，李明久的眼神在每一位同学的面庞上停留了一下，便开始讲课。他语速缓慢，言语清晰干净，内容充实，带给学生们耳目一新的感觉。然而，他接下来的要求，却令学生们张口结舌。

这是一堂工笔人物写生课，李明久却要求学生们用生宣纸完成工笔作业，并且要求拷贝和渲染的步骤不能少。这无疑给大家出了一道难题，自古工笔人物画，谁用生宣纸画过？闻所未闻。当李明久说明这么要求的原因："这种转换方式既能训练手头的控制力，也可在技法上产生新的经验，同时也能提高对纸张性能的了解。"学生们立刻心悦诚服，感觉这位东北来的先生确实别具一格，肚子里有学问，甚至有些高深莫测了。

讲课完毕，李明久便观摩学生作画，随时指点。一位同学把老农的衣服染得太黑，十分苦恼，左看右看实在难受，心想不如索性一撕了之，重新再画，正欲动手，先生过来了。他仿佛看清了这位同学的心

和学生们在一起

理活动，用斯文的语调，言简意赅地指导说："要减弱的地方用藤黄罩染。"这位同学一试，果然效果很好，染过的地方立刻变弱，层次分明。

"任何情况下都可以调整，守中思维，左右逢源"是李明久的一贯主张。每当他看到有学生扔掉或者撕毁作品，都不无惋惜。他说："一幅画总有画得好的地方，因为不好的地方而丢弃，便可惜了。无论画成什么样，都不要随意丢弃。过一段时间再拿出来或修改或重画，会有额外的收获。"学生们记住了先生的教诲，心中形成一种理念："世上没有画坏的画，只有没画完的画。"

落红不是无情物
和学生在一起

一九七七年,由于"文化大革命"的冲击而中断了十年的中国高考制度得以恢复。人们积压了太久的对知识和真理的渴求呈爆发式释放。此后的几年间,社会变革节奏飞快,社会面貌日新月异。李明久就是在这样的社会背景下,怀着内心的激荡,从黑龙江来到河北师大任教的。他不辞辛苦从东北带来的码在教室一头的那批木头,见证着那个年代他对新生活的无限憧憬。

这批木材成了同学们的活计。他先是被安排在河北师大教师家属楼六号筒子楼三层住,学生们就帮他把那些木材一捆捆从教室搬到筒子楼楼道离他家近的地方存放。过段时间,李明久的住处又换到二号筒子楼二层,学生们又从六号筒子楼把木材搬到二号筒子楼;又过了半年,他又从二号筒子楼换到了一号筒子楼一层的一个套间,学生们又把木材搬出来再搬到一号楼里去。后来他还住过其他筒子楼的一个套间……直到李明久把这些木材做成了家具,学生们才停止了搬运。

后来,当学生们看到李老师做的书柜,才体会到这些木材的价值。这套组合书柜由五个九十厘米宽和两个五十厘米宽的单柜组成,高有二米二左右,排满了套间外屋的北墙(那时的筒子楼大多是五六十年代的苏式建筑,开间大,一间大约有十八个平方)。书柜有宽有窄,有封有透，有长玻璃门，也有密集的四层抽屉，空、透、封搭配相间，有变化有层次，所有竖线横纹四棱方角都用磨圆处理，既古典又时尚，放在那面大墙上非常气派。沙发是李明久自己动手做的，锯木头，砂纸打磨，贴木纹装饰，靠背与座位都是很雅致的花布面，方方正正的造型很时髦、很现代。

上完四周的工笔人物课，李明久给学生们上中国传统国画山水课。按照唐宋元明清的顺序讲课，然后是一周的临摹。不少学生是第一次临摹山水画，临得手忙脚乱、毫无章法，李明久悉心指点，并抓住学生的闪光点多加鼓励，学生遂信心倍增。及至分专业，共有七名学生选修国画，由李明久带领。他们是陆成刚、张世欣、白云乡、郝新明、刘进安五名男生和刘秀鸣、郭宪两名女生。他们一九七七年入学，是高考制度恢复以来的第一届学生，全社会对七七级学生都给予极大的关注以及关怀和温暖。那时候，不管认识不认识的老师，只要碰到七七级的学生，都要拦住说上几句问候叮嘱的话，了解学习情况，嘘寒问暖，就好像只有七七级的学生才是真正的大学生一样。国画班的这七名同学，芳年华月，各有特长，可谓被时代和命运推上绚丽舞台的佼佼者，李明久对每一位都很看重。及至毕业，每一位学生都学有所成，在不同的领域找到好的发展之路。

随着时间的推移，学生们对李明久先生的崇拜和敬仰不减，在他面前却不似先前那般拘谨，变得愈加轻松随便起来。"先生气质儒雅、皮肤白皙、面容清秀，却过早脱发，随着年龄的增长，头顶毛发日益稀疏。"这一特点就成了学生们研究的对象。学生陆成刚在文章中描述他的发型："李明久先生的发型是那种典型的农村包围城市，农村那部分留得还挺长，妥妥的画家范儿。因此，平时喜欢戴顶灰色的鸭舌帽，将裸露的城市遮盖起来……"有一次，学生刘进安给先生画了一幅漫画贴在黑板上，将他的谢顶夸大得恰到好处，简直神似！李明久见了，不恼反喜，随即没收，表示画得这般好，他一定收藏，作为永远的纪念。

学生堆儿里，女生郭宪最是古灵精怪、聪明伶俐。自上中学、插队、上大学以来，她一直都穿中山男装。用她自己的话说是因为穿着比较舒服，有四个口袋，可以放很多东西。郭宪是班里的开心果，时常插科打诨、逗乐搞怪，她所到之处，总是笑声不断。有一次到山里写生，乡下数日，李明久先生身体欠佳，面色发黄，自言两胁胀痛，问"谁带药来了"。郭宪在药囊中搜寻，选出其中一味看似对症，便取出数包，趴在炕沿上，将症候中"月经不调"的字样用钢笔涂黑，唯留"两胁胀痛"四字。然后恭敬双手向先生奉上。李明久接过一看，哭笑不得，随即甩还于她。同屋三位同学见状爆笑：用药怎么男女不分？

饶是郭宪这样俏皮贪玩的性格，在李明久眼里却是不可多得的艺术基因。然而，郭宪之于艺术的启蒙较晚，懵懵懂懂还未开窍。李明久只好悉心调教。

一次，李明久带领学生去狼牙山写生，郭宪山前山后转悠，忽对一面石壁特有感觉，于是对坐写生，携画归来后，竟得到先生大加赞赏，说她用的是斧劈皴法，笔道稚拙老辣云云。郭宪受宠若惊，没想到自己竟有如此功夫。次日，先生又带学生寻幽探胜。郭宪见两面石壁相对，中间似有泉瀑，便停下支起画架。那日虽秋高气爽却有霜冻，寒气袭人，画一会儿就得跳起来跑步取暖。于是郭宪且跳且画，终于完稿。归来再请先生看，先生又如获至宝，加以肯定，并亲笔为郭宪的画中泉瀑润色，谓之"山不在高，有泉则名；水不在深，有龙则灵"。他一边点评一边讲解，"泉瀑是要靠山石夹挤而出的"，说着用侧锋沿瀑布两侧缓缓而下，泉瀑跃然于山涧之中。从那时起，郭宪对山水画有了极大兴趣，并认定自己是可造之才。

郭宪毕业后带着对象到家中去看望先生，师母见到她，奇怪地问："你就是郭宪？看你又瘦又小的，怎么李老师背后老叫你大郭宪呢？"原来先生在家里时常提起郭宪，还给她起了外号。

1981年秋李明久带领77级学生到娘子关写生

传道授业解惑
托裱绝技

这日，李明久不教画画，而是带领学生和起面来，原来他是在给学生们传授托裱国画的技艺。从和面、洗面筋、熬糨糊到上手托画，一条龙操作，李明久一边亲身示范，一边传授要领："托一幅画，糨糊浓了，画和背纸粘得过紧，容易产生死褶。最合适的糨糊是刚好挂住画，时间久了还可以揭开重新装裱，这样两不伤害。"他用羊毛刷从盆里捞起糨糊看稀稠，反复用手调试，小心翼翼。

他交代学生，每道工序都要耐心，把活儿做到位。尤其在画作挖补的地方，先用清水洇湿挖补处，再慢慢用手撕掉不要的部分，取白纸洇湿撕出毛边，再和撕好的画相互搭接黏合压平，等湿度略干后再用笔墨衔接。托画时，还须重新剥离开挖补处，先用少许清水浸泡，揭开黏合，略等，再擀平，让挖补衔接处和整幅画作保持平整，尽量自然，不露痕迹和破绽。

挖补画作要细致入微，但托画流程却是另一种状态。只见他一扫平时那种忧郁的气质，左手持鬃刷挑起左角，右手提右边，一较劲，提起就上了板子，粘四边留气口，再粘气口……整个流程节奏紧凑，动作连贯，紧张有序，愣是把一个托画的流程做出了美感，学生们看得津津有味。李明久强调：托画要心细，还要大胆，手法要利索，动作要连贯，一个环节出了问题就会影响最后的结果。比如，画铺在案子上，先喷水润湿，鬃刷刷平，浆水上画再刷平，糨糊要匀称，这个阶段节奏相对紧凑，还要避免把画划伤、划破和出现气泡。这步做完后，用干净纱布清理画的四周糨糊，接着，把准备好的背纸用鬃刷擀平，力气要大，时间要短，不然的话，画芯容易和画案粘住，弄不好也能毁了画芯，在背纸四周刷浓糨糊。他又强调，这一步需要注意的是背纸和画芯对称的问题，如果背纸斜了、不齐，擀到最后会出现一头多一头少的情况，每到这时，就需要重新接另一张纸补救。

这是一个不好拿捏但又需巧劲的活计，几张画托下来，已是腰酸胳膊疼。李明久忙活完，坐下点燃一根烟。学生们则还沉浸在他的谆谆教诲中，回味着他那练太极一般的托画舞姿。

洗面筋、熬糨糊、挖补、托画，这些和绘画相关配套的手艺，不仅是中国画系统的重要组成部分，也是门手艺。李明久深信技不压身，多一套本事就多一条活路，于是他精心地把这套手艺传承下去。

除了裱画托画，学生们不知道先生还有多少绝技。只是有学生见过先生自己篆刻印章，而且阴刻阳刻都不在话下，有的印章一直在用。

水乡吟

化作春泥更护花
坐在地上的大家

时值秋高气爽，李明久带领学生到山西娘子关一带写生。同行的还有鲁迅美术学院的许勇先生。

从成为一名美术系教师的那一天起，李明久便开始了关于我国美术教育的思考和探索。他每每想起自己的母校哈尔滨艺术学院，想起美术系主任张晓非老师的风范和才能，想起接触名家大家、开阔眼界带给自己的巨大益处，便油然升起一种责任感。因此，在传道授业解惑之余，李明久更是想尽一切办法，让学生们开阔眼界，拓展思维。其中就包括邀请名家到师大给学生们讲课。

许勇先生是画马大家，还善画连环画。那年代连环画很时髦，当时人民美术出版社主办的《连环画报》十分抢手，许勇创作的《雪原》和《嘎达梅林》也在这个刊物上发表过。因为和李明久是同乡，又十分欣赏李明久的为人和才华，所以当李明久邀请许勇到河北师范大学为国画班的学子们讲学一段时间时，他便欣然答应了。

从石家庄到娘子关要坐火车，车慢人多，几个同学拼命在人群中往前挤，目的是给两位先生找座。很遗憾，由于人多，最后只在一个车厢连接处，挤出一块可以站两个人的地方。两位先生二话没说，竟然一屁股坐在地上，旁若无人地用浓重的东北话唠起嗑来。

许勇一再埋怨李明久没有继续坚持重彩山水的创作。说他当年在哈尔滨时期创作的重彩山水十分精彩,比后来因重彩山水出名的张步要早很多年。李明久也表示很是惋惜。两位先生热络地聊着,几个学生在一旁如饥似渴地听着。看着席地而坐、衣着俭朴的先生,学生心中不禁感叹:车厢里拥挤着的那么多人,有谁知道这两位竟然是全国知名的大画家!

夜深了,人们在混杂着汗味、烟味、脚臭味的车厢里,随着咣当咣当单调的车轮摩擦铁轨声昏昏入睡,两位先生头枕着头也睡了……

这是七七级国画专业的同学们最后一次写生了。在河北师大艺术系的四年里,系里一共安排了四次下乡写生课,其中三次是李明久带队。每次外出写生都会发生许多趣事,而这次娘子关写生尤其妙趣横生。到了晚间,许勇、李明久各据一床,就着月光追昔抚今、畅谈画事,忽然咕噜一声,竟是许勇腹中饥饿,胃肠不满发出的抗议。李明久不忍好友忍饥挨饿,遂提议:"咱们何不去找些吃食,夜半把酒言欢也不失为一件妙事。"与此同时,隔壁间也是灯火通明,李明久推开房门的时候,学生们正在进行扑克大战,郝新明头顶枕头一副惨样。据说他输得次数最多,已经好几轮被罚头顶枕头。听李老师说要去镇子上找东西吃,学生们立刻来了精神。

一群人拿着手电来到街中,深一脚浅一脚地走到了火车站附近一家小饭馆。敲店家的门,店家不开,也不搭话,想必是深更半夜不敢开门。馋虫已经被吊起,肚子越发叽里咕噜响,李明久提议,买火车票去阳泉吃饭,车站就在不远处。虽说娘子关到阳泉就一站地,但半夜三更坐火车去阳泉市吃顿夜宵,动静似乎是大了点,于是学生们一再阻拦。

李明久这燃起的激情之火，只好被熄灭。这类事情经历得多了，学生们都知道了李明久老师的脾性，老师虽然行止有度，却有疏狂恣意的一面，凡事讲究个尽兴。

到野外写生，山水风光自然被纳入美术学子的尺幅之中，殊不知，老师们的举手投足也是学生们观察品评的对象。正如学生陆成刚所说，李明久先生的发型是那种典型的农村包围城市，农村那部分留得还挺长，妥妥的画家范儿。而许勇先生头发倒是浓密，唇上还留着鲁迅式的小胡子。可能是喜欢喝两口的缘故，面色红润，眼神也总是那么慈祥厚道。两位先生的做派也不一样，许勇老师是行动派，行李还未放好就拿着速写本径直走出大门，坐下就画起来，见什么画什么，不挑剔不选择，有如饥似渴之感。而李明久老师则不慌不忙，安顿好一切后，在周围转悠转悠，到处看看，再说写生的事儿。

离开娘子关的那天，学生们找了个小饭馆为许勇饯行，随着这次写生的结束，许勇老师在河北师大的课程也落下帷幕了。粗瓷大碗酒，许老师一扬脖子喝下去，才说他不喝酒。他的脸红得犹如火烧云，上火车后便一屁股坐在两个车厢的接口处呼呼大睡……

桃李春风一杯酒
北戴河之行

每一个人的内心深处都有一个关于大海的梦，它的蔚蓝、深邃、辽远可以安抚人们躁动不安的灵魂。此刻李明久挽起裤腿赤脚漫步在大海边，感受潮水一来一去拍打在脚背上的清凉，望着沙滩上留下的两行深深的脚印，像回望过去；望着远处的点点白帆，像展望未来。

在东北时期，受北大荒版画影响，李明久青睐水墨重彩，后因恩师王仙圃提醒，于此路罢笔，转而向传统笔墨寻找出路，逐渐形成水墨点彩的样式。到河北后，摸索出一套表现太行山的独特技法，为画坛上的太行山增加了一种崭新的样式。一路走来，经历了多少个苦思冥想的不眠之夜，李明久记不清楚了，但他确定的是，他所有的辛苦付出都没有白费。从画坛同人以及社会对他的认可中，他找到了前所未有的自信。他越来越坚信他生来属于画坛，只要他坚定地走下去，他的艺术天地就像大海一样广阔而辽远。

一九七九年八月，河北省新闻出版局、河北省旅游局邀请一批画家到北戴河海滨疗养和作画，其中有北京画家崔子范、溥松窗、黄润华和南京书法家费新我，河北画家有李明久以及田辛甫、王怀骐、钟长生等，时间长达半月。

在白山黑水的大东北长大的李明久，第一次领略宜人的海滨风光，不禁心旷神怡，创作了大批速写作品。但是他感到最大的收获还是和前辈及同道之间的交流和切磋。在全国画坛非常有名望的山水大家溥松窗先生也在北戴河，令李明久喜出望外。

溥松窗本名爱新觉罗·溥佺，传统功底深厚，技艺精湛，在继承中国画传统技法的基础上，创作了大量符合时代潮流的作品。他曾有沿着红军长征的路线写生，与徐燕孙、王雪涛等合作《长征手卷》的壮举，还曾为人民大会堂创作过大幅作品。他不仅是一位造诣深厚的艺术家，还是一位美术教育家，曾在多所美术院校讲学、任教。早在哈尔滨艺术学院就读期间，李明久就曾在尹瘦石先生的带领下到北京画院拜访过溥松窗先生。

在北戴河，由于先生所住宾馆没有和李明久安排在一处，李明久便专程登门拜访。

距离上次见面，二十多年过去了，李明久早已从一名在校学生成长为一名美术教育工作者，从一个懵懂的学子成为一名成熟艺术家。他不禁怀念起当年的青葱岁月，怀念起当年拜访溥松窗先生时那对艺术的无限激情和踌躇满志，敲响先生房门的手竟有些颤抖。

先生打开房门的那一刻竟没有认出李明久。当年那个文弱的大男孩如今已成谢顶的中年人。而此时的溥松窗先生已年近七旬，看上去比先前更加清瘦。师生二人虽然谈笑风生，但内心不免感慨岁月易逝、人生如梦。

河北的美术家田辛甫先生当时也已经年近七旬，他笔下的菜畦果蔬、花鸟鱼虫无不栩栩如生，乡野泥土气息扑面而来。李明久非常敬慕田辛甫先生，先生对李明久也十分欣赏。在北戴河的半个多月时间，李

清月 43cm

明久经常到田辛甫先生房间看他画画。他画了许多葫芦，大多是六尺立条，画起来非常痛快。有的是从上到下叶子和梗一气呵成，随后再几笔抹出葫芦；有时反着来，先抹出葫芦，再由上到下一气画出叶子和梗。娴熟的笔调，清新的墨韵，令人十分震撼。李明久在心里暗想：人说田老的葫芦是一绝，这绝非妄说。

李明久和崔子范、费新我两位先生接触最多。崔子范先生是颇有名望的大写意花鸟画家，山水也画得极好。他受过齐白石老人的点拨和指导，当时有六十多岁。费新我先生年近八旬，是用左腕运笔而闻名遐迩的著名书法大家，其隶书古拙朴茂，楷书敦厚稳健，行草不受前人羁绊，参以画意，有强烈的节奏感和音乐感。李明久经常到他们所住的房间拜谒。因为年代关系，老先生们没有上过正规的美术院校，但是他们的艺术成就在当时社会上非常有影响。他们的艺术作品充分体现着个人的独创性，这令李明久极其佩服。两位先生经常聊起美术界过去的事情，李明久在一旁听得津津有味。

人多知遇独难求
孙其峰教授

连续一个星期绘制的一幅大画终于接近尾声。李明久左瞄右看手比画，确定好位置后，百般小心题上字。然后取出一方印章，蘸上印泥，又对准印章哈了两口气，选准位置，郑重其事地盖上去，双手压住印章，龇牙咧嘴重压了好半天才罢手。接下来是端详。看一阵子，就去喝茶。喝了几口，又回来端详。

有人曾这样形容河北的画风，如一块"馍"放久后会出现两种情况，一种是干裂的，一种是腐烂的，河北的画风是干裂的风格。的确，从河北的气候、气质到饮食，再到文化与语言、历史，无不和这种干裂的气质有关。就是一碗炒饼、罩火烧都透着那股干裂劲儿……李明久心想，自己的作品可不能有那种干裂的气质。他的太行山要厚重而不失俊美。而且，他希望自己的作品活脱舒漫，千万不能死板。但是他意识到：在画中，能做到出手随意，实际很难。随意与严谨是一事两端，唯破开严谨，才有随意可言。但是随意则须以严谨为前提。他希望自己的作品具有随意和严谨两种品质。

正在一边端详一边思索，李明久接到河北美术工作室的朋友赵信芳的电话，告诉他中国美术家协会河北分会举办花鸟画学习班，邀请天津美术学院孙其峰教授授课。赵信芳在电话里说："孙先生是大家，正好有机会，你来见见吧，拿几张你的画，让孙先生看看。"算来李明久到河北师大任教已经两年有余，除了每周的几节课外，李明久有大把的时间埋头画室。随着笔墨精进，他也有了一定的社会名望，画坛同人也交了不少，平日里也常互联互通。

孙其峰先生，李明久是知道的。他是一位了不起的艺术家，曾先后师从徐悲鸿、黄宾虹、李苦禅、汪慎生等名家，擅山水、花鸟、书法、篆刻，兼通画史、画论，是包括高等美术教育和社会美术教育在内的天津当代美术教育的重要奠基人。作为画坛后辈，李明久对先生自然是极其敬仰的，但是他并未奢望阅人无数的孙先生对他有过多看重。然而就是那次会面，李明久的艺术之路上多了一位伯乐和恩师。

孙先生一见李明久的画作就特别喜欢，说他的画既有传统血脉又有开创精神，从此把他当作忘年之交。曾有文章说："中国的山水画，自清朝迄于民国约三百年中，其主流一直为娄东派和虞山派笼罩着，陈陈相因殊乏新意。解放后先后出现南京画派和西安画派，他们或侧重写实，或重视笔墨形式美，都不愧是革新的画派，他们对山水画发展是作了贡献的。但是作出更重大的突破还是在这十多年中，那些富有革新意识的中青年群体，他们在前人已经取得成绩的基础上，大刀阔斧地开拓出山水画的一个新局面。李明久便是这个群体中走在前列的出色的一个。"

孙先生关注李明久的艺术历程，对他不断地进行观念转换和技法更新十分赞赏。尤其赞赏李明久能借鉴西方和传统，充分汲取其中营养，把它们运用到极致，却不受其约束，拿来之后为我所用，推陈出新，创造出鲜明的独属于自己的艺术形式。在孙其峰先生眼中，李明久是一个极其智慧的艺术家。认为他之所以一直在稳步前进，是因为他具有清醒的治学头脑。

一个画家在成长的路上，最需要的是自信，而孙其峰先生的赏识无疑给了李明久极大鼓励。孙先生懂他、理解他，给了他极大信心。对于孙先生的看重，李明久起初有些受宠若惊，后来他慢慢了解了孙先生的为人，孙先生惯有扶掖后辈的美德，于是对他更加尊敬。李明久当了系主任之后，因为涉及教学和艺术交流，多次去天津。他每次去天津，第一件事就是去看孙其峰先生。李明久一到，孙先生便急忙打电话通知天津的美术机构："李明久来了，都快来见见吧。"他把李明久看作画坛上的一位重要人物，每每招呼天津的画家与他见面交流。

二〇二三年三月二十日，孙先生在天津总医院与世长辞，享年一百零三岁。孙先生一生精研艺术，著书立说，提携后辈，桃李满天下。其艺术理念和思想，以及品格和风范，潜移默化地带给李明久很大影响。

小品　34cm×42cm

画得江山助
桂林写生

古人言：读万卷书，行万里路。李明久历来主张，山水画家要到大自然中去，去领悟，去感受，去索取。师从造化，而后，神遇迹化，才有"我画我画"而言。

李明久的艺术历程中，写生是重要组成部分。从东北的大小兴安岭、完达山，到河北的太行山，再到登临黄山、九华山、华山、嵩山、大别山等，所到之处，李明久无不神游天外、胸襟大开，创作激情和灵感像脱缰的野马一般奔驰。

一九八〇年深秋，李明久由桂林下阳朔至兴坪小住二十余日，再由桂林经江西过福建至杭州及绍兴水乡。这是他第一次领略江南风景，各处所得各有不同。"桂林山水甲天下"脍炙人口，而此次得以畅游沃览，方知"江作青罗带，山如碧玉簪"是更为贴切和绝妙的名句。可是，如何下笔描画，倒有些犯难。李可染可称画漓江第一人，其次是白雪石别树一帜。这都是名噪当代中国画坛的高手，他人再画必须要别开生面才成。于是，李明久把眼睛扎到漓江水里，目的是想寻找点什么。果真，他发现漓江的水影里千变万化，颇有情趣。行船、木筏、觅食的鱼鹰与山的倒影交相辉映，展现出一个趣味盎然的水面世界。他发现他已经获得可以表现的新角度、新画面和新意境。怀着激动的心情，他画了许多表现漓江水影的画稿。这些画稿,不仅同行和画友们见了都大加赞赏,就是阳朔当地的画家见了也赞叹不已。之后,这些作品发表在报刊上,或公开展览时,受到诸多好评。

所谓"功夫在画外""画得江山助",这一理念,李明久的体会更加深刻。

水国初雨 20cm×64cm

直挂云帆济沧海
法国之邀

从江南采风回来,李明久积累了厚厚的一沓速写作品。他趁着记忆的热度,放飞自己的想象和遐思,任一张张作品从笔端流出。一天,一封特殊的信函打断了他的创作。这是法国《海淀》(PARIS PEKIN)杂志社社长济安的信,由中国作协主办的《诗刊》杂志社转来。

济安社长在信中介绍了《海淀》杂志的情况。《海淀》杂志是研究当代中国的一份法文学术期刊,宗旨是为所有关心中国问题的人士提供有价值的文章和资料。该杂志旗下的"海淀画室",宗旨是介绍当代中国画家的作品,并定期举办当代中国画家作品展销会。最近又出版了《中国艺术丛刊》双月刊,是专门报道中国艺坛情况、研究当代中国艺术技巧和各种表现形式的第一份外文杂志。

济安自称在一九八〇年第十一期《诗刊》上拜览了李明久的大作《漓江晨曲》,深为喜爱,盼原作能在"海淀画室"展出,并恳请将所有大作的照片寄来,以供参考。

因为是国际交流,李明久收到来函后,郑重地向组织作了报告:

艺术系:

我于近日收到由《诗刊》杂志社转与我的一封法国巴黎《海

淀》杂志社函件，其中主要谈到的是约我在《诗刊》杂志发表的《漓江晨曲》这一作品，去该社设立在巴黎的《海淀画室》展览，并提出要我的全部作品照片，以备参考。我与该社素无往来，又无相识，对于此事如何处置，予以报告，望请批示。

现将所收函件附上，请一阅。

国画教研室 李明久
一九八一年三月四日

由于这是接到的第一封国际信函，也是接到的第一个国际交流活动邀请，河北师范大学非常重视，和河北省人民政府外事办公室以及河北省美术家协会取得联系，咨询有无什么规定，征求他们的意见，之后才做了允许参展的批复。

画作送出去不久，李明久又受邀前往河北省展览馆（今河北省博物院）参加"庆祝建党六十周年全国美展"作品评选。该活动最终评选出向中国美术家协会送展作品十二幅。这也是他自哈尔滨调入河北后，首次拥有了相应的"话语权"。

无言谁会凭栏意
恩师去世

就像一束光在无边的黑暗中撕开一个缺口，经过不懈努力，外地人李明久在河北的艺术天地越来越广阔，画坛越来越关注他。一九八二年的一天，他接到一个展览邀请，那是将在中国美术馆举行的"河北八人中国画展"。八人依次为韩羽、王怀骐、赵贵德、李明久、胡嘉梁、问雨、钟长生、刘克仁。这意味着李明久的艺术地位在当时已经进入河北画坛主流，甚至顶流。

正在精心筹备画展作品时，李明久突然收到恩师王仙圃先生驾鹤西去的消息。李明久悲痛欲绝，再无心做任何事。当年，李明久离开哈尔滨，移家河北，恩师非常难过。黑龙江电视台《文化生活》栏目为李明久和王仙圃先生以及于志学举办过一次以"只研朱墨作春山"为题的节目。他们三人当场作一幅大画，由王仙圃先生最后题署名款。题款时，先生在顺序上一再谦让，由此可见先生的美德。送别时，他们含泪分手，先生拉着李明久的手迟迟不肯松开，李明久一再嘱咐老人注意身体。谁知，那时仙圃师已病重，只是没有发现。如今噩耗传来，李明久懊悔没能多陪伴恩师。其家人来信说，先生弥留之际还念及明久，更使李明久悲痛万分。直到四年后，李明久参与为恩师搞了一次遗作展，他才稍微释怀。

"王仙圃国画遗作展"由黑龙江书画院、中国美术家协会黑龙江分会和黑龙江省美术馆联合主办，在黑龙江省美术馆举行。前言说："王仙圃先生是我省著名的国画家。他的一生辛勤、劳苦，在艺术道路上奋进不息。他忠诚于自己所从事的事业，孜孜不懈地进行研究、探索，在创作上取得了显著的成绩，赢得了人们的敬意。"

"仙圃先生离开我们三年了，为了纪念他，我们在这里举办了这次展览。从这些展出的作品中，可以看出他为了表现祖国大好山河曾呕心沥血；为了开拓全省国画事业，所付出的巨大劳动。我们要把仙圃先生的这种精神继承下来，促进我省的美术事业蓬勃发展，开创一个更加繁荣的新局面。"

然而在当下，刚刚知道恩师离世的当口，李明久无论如何也摆脱不了愁绪。对李明久来说，王仙圃先生不仅是恩师，是亲人、知己，更是精神寄托和心灵港湾。然而斯人已去，接下来的日子，他只有用艺术创作来填补失去恩师的痛苦。他知道恩师对自己的期望，每完成一幅作品，他都在心中跟恩师对话，以此种形式告慰恩师，也抚慰自己。

最终"河北八人中国画展"圆满举行，李明久的作品受到广泛关注和好评。此次出展作品被辑入河北美术出版社出版的《河北八家画集》。

运河古韵　67cm×67cm

文章本天成
画语录

  不懈地开拓掘进，使李明久的艺术天地广阔无垠。他像一颗冉冉升起的新星，在璀璨的艺术天空中熠熠生辉。他的佳作频频在各大刊物现身：作品《太行人家》在河南省作家协会主办的《奔流》杂志刊登；作品《红日照山河》入选"河北省美术作品展览"；《河北文学》月刊刊登其作品《天都峰》；河南中州书画社出版《山水画选》，其作品《秋林图》被辑录；《冀东文学》双月刊全年封面刊登其作品；《河南画报》刊登其作品；……

  上天总是眷顾用情至深之人，李明久对绘画的魂牵梦萦总算得到了艺术女神的回应。除了画作日益精进，一些独到的绘画感悟，总是泉涌一般不经意间出现在李明久的脑海里。彼时，他也许正在画案旁忙碌，也许正在悠闲地散步，也许是午夜梦回半睡半醒之间。但他总是以最快的速度记下它们，不知不觉，这些随笔竟已积累了不少。

  "《古今词话》引张祖望话说：'词中需有痴语、隽语、苦语、艳语、奇语、豪语，没要紧语。'一旦用得'毫无痕迹，方为妙手'。绘画语言虽然在概念及形式上不尽相同，但道理是一致的。画中亦需有痴语。"

  "中国画最大的问题，看似是缺少深度和质感，然恰恰相反。中国画崇尚的是简单。而简单是复杂的终点，复杂是简单的延伸，这种特殊的方式，构成了中国画的特色。"

"画，无论怎么画，如何画，总是围绕'写象'与'造境'而展开，从观念到技术，从外象到内涵，用自己的语素表达自己的'心觉'即形成个人的绘画程式。"

李明久把盛放在一个纸盒子里的随手记下的纸条一一展开，将上面的文字有条不紊地誊写到一沓绿色方格的稿纸上，脸上满是欣悦。这些纸条，虽然是自己有感而记，但有些文字早已淡忘，此时重温，竟如初见一般新鲜，有些见解不失精辟，连他自己也甚感惊讶。

抄录完毕，他在稿纸首页写下"画语录"三个字。他并不知道，很多年以后，这本有些残破发黄的《画语录》成了学生及后辈们总结、研究李明久艺术思想的重要资料和依据。

此刻，《画语录》整理完毕，但是他的脑海中仍不时有新的见解迸现出来。"在画中，能做到出手随意，实际很难。随意与严谨是一事两端，唯有破开严谨，才有随意可言。如画中有随意和严谨两种品质俱在，应为佳作矣。"每想到一处，他便随即补充进来。

思绪如脱缰的野马正在向更深更广处蔓延之际，一串清脆的电话铃声响起，将他拉回现实。致电者竟是多年未见的老友张作良。

水巷深处 67cm×67cm

海内存知己
北大荒版画

张作良是第一代北大荒版画的代表人物之一。

北大荒版画是我国版画的一个重要流派，像一座耀眼的里程碑矗立在中国当代美术史上，更像一枚勋章纪念着数万名解放军复员官兵、知识青年和革命干部把"北大荒"变为"北大仓"的伟大功绩。有才情的下乡知青将"北大荒"地区的自然风光与下乡青年的劳作与生活以版画的形式生动地呈现出来。他们改变了我国木刻以黑白为主要色彩的艺术表现手法，更多地使用色彩作为主要的造型手段，增强了套色版画的艺术感染力，开创了我国现代版画创作风格流派的新格局。

透过那粗犷、拙朴、热烈的画面，观者似乎可以嗅到庄稼的香气和泥土的味道，甚至可以感受到乡野的风和劳动者身上的汗水。在材料上，北大荒版画家采用层压胶合板作为木面木刻的板材，一改传统版画尺幅较小的惯例，使作品尺幅动辄达到数千平方厘米，带给观者更加强劲的视觉冲击与心理冲击。

张作良、晁楣、张祯麒、杜鸿年、张路等是北大荒版画的主要创作者，也是北大荒版画的奠基人。随着时代的变迁，后来北大荒版画也有了新的特点和面貌，而他们这一时期的作品是原汁原味的北大荒版画，被称为第一代北大荒版画。

由于工作关系，又是同道中人，李明久与张作良、晁楣、张祯麒、杜鸿年、郝伯义等北大荒版画家常有来往，私交甚好。

当时，张作良刚由黑龙江美术家协会美术工作室调到天津美协主持天津美术工作不久，正是豪情壮志、欲乘风破浪之时。为加强与各地美术人才的交流，他着意邀请全国有水准的艺术家到天津办展。这时，他自然而然地想到了东北地区的一位青年才俊，在《黑龙江日报》做美术编辑工作而后又到河北师范大学任教的画家李明久。他的这位老友，不但才华横溢，而且为人冰清玉洁、谦恭有礼；如皎月一般，自有一种沉静而柔和的气质，遇之可立刻消去燥热而复归清爽，正是"德爱礼智，才兼文雅"；关于艺术以及人生万象，他总有不凡见解，思维高妙且意趣横飞；对待朋友，坦诚恳切，肝胆相照，而且善解人意。想当年在黑龙江，与他诗酒唱和，品茶谈艺，是最为惬意之事。平时，自己也常将生活中不如意之事向他推心置腹地倾诉。他总是对自己耐心开解、关怀备至，深情厚谊无以言表。

想来，已经有大半年没有见他了。

天涯若比邻
四友天津办展

　　李明久接到张作良请他到天津办个人画展的邀请,自然喜出望外。一是老友相邀,其情甚笃;一是京津乃全国文化艺术中心,到天津办展无疑是扬名画坛的好时机。然而,以他历来不事张扬的品性,自然觉得一个年轻的画家独自到全国艺术高地大天津办个展有些唐突,毕竟当时天津的老一辈山水画大家都还健在。李明久遂邀请几位志同道合的好友一同赴天津办展。他们是中央美院的李行简、黑龙江省书画院的于志学,以及北京画院的张步。那时,几位中青年画家正以各自的独特面貌在中国画坛不同阵地踌躇满志地向着艺术高峰攀登。他们像浩瀚的艺术星空中几颗闪耀的星星,虽不在一处,却彼此交相辉映。

　　画展名称定为"山川乡国情——张步、李行简、于志学、李明久山水画联展",在天津市美术展览馆举行,请李可染先生题写展标。画展消息一经天津美术家协会发出,便引起天津画坛的关注。那时,这几位中青年画家,有的崭露头角,有的已经声名远播,是中国画坛中坚力量的代表人物。

　　此次四友在天津办展,不仅是一次艺术交流活动,更是友人欢聚一堂的节日。时值画展开幕,大批画家前来观展。他们迎来送往,忙得不亦乐乎。闲下来时,互诉近况、嘘寒问暖,与张作良等天津美协的友人一起把盏狂歌、吟风赏月，快乐是那样纯粹恣意。

当时只道是寻常，然而年华易逝，去日已远，而那时的欢聚场面却如一场永不谢幕的电影，永远地沉淀在李明久的心底。

清秋　28cm×28cm

流传必绝伦
水墨点彩

此次天津画展，李明久带来《红上枝头已知秋》等二十五幅作品参展，整体面貌比较鲜明，于酣畅淋漓的水墨中点染饱满鲜艳的色彩，即水墨点彩的样式。这一面貌的形成，与北大荒版画有很大渊源。

李明久欣赏北大荒版画的质朴、瑰丽、壮观，在他的画作中多有借鉴，渐渐形成了水墨点彩的绘画程式。他常以构图的开合布局、水墨的干湿浓淡，营造画面的基础气质，再点以聚散相宜的色彩，或烘托氛围，或塑造性格。画面既增加了鲜活生动又不失素雅清逸，组合、搭配得恰到好处、浑然天成，体现着画者的审美颖悟和处理功力。

关于水墨点彩，当时画坛颇有争议。李明久对水墨点彩的认识也几度发生改变。首先他受北大荒版画影响，热衷大量使用色彩配合水墨，这时，画坛关于水墨点彩这一绘画程式的尝试者寥寥无几。后来李明久受恩师王仙圃的影响，逐渐减少水墨点彩的创作，更加广泛地进行其他程式的尝试。但是关于水墨点彩的思考和创作并未停止，随着体悟的深入，他对水墨点彩的认识渐趋成熟。

一九八六年，他曾在《河北艺术》上发表了一篇关于水墨点彩的总结性文章。他说："长期形成的中国山水画不同的体派和画法，由唐前的着色（即青绿山水），转入宋、元两季之后，变为崇尚水墨。延至晚清与民国，直至新中国诞生，水墨山水画不断繁兴。从石涛到黄宾虹与张大千，而后又有李可染和傅抱石，都在水墨一法上各有建树。从二十世纪六十年代初，李可染先生的《万山红遍，层林尽染》一画始，在中国画坛上开了一条先河，诞生了水墨点彩派。这是划时代的创举。近年突起的黄永玉、白雪石、张步、王维宝等今日画坛高手，尤使水墨点彩山水画日臻完备和新奇。"

"对于水墨点彩山水画，应该说属于中国传统重彩山水画范畴。是中国传统重彩山水画形式不断演变而派生出来的艺术流派。它既有中国传统重彩山水画（即青绿山水）的艺术特色，又有迥然不同的面目和特点。所以，也可以说水墨点彩山水画是画坛上一支突起的异军，颇有吸引人们的艺术魅力。"

正因为对水墨点彩的钟爱，他才能在这条路上矢志不移。"水墨点彩山水画，我也每每试作。画界友人告诫我，'此路绝矣，不可长久为之'，我不以为然。事无止境，贵在探索。"

"事无止境，贵在探索。"李明久终于探索出了一条属于自己的水墨点彩之路。正如时任人民美术出版社副总编辑的沈鹏所说："水墨点彩，说起来似乎并不新鲜，取这种画法的画家不少。李明久的画路，是在作品里强烈地突出水墨效果，减弱色彩对水墨的争夺，色的湿用与墨结合，干点以起提'醒'作用，这和用色彩直接塑造物象（如画树）是不一样的。这不仅活跃了画面的气氛，也加强了作品的形式感。"

每一个画家毕生最要紧的事就是找到自己的路。李明久很早就明白这一点。水墨点彩就是他艺术起锚的第一个方向。这一绘画程式，是李明久绘画历程中的一个重要节点，也是他延续一生的一种艺术样式，既记录着他的艺术成长足迹，也记录着那些和北大荒版画家品茗论艺、诗酒唱和的岁月。然而，以李明久的性格，必定不会满足于此，而是左奔右突，闯荡更加广阔的天地。于是，他将水墨点彩这艘小船停泊在一个花木扶疏的岛屿上，占领这个地盘之后，即寻觅通往更为风景迷人的航向。

秋雨图　67cm×67cm

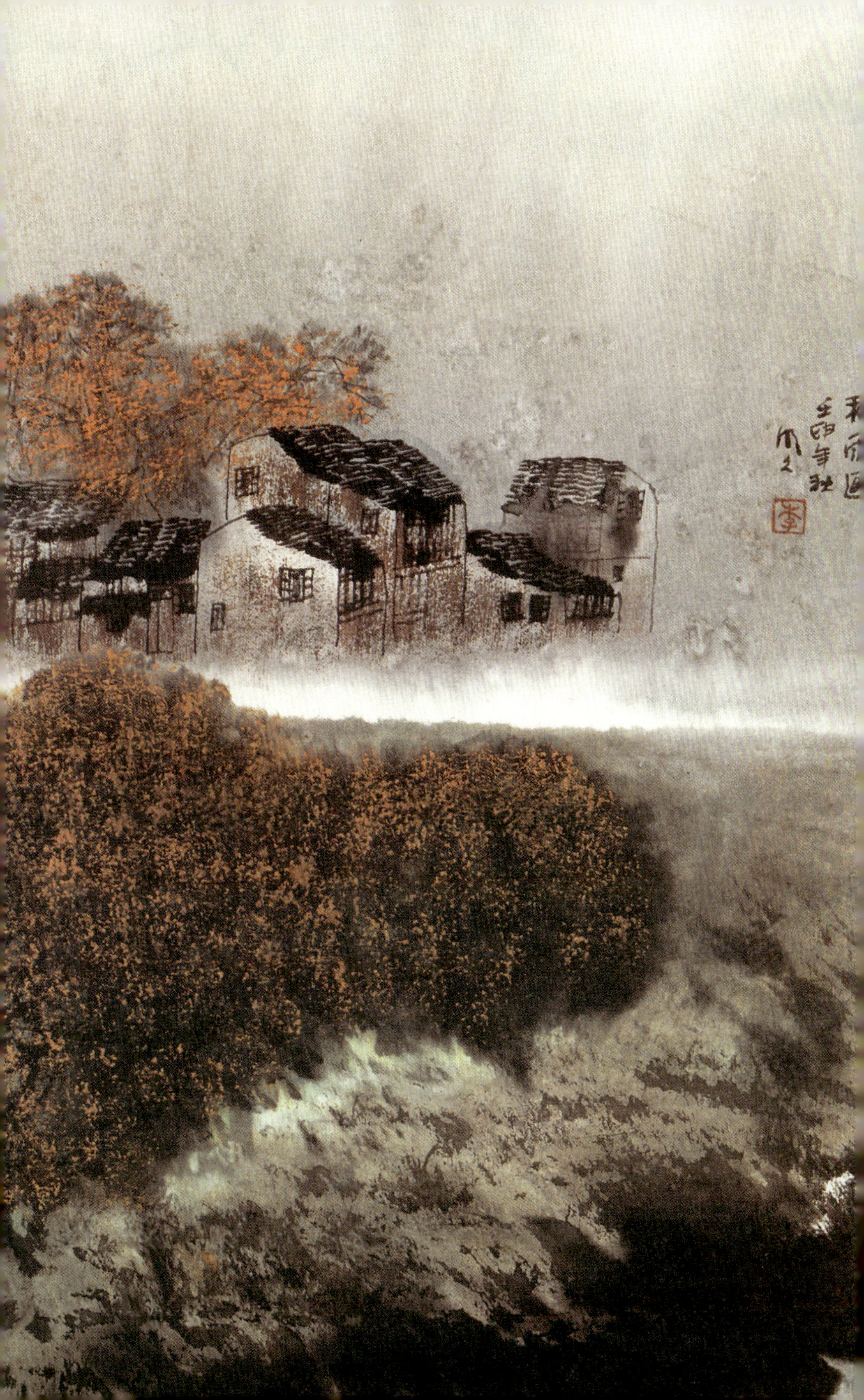

玉树琼枝相映耀
好朋友张步

在李明久于水墨点彩画路探索过程中，其好友张步在水墨重彩领域取得了很大成就，声名鹊起。张步是李可染的学生，曾在《工人日报》《光明日报》任美术编辑，因工作中有往来，又都对国画艺术孜孜求索，李明久和张步建立起了深厚的友谊。

闻名遐迩的艺术家李可染，艺术成就斐然，其代表作不一而足，《万山红遍》绝对是其中最不可忽略、最耀眼的一组。一九六二年至一九六四年间，李可染共创作了七张尺幅各异的《万山红遍》。他用大量朱砂来渲染画面，满目红山，意境非凡。其中三幅现分别藏于中国美术馆、中国画院和荣宝斋，一幅为李可染先生家属收藏，另外三幅被海内外藏家收藏。其学生张步在色彩上进行了深远的探索。他继承了李可染《万山红遍》用色大胆泼辣的特点，又把此法延伸到其他色彩。他往往滤掉其他颜色，把一种主色调调动到极致，以嫣红、姹紫、翠兰、青绿、金黄或浅灰统率全局，形成瑰丽的艺术效果。这种具有强烈视觉冲击力的画风令海内外美术界为之瞩目。

李明久常说，张步在李可染的艺术大锅里扛出了一勺，然后加汤加水，加上自己独自研发的作料，又形成一大锅，便呈现出自己的艺术面貌。他由此获得启发，也常常以此为例，教育自己的学生和后辈们，艺术可以师古人、师造化、师老师，但是必须找到自己。

霜风云起　28cm×28cm

忽如一夜春风来
《瑞雪》诞生

如果不是艺术太过美妙，他便不会如此痴迷；如果不是太过痴迷，他便不会如此幸福。今天的夜像以往一样宁静，李明久像以往一样挑灯酣战。他优雅地挥舞着手中的毛笔，有时轻盈如燕，有时磅礴如雷，有时迅疾如箭，点染皴擦，每一个动作都充满了力量与美感。他注视着宣纸的眼神充满了坚定与豪气，仿佛一位天神向着大地兴云布雨。

当人们看到那幅震撼人心的《瑞雪》，便不难产生以上联想。而现实中的艺术家，全然没有那般潇洒。此刻，"第六届全国美术作品展览"前夕，李明久正在为作品的完善而冥思苦想。有道是"吟安一个字，捻断数茎须"，李明久倒是没有揪胡须，只是一根接一根地抽烟，烟蒂已经扔了一地。

李明久从哈尔滨来到石家庄之后，第一个计划就是要画革命圣地西柏坡，可是，河北美术界的朋友们说，西柏坡不易入画。一个偶然的机会，他和部队的同志去岗南水库，在路过西柏坡时看了一下当地的情况，才知"西柏坡难画"此言不虚。后来他凭着想象，画了一幅题为《曙光》的山水画，听到的反应竟是像日本的富士山。这使他大失所望。但是暂时的挫折，并不能打消他画好西柏坡的念头。他一直在为这个题材苦苦思索着，并多次到西柏坡深入体察。那期间，他每天除了写生作画，大部分时间活动在纪念馆、党中央旧址及毛主席和中央其他领导同志的故居中。他认真听讲解员解说并反复细读每一块图板，作了许多笔录，并搜集了很多珍贵的图片资料。同时，他还抓住一切机会和管理处的看门人员攀谈，并请当地群众讲述当年毛主席和中央其他领导同志在这里活动的情况。

功夫不负有心人。在一次闲聊中，一位老农谈起一九四八年冬的一个大雪天，远远看见毛主席的情景。老农的这段回忆，引起李明久很大兴趣。当他漫步在旧居房前和村道上时，他的脑海完全被"雪"占据了。当他爬上毛主席故居后面的柏坡岭，俯视当年党中央领导同志故居的全景时，发现一栋栋平顶房掩映在一片广阔的绿树丛中，显得格外洁白。他的心情豁然开朗，脑海里激荡着汹涌的波涛。幻想和诗意的冲动，使他产生了一系列联想——一个满天飞雪、天地皆白的隆冬景象出现在他眼前。"雪"，正是"雪"，打开了他的思路。

他突然领悟到伟大的俄国作家托尔斯泰是怎样由于看到布满伤痕、即将折断而依然挺立的一株牛蒡花，突发创作高加索人的英雄形象的；以及法国作家罗曼·罗兰是怎样由于登临霞尼古勒山，俯视夕阳西下的罗马城，引发他创作《约翰·克利斯朵夫》的。

李明久的心情无比振奋，他意识到自己关于西柏坡的构思已经确立了。那是西柏坡的一个冬晨，宁静的、银白色的纯净世界，展示了一个未来的图景，预示着一个美好的、人们向往已久的新中国的诞生。

他迫不及待地来到画案前。可是，在他经营草图时，却被好多问题包围着，很长时间理不出个头绪来。

要表现作品特定的历史条件和时代特征，作为山水画有很大的局限性。如何表达主题，使之具有历史的、现实的双重意义？他思索了很久，最后决定把毛泽东主席的形象作为整个作品的要点来描绘。

起初，他想把毛泽东、周恩来、刘少奇、朱德、任弼时都画上去，把毛主席画在院门口，其他人三三两两向毛主席走来，似乎要研究重大问题。可是，这张草图形成后，他感到不紧凑、不集中。于是，他又把毛主席改画成站在院门口眺望，以此展示未来。这样处理，也不够理想。经过反复思索，最后确定画毛主席步入院中一刹那的情景。是毛主席经过一宿的工作，外出散步归来？是毛主席在思考，在酝酿什么重大决策？……留给读者去想象吧！他感到这样能更好地揭示作品的主题，也增加了作品的内涵。

确定了这最后一张草图后，紧接着就是如何表现的问题了。这时，李明久充满了创作的激情，感到刻不容缓。然而，当他落笔的时候，却又好似在走向沙漠，不得不耐着性子分辨着、摸索着。在无数次东奔西突、辗转徘徊之后，他才仿佛听到了驼铃声。慢慢地，他在沙漠上踏出一条路来。他确定还是以线条作为基本艺术语言，以"白"作为画面的基调，塑造一个宁静、和谐、响亮而富有诗意的境界。本着这一想法，他尽可能调动一切可能的艺术手段。

山水画传统艺术语言，无非是勾、点、皴、擦、染，然而完全用这些老办法，是难以表达出他对画面效果的追求的，但他也不想以旁门左道为能事，去寻求什么"特技"来完成作品。西柏坡的树，大部分是塔松和呈金字塔形的柏树。李明久观察过太行山一带大雪覆盖着的这类树，正和中国传统山水画中双勾的"介"字点和"个"字点相类似。他把双勾"介"字点和"个"字点扩大，并加以烘染，造成积雪覆盖的

瑞雪

感觉。为了符合构思的要求，单有积雪不够，天空还须有雪花飘舞的感觉。传统山水画中，"弹雪"之法古已有之，即待画完成后，弹上铅粉点。李明久觉得这种办法太古板，粉点与墨色也不易协调。他采用先弹矾水点，不待干时即画墨，这样既协调又能收到矾水点与墨产生渗化奇变的效果，而又保留矾水点呈现雪花的感觉。

至于皴法的运用，如画房屋的墙壁，他采取正反两面加工的办法，即在反面先画，而后于正面适当加工，这样既表现出土墙皮的质感，又具有剥落的特殊效果。画面处理不能太实，太实了必然刻板，缺少生趣。因此要求在实处用笔也要松，要富于变化，要处理好虚实关系，安排好留白的地方。

一般说树林上积雪再多，也能露出一点树干，但李明久把树干完全省略了，这更加重了雪的厚重苍茫。雪树勾得尽是整体，线条全部用淡墨湿笔，柔中带刚。这样既避免了画面过于琐碎，又能使雪景画得更晶莹、更滋润。同时为了使画面更纯净，更富于理想化，他一点颜色也没用，呈现出一幅纯水墨作品。

画作终于完成了，李明久给它起名《瑞雪》。同其他任何作品一样，《瑞雪》也是来源于生活，既有长期的酝酿，又有瞬间的启迪。画面中强烈的家国情怀与绵绵的乡愁交织融会到一起。

在"第六届全国美术作品展览"中，《瑞雪》获铜质奖，随后被中国美术馆收藏。这也是河北国画家自新中国成立以来，首次在全国美展上获得奖项。

第六届全国美术作品展览作了几项改革：一是分种类在九大城市于十月一日同时展出，这样，就大大增加了展出作品数量（比上届美展增加了六倍）；二是从九个展区约四千件作品中再评选出优秀作品八百件左右集中北京展出；三是从在京展出的优秀作品中评选出获得金、银、铜奖的作品，颁发奖牌和奖金，同时评选出荣誉奖的获奖者。此间，《瑞雪》先后在江苏省美术馆举行的"全国第六届美展中国画展区"，以及在中国美术馆举行的"全国第六届美展优秀作品展"中展出，从众多作品中脱颖而出。

《瑞雪》不但打破了李明久个人一贯的绘画面貌，也打破了国画中雪的表现形式的一贯面貌。为画雪增添了一种新的程式。李明久没有用奇异的画材画具，也没有用异乎寻常的技法，完全是中国画传统的笔墨和技巧，却摸索出一套全新的画雪手法，呈现出全新的雪景面貌。他用旧办法走出了一条新路，令人耳目一新，一下子受到画坛的广泛关注。

正如艺术评论家幸之的评价："李明久在继承发扬传统水墨写意手法方面，作了很好的创新。他的画不是'只徒肖其状'，而重'得其神'。他那轻快率意的笔触，浓淡相宜的墨色，使他笔下的山峦、草木层次分明、意态生辉。'集众善以为己有，自立意专为一家'。李明久的画正是如此。"

一九八六年二月二十八日，《瑞雪》又荣获由河北省文化厅、中国美协河北分会主办的"河北省美术作品展览"特等奖。六月二十一日，《瑞雪》在《河北日报》副刊刊登。此后，《瑞雪》的影响力又持续"发酵"。

一九八七年八月一日，中国作家协会主办的《文艺报》发表文艺评论家幸之的《"瑞雪"附文》。九月，作品《瑞雪》作为"中国美术馆部分藏品陈列"在"第一届中国艺术节美术展览"展出。

一九八八年八月，《瑞雪》参加《中日和平友好条约》缔结十周年以及日中友好会馆开馆纪念活动之一的"现代中国美术优秀作品展"（第六届全国美展获奖作品），展览在日本日中友好会馆举行。日中友好会馆馆长古井喜富、中日友好协会会长孙平化和中国美术馆馆长刘开渠分别题写祝词。

一九八九年，《瑞雪》辑入中共中央宣传部主持、人民美术出版社出版的《中国美术全集》（共六十卷）。

一九九三年十二月十日，由文化部和中国美术馆主办的"纪念毛泽东诞辰一百周年美术作品特展"在中国美术馆举行，该馆藏品《瑞雪》参展。中国画部分仅九件作品，包括李琦的《主席走遍全国》、李可染的《万山红遍层林尽染》等。

一九九九年，《瑞雪》再度辑入广东旅游出版社出版的《二十世纪中国传世名画》。直至二〇〇一年，《瑞雪》又入选文化部艺术司等机构主办的"百年中国画展"，并辑入人民美术出版社出版的同名画集。

这幅使李明久一举名动画坛的他毕生的代表作《瑞雪》，是他艺术历程的里程碑，也像一枚耀眼的勋章永远镌刻在中国美术史上。

忆昔参鸾识俊英
田辛甫先生

虽是春日，却失去了往日的鲜明。湛蓝的天空被丝丝白云割裂出缕缕哀愁。一九八五年五月三日，李明久素衣素服，前往石家庄殡仪馆参加田辛甫先生遗体告别仪式。他脚步沉重，心被浓浓的悲伤笼罩着，仿佛置身于一片灰暗的迷雾之中。想起就在去年，田辛甫先生还应他之邀到河北师大美术系给学生们讲座，并进行艺术演示，李明久禁不住潸然泪下。

田辛甫先生并未受过高等美术教育，然而他的艺术天然去雕饰，灵动鲜活，充满生活气息，有着强烈的个人风格，那是从他心中流出的歌，源自他对生活的热爱。先生的生活简朴而简单，粗茶淡饭一辈子，从不浪费笔墨纸张，常常一幅画画下来，笔洗里的水还清凌凌的。

在李明久心目中，田辛甫先生的为人一如他的艺术，朴实真挚，充满热情，又耿直率真。他还记得第一次见到田老的情形。那是二十世纪七十年代末，李明久从哈尔滨调到石家庄工作的第二年，经好朋友赵信芳介绍，他在河北省美术工作室见到了田辛甫先生。那时，李明久只有四十岁，田老六十九岁。赵信芳介绍田老是河北资历最老、德高望重的老画家，他的花鸟画造诣又是如何如何之高等等。还没说完，田老便急忙打住："别说了，别说了。"当时，李明久感到这位老人操着很重的地方口音，十分和蔼可亲、平易近人。后来接触多了，走得近了，常听他讲河北的省会还在天津时美术界的一些旧事。特别是提到天津"二孙"，田辛甫先生总是格外有兴致。"二孙"指孙其峰和孙克纲先生。田先生说孙其峰有德有才，是个好人，桃李满天下，喜欢荐拔人才，并说孙其峰先生的花鸟画比他画得好。说到孙克纲先生，是人老成，山水画成就在全国一流。还特别说：明久你是画山水的，以后有机会介绍你去拜访孙克纲先生。

后来，好几次因为共同参加美术活动，李明久有幸与田老一起画画。田老画画时，总是一声不吭。有一次，在河北宾馆画画，很多人观看。他在四尺对开立幅纸上，刚画三笔线，似是菊花的枝干。随后他将放在左边洗笔的大碗拿起要放在右边，这时服务员女孩子看到，便抢着帮他放过去，不慎一下子把水溅到画面上，至少有两只手掌大的面积。李明久忙凑过来说："田老，换纸吧。"他说："别！"随手拿起大提斗，几笔涂开，便成一个大荷叶，将已经画好的三笔枝干，涂上一花两蕾，接着题上"出水芙蓉图"。当时在场的人全都鼓掌叫好。田老随后坐下来，微笑着看着墨迹未干的画，还是一声不吭。李明久心想，田老心态的平和充分体现着他"心若止水"的情态，这是心性，也是修养，更是美德。

田老既欣赏李明久的才华，又赞赏他对艺术的执着，对他多有指点，而且非常坦荡直接。李明久还记得，一九八一年夏季的一天，田辛甫作为中国美术家协会河北分会主席受邀参观"河北师大艺术系美术专业应届毕业生作品展览"。观展后，他并未走形式般作简单的点评，而是非常中肯地针对李明久所辅导的学生创作提出了一些具体批评。李明久把田辛甫先生的风范给自己的触动以及他提出的意见,在笔记中记录下来。从此他对田辛甫先生更加敬重。

一九八四年,河北师大美术系成立,李明久成了首任系主任。他做的第一件大事就是请田辛甫先生到美术系举办讲座并进行艺术演示。当时受到熏陶的八二级中国画专业学生有蒋世国、白云浩、张新武、郭宝君、高玉国、张奎英等。

李明久想,像田老这样集大成的画家,临池染翰以丹青挽回造化,动笔则花开如笑,以此自娱,也娱人,不知老之将至,应该是最幸福的人生。田老的艺术,就是他人生的不谢之花。

淡妆浓抹总相宜　34cm×134cm

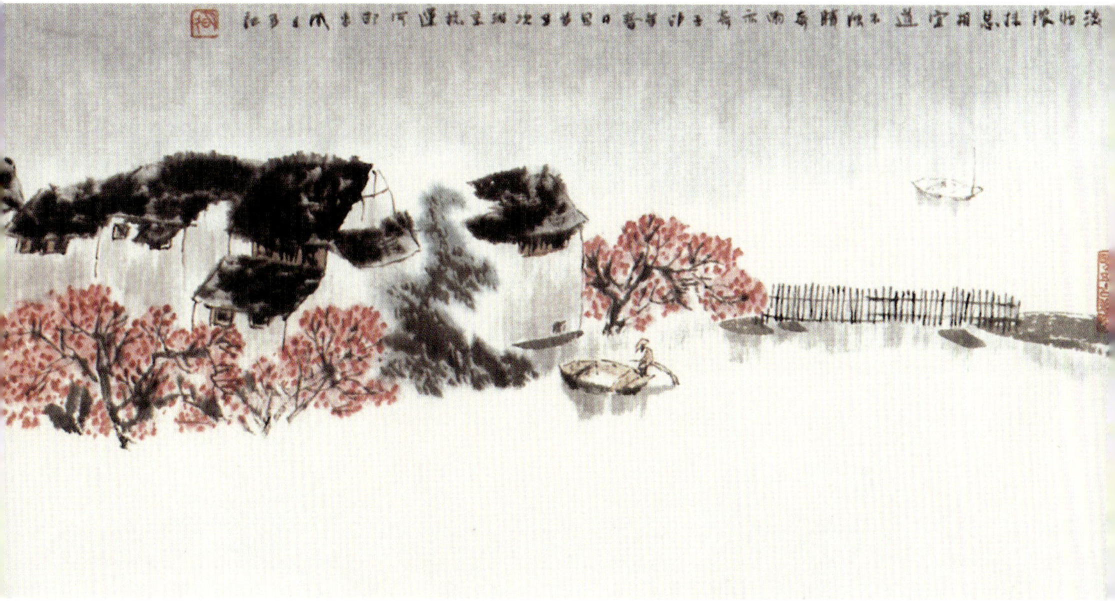

▲ 新春雨归　34cm×134cm
▼ 天如水·水如天　34cm×134cm

167

三更灯火五更鸡
一盆热汤面

河北师大的夜晚，院子里静悄悄的，几棵梧桐树在月亮下也睡着了，只有树梢有一搭无一搭地随着微风轻轻摆动。教学楼国画教研室却灯火通明，李明久和刘进安对着画案激战正酣。

二十世纪八十年代，教学设施非常落后。国画教研室是个套间，外屋有一标准尺码的红色大漆画案，李明久用。刘进安在里屋搭块画板当做画案。他在里屋画一阵子就到外屋站站，看看，坐下聊会儿。有时，他画着画着，就听李老师那沙哑的声音大声说道："进安哪，你说中国画这玩意儿……"接着两个人就放下画笔聊一通。聊天内容有艺术也有家常，海阔天空，无所不谈。

刘进安是李明久的学生，七七级的，出类拔萃、一表人才，很受李明久赏识。此时，他已留校任教，和李明久成了同事。

一到夜晚，师生二人就开始了画画的狂欢。日日如此，日日也有不同。今天高兴了，画得顺手就不知几点结束了；明天情绪低落了，就早早收摊回家。有时情绪糟了，把画了一夜的画稿揉成纸球，扔垃圾桶里的事儿也是常见。画画之道，有的时候是由白天的事儿决定着晚上的画，而画呢，反过来又影响着心情。

二人同处一个教研室的人生历程拉开帷幕缘于一次创作经历。

一九八三年，时值第六届全国美展的前一年，也是"文革"之后恢复的首次全国性大展，河北师大艺术系传达文件号召老师们积极参与。刘进安那时刚毕业留校，正踌躇满志。看到这个通知感到机会来了，十分激动。正值暑期，在美术系楼东边的一间大教室，李明久在教室南面画以西柏坡为主题的《瑞雪》，刘进安在教室北面画义和团被杀害的《庚子血》。李明久的《瑞雪》以冬天雪景为主，松柏常青，密密麻麻，高低错落，雪的感觉和效果采用双勾和留白的方式，画面凝聚了画家的技法、思路、经验、意识和能力。刘进安画《庚子血》，画面主要人物取自历史图片里双臂抱在胸前笑对杀头的那个动作，身后一群人围观的场景……这幅画是刘进安的得意之作，因为画面凝聚了画家对现实的一种认知、批判和理想。可是这幅画最终在省里落选。之后，刘进安从省博物馆取回了这幅作品并拒绝参加省展。

刘进安在李明久的心里是出类拔萃的，他骨子里的傲气和个性正是李明久所欣赏的。刘进安虽是李明久的学生，但是从艺术上，李明久永远把刘进安当作一个艺术家去尊重和看待，对外也从不以老师自居。在为刘进安的画册《中国当代画家——刘进安画集》所作的序言中，李明久称："刘进安与我长期劳作在一个画室，两张画案各踞一方，他抹人物，我抹山水，耕耘谈艺，彼此视为知己。或许由于这一原因，他的画集行将问世，要我作序。"

刘进安擅长水墨写意人物画。李明久对他的艺术一直关注并研究，尤其对于刘进安在左奔右突中创立新的笔墨结构，从而找到自我这个方面，有深刻的思考。刘进安曾系统地接受过学院派中国传统绘画基础训练，有着坚实的造型能力和传统的笔墨技巧。因此，他的早期作品具有明显的写实主义倾向。但这在他的艺术发展中，只是短暂的一段。二十世纪八十年代中期，刘进安开始向现代艺术观念过渡，大胆创立新的笔墨结构，以其富有特色的魅力，使笔下的太行山民的形象博得人们称颂。他这一时期的作品，一气呵成，不加雕饰，放情挥洒，以纵横多变的线条与淋漓大墨构筑画面结构。刘进安笔下的太行父老乡亲的那股"拗"劲和"土"味，传递着强烈的乡土气息，令人感到一种火热的情感迎面扑来。刘进安的另一类画作，自我与乡亲、乡情融化为一的观念画卷，令人感受到一种奇特的大自然清气，沁人心肺。这其中不仅有热烈的情感，还有冷峻的思考及深沉的情绪，这是产生沉实之作的根源。

李明久最注重一个画家的个人风格。他称赞刘进安："由于观念的转化，主观意识的焕然，其作品必然导致客体映照的减弱和笔墨技巧的随心所欲。新的笔墨结构，如高手布棋，虚实相济，声东击西，巧作笔墨埋伏，对画面的经营，置阵布势，往往出人意料。看上去似乎荒诞，实则自有理法，致使独特的水墨魅力跃然纸上。"

对于刘进安找到自己创作样式的过程，李明久根据自己的经验和智慧进行了推理判断。"其可贵之处，在于始终能主观把握，在客观与主观之间架起桥梁，又于分离和结合中选择自己。为此，他在进入创作时，通常是以多变、好奇、灵动、勃发的情绪，将感情的波澜自然融注于水墨之中，有时甚至产生一种森森穆穆的心理，来展开自己的绘画行为。那情形有时是快活的，有时是死闷的。"

艺术的"虚构"是艺术家常常用到的基本技巧。而李明久敏锐地捕捉到刘进安绘画时巧妙地运用了"假设"这一心理技巧。这一推测，来源于刘进安在一篇游记中的记述："长几百里的巍巍大山，似一条巨龙在荒芜的旷野空间慢慢跃动于视野里，鸟停止了飞，空气停止了动，天变得混沌，只有地层深处挤出了轰鸣声，忽而裂痕累累……大地的错位，平洁的绿洲移为沟壑。在大脉处于暂时平静的状态，欲是令人吟咏的壮哉！"

李明久解读刘进安的这一段文字，悟到画家面对大自然产生一种假设的视觉现象，为他的创作幻化出来新的图景："人物形象的变异，肢体的扭曲，大山的错位，树木的诡奇，流云的凝固，大地的斑驳，皆融为一体。"

李明久认为：这种意识活动过程，实际贯穿着由观念到绘画中间的审美转换。在转换中，人与自然形态、规律作为客体必将从属于主体的支配，作为主体的画家，要接触人与自然，融入自己的审美观念、假设虚构，才能于被动制约中获得自由解脱，否则就无法揭示人与自然之间的神秘色彩，以及具有象征意义的审美境界和返璞归真的生灵物性。

可见，李明久和刘进安共处一室作画，磨炼的不仅是各自的技法，更是对于绘画理论和思维意识的互通共进。

今夜注定又是个不能平静的夜晚，正赶上李明久和刘进安手都不太顺，画得总不称心。两个人都狠命地抽烟，以发泄情绪。满屋烟雾缭绕，纸张和毛笔散乱在案子上，烟蒂遍地，废画、纸头、纸团到处都是。此时，已经是凌晨，香烟已经告罄。二人只能低头在地上找烟蒂，捡个长一点的吹吹重新叼上，斜楞着脑袋点烟。

如此弹尽粮绝的境况，偏偏肚子跟着凑热闹，叽里咕噜地闹情绪。今天就画到这里，收摊儿回家？又觉得不甘心；接着画，又没有粮草，实在难以为继。两个人正急得团团转，竟有人敲门。刘进安开门一看，

河上雨 43cm×65cm

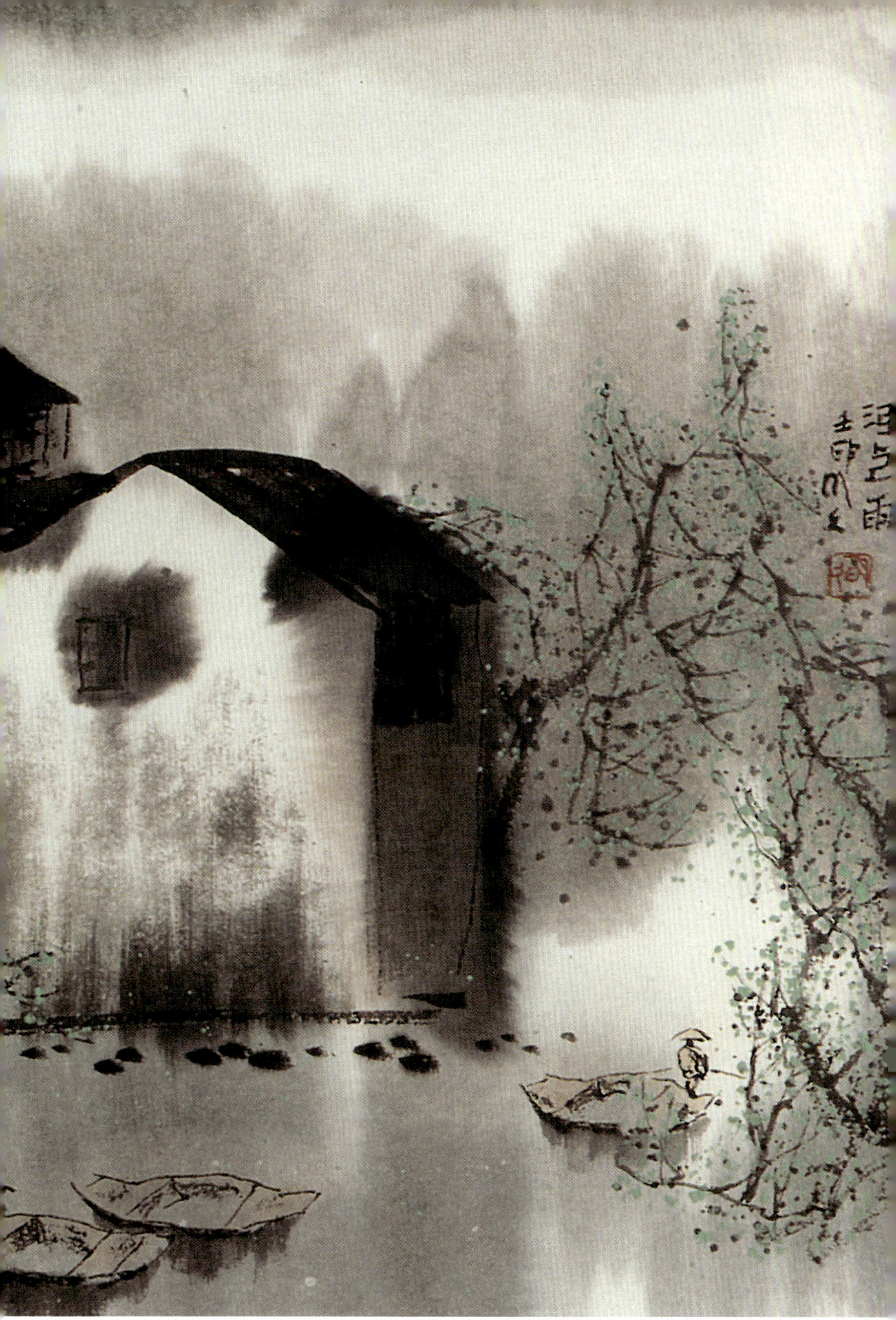

野塘遍地花　43cm×65cm

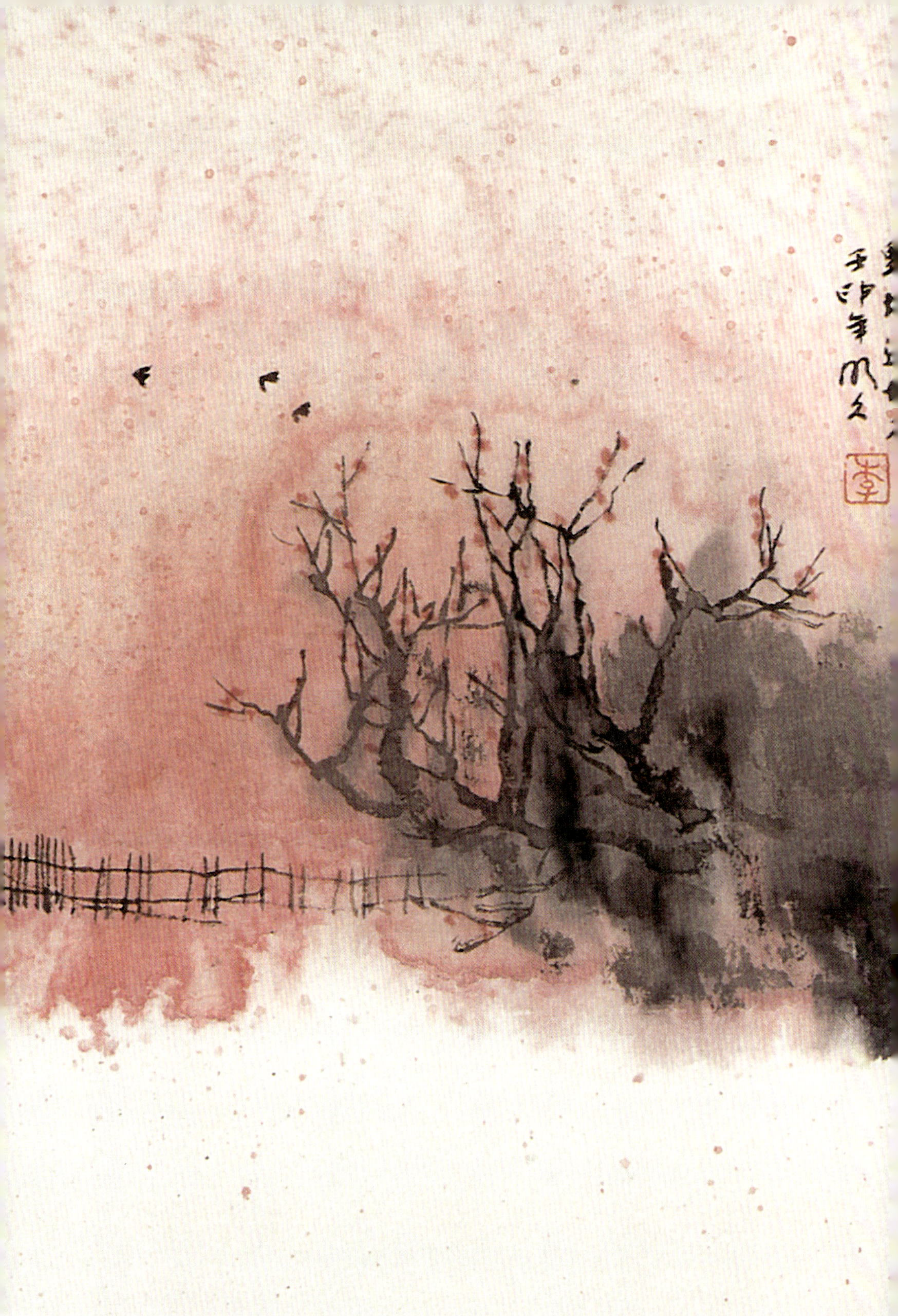

是师母雪中送炭来了。李明久的爱人蔺桂荣,端着满满一盆汤面条,慢慢挪动进来。刘进安伸手想接,师母忙说:"别别别,看烫着,我这垫着毛巾呢。"随着热汤面在画案上落座,教研室内立刻香气四溢、蓬荜生辉。

刘进安感动得要掉下泪来,但也毫不客气。转瞬,教研室只剩下吸溜面条的声音。偶尔歪着脖子再咬口大蒜,香!美!蔺桂荣看着这两个人的吃相直乐。

美食是有记忆的,所谓美食也需要天时地利人和这些条件,笑话里的"珍珠翡翠白玉汤"说的就是这个意思,缺少了哪个因素或环节,再好的美食也会大打折扣。师母这盆面,无疑是刘进安的美食记忆之一。

一九八四年河北师大艺术系的音乐和美术专业分家,各自独立为系。那座建于二十世纪五十年代的苏式二层小楼,上为音乐系,下为美术系。国画教研室从楼上套间搬到了楼下两间通房。不同的是,刘进安和李明久的双人环境变成了四人教研室,大家一起画画,一起聊天,一起玩牌,一起下象棋,从此,美术系进入了一个比较好玩的时期。

薪火相传行致远
师生合作《燕塞湖》

一旦走上艺途，吃饭走路都会沉迷画事。李明久是这样，他的学生也是这样。这日白云乡走在校园里正若有所思，忽听有人叫自己的名字，转身一看，是老师李明久先生。先生一向沉稳内敛，很少喜形于色，而此刻的他显然有些兴奋。"来大活了，这几天准备准备，你也参与一下。"先生的声音有些激动。

距离一九八〇年应邀为人民大会堂河北厅创作《狼牙山浩气图》已经过去四年。这次接到的任务也是为人民大会堂河北厅创作巨制。李明久像上次一样，首先想到的是叫上学生白云乡和刘岩森，一方面让他们增加创作体验，一方面对他们在画坛上闯出名气也有所助益。

四年前，白云乡还是大四学生。李明久通宵画画，白云乡常站立左右，彻夜观摩。李明久对白云乡的看重，不仅因为他的颖悟和天赋，更因为他的刻苦和执着。白云乡用工深苦，从老师处汲取营养不遗余力，又和老师一样钟情于大山大水，可谓得到了李明久的真传，因此其初期创作与老师的画风颇为相近。对此，李明久又是欣喜又是担忧。学生有师承，但一定不能落入师父窠臼跳不出来，如果那样，便不能青出于蓝胜于蓝，即使创作终生，也必将淹没于庸碌无为的大军中。李明久自己最有体会，一个画家不管走什么样的路，最终必须找到自己。他一方面鼓励白云乡，一方面向他传递这一思想。白云乡没有辜负老师的期望，最终形成了庄重严谨、朴厚雄浑的绘画风貌，成为河北画坛的代表人物之一，这是后话。

为人民大会堂画画，不仅是自己实力的展现，更重要的是一种光荣和崇高。李明久夜不能寐，构思这幅巨作。他想，一幅挂在人民大会堂的巨幅画卷，一定要体现国家感。这国家感具体来说就是大气磅礴、气吞万里的气势，正大、庄严、神圣的气质，以及英勇、智慧的人文精神。接下来才是雄壮、俊美、和谐、生动等特征。

李明久经过反复琢磨，最终将题材选定了北方著名游览胜地燕塞湖。

位于河北省秦皇岛市山海关峡谷间的燕塞湖是万里长城东起的第一座人工湖，亦称石河水库。石河，原是一条害河，每年夏秋两季，群山峡谷间的洪水在峭壁悬崖间狭窄弯曲的河床里奔出山口，泛滥成灾，冲毁庄田，断阻行人。新中国成立后，当地人民仅用三年时间，劈山筑坝，蓄水为湖，把往昔横流的石河水，锁在山谷之中。从此，塞上新湖，为北国增添了秀丽的风光。所以，燕塞湖不仅风景秀丽，更是河北人民勤劳智慧的见证。

此外，石河又是山海关城这座军事要塞的一道天堑。隋、唐、辽、金时期的民族军事冲突多发生在这里。明末农民起义军领袖李自成率二十万大军与明蓟辽总兵吴三桂和清将多尔衮大战在石河两岸；北洋时期的两次直奉战争也发生在这里；一九三三年一月，日本侵略军进攻华北，爱国将领何柱国奋起抗战也在这里。因此，燕塞湖又代表着河北慷慨悲歌、英勇不屈的人文精神。

构思好了题材和整体的气质，李明久开始在心中构图。随着一处处高山峡谷、水坝平湖、奇峰巨石以和谐的节奏在李明久脑海中生长起来，一幅完整的画卷草稿形成，他变得胸有成竹。

经过数月打磨，震撼人心的《燕塞湖》终于完稿。李明久和白云乡、刘岩森师生三人欢欣鼓舞。李明久饱蘸浓墨，在画卷顶端由右至左郑重地写下"燕塞湖"三个字，又题上年庚和创作者名字：甲子年夏末云乡、岩森、明久合作于冀中。这幅巨作自一九八四年至一九九九年于人民大会堂河北厅一直悬挂了十五年，成为他们一生的荣耀。

燕塞湖

将学生的名字署在前面，是李明久的一贯做法。李明久常常想起自己的老师王仙圃。当年仙圃师带领李明久、于志学应邀参加电视台节目，一起合作了一幅国画。署名时，老师一再推让，给了李明久很大的感触。他从老师身上学到的不仅仅是艺术，还有师德。

李明久的艺术修养以及为人师表的风范，令学生感念不已。多年以后，已在画坛声名显赫的白云乡还经常忆起：大学那会儿，经常去山上写生，老师带上学生，带上面、油、菜，带上大师傅，人和东西都装在一辆大车里，哐当哐当地就走了，晚上住破庙。那时候山上还没开发旅游，他们常住在苍岩山拱桥的大殿里，凉风飕飕。在山上画画，常画到天黑，月亮爬出来了，很亮，山变成了剪影，一片人趴在地上借着月光看山石树木、沟野渠壑。老师在前边趴着画，他们这些学生在后边趴着画，像是一群朝拜太行山的虔诚香客。

白云乡回忆自己的成长之路："得感谢我的老师李明久先生，当年的李老师刚从东北调来，风华正茂，满腹经纶，上师荆浩，下学八大。自成一家。他给我们讲了山水画的发展史，也示范了一些传统的技法：树法、水法、石法、各种皴法等等。然而，当李老师创作的时候，我发现他的笔墨技法已经和传统相去甚远，就是说，传统的笔墨发展到李老师这里，已经加入了许多现代人的观念。他的一管猪鬃长毫在宣纸上匆匆掠过，笔墨纠缠翻搅，勾擦涢渍，抑扬有致，开合有度，没有一个废动作，没有一处废笔墨，一气呵成。传统的树法、水法、石法，在他这里统统没有了法，但又觉得笔势老辣、墨气淋漓。我看他作画常常产生一种错觉，好像不是他在操纵笔，而是笔在纸上自动弹起来完成了画作，真令人叹为观止。现在看来，我一迈进山水艺术的大门，遇到的就是高手，就感觉到了'笔墨当随时代'。我从那时候起，下决心终生走水墨山水这条路。那一阶段，尝试过初试牛刀的喜悦，但更多的是探索的艰辛，失败的苦恼。四年寒窗，花明柳暗，苦乐参半，每画至半夜，腹饥身寒，四顾茫然，此中滋味，不足为外人道也。大学毕业时，我已基本解决了笔墨问题。起码能做到'应物像形'……"

心事浩茫连广宇
辗转难眠

这是一个普通的冬夜，李明久又是辗转反侧难以入眠。墙上那幅未完成的山水已经一个星期没有什么进展了。

除了《瑞雪》在"第六届全国美术作品展览"中获铜质奖，填补了河北的国画家自新中国成立以来在全国美展获得奖项的空白，一九八四年，河北美术界还发生了两件大事：一件是经河北省编办批复，在原河北省美术工作室基础上，组建河北画院；另一件是河北师范大学艺术系一分为二，音乐和美术专业各自独立成系。河北师大美术系成立以后，李明久出任美术系副主任，主持全面工作。他做的第一件大事就是邀请中国美术家协会河北分会主席田辛甫到美术系，为八二级中国画专业举办讲座并进行艺术演示。从此拉开了河北师大邀请全国艺术名家到校讲学、授课、讲座，进行艺术交流的序幕。

最近实在是太忙了。各种报刊、媒体的访谈，画展或者讲座等活动的邀请，以及系里的工作，仿佛都在互相争抢时间。李明久忙得废寝忘食、食不甘味。主持美术系工作以后，各种棘手的事情扑面而来。今日刚到办公室，教学秘书黄兴国就向他汇报了一个情况：系里突然没有电了，有个老师气哼哼地从教室出来，把书啪的一声摔到办公桌上，喊了一声"这课没法上了"，然后就扬长而去。李明久听了黄兴国的汇报，也十分生气。不管有电没电，老师都应该把课上完，否则就属于罢课，这是最基本的道理。那位老师摔书而去，当然是表达对系里工作的不满，也就是对系主任李明久工作的不满。

其实，大家都心知肚明，李明久比较年轻，调到河北师大工作时间不算长，资历不够深，而且他所毕业的哈尔滨艺术学院，相比中央美院、浙江美院、天津美院等，名气不够大。这就使一些教师有些不服气。如果不涉及个人利益，一切风平浪静，但是一旦涉及个人利益，比如职称评定等，系里资源有限，在无法让每个人都满意的情况下，牢骚或者矛头就会对准系主任。

平时有一些人会搞点小事情，李明久心里都有数。如何应对这些问题呢？李明久的办法是：抓大放小，抓关键，办大事，看主流。此时此刻，他顾不上琢磨白天发生的那位老师罢课的事，他满脑子都是一个更大的事。他的思绪在不断蔓延着：一所高校是否拥有独立且相当规模的美术馆，是衡量这所大学综合实力的重要参照物。世界上很多著名高校都建有自己的美术馆，如哈佛艺术博物馆、耶鲁大学美术馆、剑桥大学菲茨威廉博物馆、东京艺术大学美术馆等等。如果河北师大有一个属于自己的美术馆，该有多好。这个想法怎么才能实现呢？要是能建成的话，位置选在哪里合适呢？李明久不停地思索着，直到黎明才沉沉睡去。

也许是上天怜悯用心深苦之人。第二天就有省里领导到河北师大艺术系视察。李明久一看机会来了，心里暗喜。当领导照例询问系里有什么困难时，李明久就提出了建一所美术馆的想法。"美术馆是一个对外展示的窗口，是一个与全国艺术界接轨的平台，也是河北省与全国交流

凉风起天末　80cm×18.5cm

的一张名片……"李明久搜肠刮肚，极力把建一个美术馆的重要意义汇报给省领导，请求资金支持。

李明久此言一出，随行的同事都感到很吃惊，因为大家谁都没有想到李明久如此敢想、敢提。然而，他们更没想到的是，这事儿竟然能成……

无边光景一时新
石家庄第一座画廊

一九八六年六月十二日，是个特殊的日子。李明久比往常起得更早一些。他让妻子蔺桂荣给他找出最新的一件白衬衫穿上，配上他一向钟爱的鹅黄色长裤，架上金丝眼镜，显得文艺范儿十足又神采奕奕。在他的主持下，经过一年多筹建，艺海画廊就要正式投入使用了，落成典礼就在今天。与此同时，艺海画廊的第一场展览，"美术系师生、应届毕业生、校友美术作品联展"也将拉开帷幕。而且此时正值河北师范大学八十周年校庆，真可谓三喜临门。

三个月以前，李明久由副转正，正式被任命为河北师范大学美术系主任，成为河北师大有史以来的第一任美术系主任。今年，李明久刚刚四十七岁，对于他来说正是"春风得意马蹄疾"的光景。

虽然落成典礼和开幕式的活动早在数天前就已经开始着手安排，当下可以说万事俱备只欠东风了，但是李明久仍然不放心。他早早就赶到艺海画廊布置工作。活动开始了，由李明久主持，校长李梦醒致开幕词，气氛热烈而欢乐。省里领导、师大师生、艺术家们等六百多人参加开幕式。《河北日报》《石家庄日报》翌日分别在头版刊发了消息。

"美术系师生、应届毕业生、校友美术作品联展"参展作品是从几百幅应征作品中精选出来的，分校友、应届毕业生、在校师生三部分。

画种有油画、国画、版画、连环画、速写、水粉水彩，以及雕塑和工艺美术作品，题材、形式、风格各有不同。李明久评价这次画展的作品："教师的作品功力扎实，力求新意，每个人都有侧重和追求。校友的作品体现了对生活的不同感受，一些优秀作品创新意识强，形象健美，格调很高；在校生作品，大胆吸收西方表现形式，有些作品注重生活情趣、思想内容，有些作品则强烈地追求形式趣味，强调自我感受。"

开幕时，除石家庄本地很多知名艺术家外，外地一些美术教育家和著名画家也前来祝贺，这在当时的河北画坛，算是了不起的事件。

艺海画廊位于紧邻河北宾馆的河北师大"中院"西南角。当时的河北宾馆，可谓省城唯一的涉外窗口。艺海画廊的投入使用恰将这一窗口开得更加敞亮。在尚有很多国民食不果腹的二十世纪八十年代中期，美术系主任李明久所能做到的，或曰当时财力所能做到的，仅仅是利用旧的建筑改建了具有展示功能的一个场所，面积小，功能差，实际功能近似于画廊，于是李明久给它起名"艺海画廊"。即便如此，也是举全校之力。然而，艺海画廊建成后，起到的作用却是不可估量的。正如新闻报道所说：艺海画廊的落成，不仅是河北师范大学的艺术活动和展示场所，也是河北省美术活动的重要阵地。此后，在艺海画廊举办的展览、座谈、研讨、文化沙龙等等交流活动不计其数。

艺海画廊

志同道合味悠哉
汪易扬画展

  这是一个繁忙的周末。师大的美术学子和很多其他系的学生，以及社会上的广大书画爱好者们，都像工作日一样早早就出门，只是与往日奔向课堂或者工作岗位不同，今天他们奔向的是一个令他们感到神往而愉快的去处。他们要到艺海画廊看画展了。

  观众陆续赶到的时候，师大美术系主任、活动的策划者李明久照例已忙活在现场。这次受邀进行艺术交流的是中国艺术研究院刊物《文艺研究》的编审、画家汪易扬先生。

  汪易扬先生，五岁学画，有"神童"之称。师从刘海粟、潘天寿、黄宾虹，擅人物、山水画。其国画创作以人物见长，以书入画，并吸取音乐、舞蹈等艺术的营养融入笔墨之中，独创的"狂草人物画"蜚声于国内外画坛。

  艺海画廊人流如织，这位大名鼎鼎的艺术家感受到了河北观众的热情——他没有想到会有如此多的人来观展。在李明久的盛情邀请下，汪易扬先生进行了一场盛大的讲座，观众掌声如潮。

  不时有学生就汪易扬先生的艺术请教李明久，有些问题还很粗浅。学生们表示，不用走出石家庄就能欣赏到大家、名家的作品，觉得十分幸运，然而徜徉画作其间，只觉好，却不知道好在哪、怎么个好法儿，正所谓知其然而不知其所以然。这使李明久感觉到初涉美术园地的学子对艺术审美及鉴赏的茫然。于是，李明久从画家的独特视角和领悟，对汪易扬先生的艺术进行深入研究和解读，形成艺术评论文章，以供学生们参考。

李明久在《万物归怀，穷力求新——读汪易扬中国画作品展览札记》一文中称赞汪易扬的作品能达到各种艺术的通感。"画家作品之所以有打动我的力量，就在于人所鲜见的形式，并把它当作唯一能尊重自己感情的媒介，放情驰骋于所谓'探新'的界河之外，以自己的感情去拥抱别的姊妹艺术，真诚而热烈地与书法、音乐、戏剧、舞蹈结缘，以求开拓另一条通向艺术王国的小道。这一大胆的探求，无不体现在画家所有的作品中。故而画家作品具有草书的律动、音乐的悠扬动感，有舞蹈的律动之美。"

汪易扬的写意人物画，以书法入画，吸取不同笔法来塑造表现对象，以及构筑画面的结构。除了这个明显的特征之外，李明久注意到他的某些作品还有一个突出特点："紧紧地把握美的内涵的哲理性，且不以思辨和解说式形式出现，而是渗透在形象里和意境的熔铸中。"并发出感叹：绘画的真谛，不在于单纯的模拟，重要的是抒发。

系主任李明久的评论文章不仅仅是对参展艺术家本人艺术的评论，也融入了他的艺术主张和理想。这不但为学生欣赏画展、鉴赏艺术提供了参考和指导，而且为学生了解美术评论，以及他们将来进行美术评论的撰写提供了范式，对学生们艺术理论修养的提高起到了潜移默化的作用。

而李明久本人在对众多艺术家的研究过程中，逐渐形成了不落俗套、兼具真知灼见又别具一格的文风，成为一位真正的艺术评论家。这也使他的眼界和思维得到了开阔和生发，从而又反哺其自身的艺术创作。

清秋 28cm×28cm

笔墨传情续风华
同道交流

虽然经费短缺，但是艺海画廊的活动从未间断。南京艺术学院的方骏先生和王孟奇先生也受邀来到艺海画廊进行艺术交流。

王孟奇先生擅长以诙谐简练的人物画传情达意，被美术界认为是"新文人画"代表性画家。方骏先生则以独特的风格在山水画领域大放异彩。两位时年都是四十多岁，正处于创作才情勃发时期。

从江苏远道而来的两位画家都是第一次来到石家庄。一踏上这片土地就受到河北师大师生的热情接待。此次他们前来，目的不仅是在艺海画廊搞一次展览，同时也想感受一下河北的艺术氛围，领略一下河北画家的艺术面貌，尤其是与赫赫有名的河北师大首任系主任李明久先生进行艺术交流，互通有无。他们早就听说北方有个河北师大美术系，近年搞得十分红火热闹，学术氛围十分浓厚，像一颗冉冉升起的星辰，闪耀在全国的艺术版图上。其掌门人李明久，不但艺术修养深厚，而且才情勃发、为人豁达，主张开放式办学理念，带领河北师大美术学子结交天下艺术豪杰。在他们心中，这无疑是一种令人敬佩的行为艺术，是可以永远印刻在画坛的一段佳话。

在李明久的盛情邀请下，两位艺术家在艺海画廊现场挥毫。学生们里三层外三层观摩，连连叫好。学生们大多没有走出过河北，对两位来自南方的艺术家十分好奇。王孟奇先生现场画了一幅古装人物，方骏先生则画了一幅渔舟唱晚风景画。两幅画虽然题材不同，但是却有一个共同的特点，就是非常轻松而淡雅。学生们大开眼界，感到南方画家果然跟北方画家的风格有很大不同。

送走了方俊和王孟奇两位先生，来自台湾的版画家秦松先生又被邀请到艺海画廊办展。秦松是安徽人，一九四九年进入台北师范学院美术系就读，开始学习版画创作。后来与杨英风、陈庭诗、江汉东、施骅共同发起成立"现代版画会"，在艺坛很有影响。他既是画家又是诗人，作品多以诗配画，曾多次获奖。

画展开幕当天，李明久陪同秦松先生在现场作画。学生们的观摩热情十分高涨。

秦松先生用墨汁在水彩纸上画了一辆小汽车，形似"王八盖"，寥寥数笔，就像儿童画。学生们不禁哑然失笑。画完后放在地上晾干。李明久看了一会儿后，拿起毛笔蘸墨，用"弹雪法"在秦松先生的画上弹了一层墨点，画面顿觉饱满生动，似雨似雪又像风沙。这算是二人的合作作品。学生们看着这幅作品，窃窃私语。秦松先生的作品稚拙天真，学生们还欣赏不了，但知道了画还可以这样画。他们更佩服李明久先生的那些墨点，使画面充满了想象空间。

江山代有人才出
河北画院群英

"新时代的潮流,卷起突变的风潮,使命感鞭策着美术家们不得不思考,去触摸时代的脉搏,在左突右冲中去探求。河北画院二十几位美术家正是以建院两年后的第一届美展的作品,显示着他们正和整个中国画坛众多美术家一道同步思考和探求。综观这次美展的作品,绝大多数是成功的。他们大胆的张扬和跃动的笔触及不同的画面,使我感受到在与整个中国画坛所处的群体性的思考中,别有一种焦躁不安的情绪,这恐怕就是他们在急于探索的一种直观的情势。这说明他们不是于新于旧的交界处去徘徊,而是驰骋在一个新的充满空白的天地里。"

河北画院成立两周年后,组织了河北画院第一届美展。李明久作为重要嘉宾出席。河北画院的同人邀请他对河北画院的发展历程进行总结,对河北画院的美术力量进行盘点和点评。此时,人们眼中的李明久,已经不仅仅是一个单纯的艺术家,或者是一个美术教育家,他还是一个美术评论家,一个资深的、专业的艺术研究学者。

河北师大美术系刚成立时,李明久出任美术系副主任,主持全面工作。河北师范大学美术系由此进入发展的快车道。与此同时,河北省美术工作室改为河北画院,在培养美术人才和艺术研究方面,方向性更加明确。其定位是从事美术创作、理论研究、展览收藏和组织、指导、培

小品　33cm×33cm

训全省专业、业余画家的省级美术专业机构。此时，河北的美术力量主要集中在河北师大、河北画院、河北美术出版社这三个单位。

李明久主张开放办学，注重与河北画院以及河北美术出版社等兄弟单位的交流。河北师大请全国艺术名家到师大举办讲座或者有展览及艺术沙龙等活动时，常常邀请河北画院以及河北美术出版社同人前来参加，大家一起学习、观摩、研讨、交流。同时，也邀请河北画院的画家到师大美术系给学生们讲课。因此，河北画院和河北师大以及河北美术出版社这三个单位美术力量的发展，互相促进，互相推动。

在河北画院第一届美展上作总结性发言的，非李明久莫属。他对河北画院的画家们长期关注，对他们的艺术水平和创作方向有比较全面的了解。在他的眼中，从河北画院建院两年后的第一届美展可以看出，作为一个画家群体，河北画院画家正在思考和探求中向前举步，并充满着焦躁不安的情绪，这种情绪不管是在成功和失败的作品中，都有所流露。对于他们来说，愿意拿出来，即说明赞誉和批评都渴望收到。

河北画院专业画家王怀骐先生，是一位国画大家，也是一位连环画大家。他的作品，由河北美术出版社出版的《红旗谱》，获第六届全国美展铜奖、全国连环画评奖荣誉奖、河北省美术特等奖，由中国美术馆收藏，入选《新中国文艺大系》及《中国美术全集》（连环画集）。连环画《男人的一半是女人》在《故事画报》发表，入选第七届全国美展，获河北省连环画一等奖。河北画院第一届美展，李明久评价画家王怀骐的连环画有了质的变异。"由他的力作《红旗谱》到这次展出的《男人的一半是女人》，完全异变为另一种模样，一位画家首先完全打破了文学作品和连环画创作惯性的等式，于新的意念中去寻找自己和自己所寻找的东西，不再是原层次地去表现文学对生活的叙述。尤为独到的是，在艺术处理上完全与文学作品的原作反背，在某些方面回避了赤裸裸的描写，以新型的构成法则和更多的抽象意识，将其变换到写实的图式，在逼真性和艺术趣味之中将虚与实相互颠倒，建立起不平衡中的平衡。这是连环画图解中解放画的成功典范，我想不仅仅是习惯性作品批评中所说的手法高超，而是观念上的大胆突破，是需要加以爱护的真实可贵的成果。"

油画家费正先生，比李明久年长一岁，毕业于中央美术学院。在调到河北画院之前，也曾在出版社工作过，是河北人民出版社的美术编辑。李明久有任《黑龙江日报》美术编辑的经历，这使他们非常投缘。他评价费正的油画，既有西方的手法运用，又有中国艺术特有的创作意识。不论从西方还是从中国的欣赏角度，都给人愉悦感。"费正的油画最能引起我兴趣的是在西方油画和中国油画交界处，使我看到的不再是空白……"李明久还独到地指出，费正油画中蕴含着中国民间艺术的滋养。有些作品的造型和构成的观念正是洋与土的综合。"那种狂欢的气氛，是用自己的内聚着强烈中华民族意识的语言加以表达的。说他这是民族化的特征未必贴切，但这无疑是来自一种中华民族美学意识的启示。"

对于同样是画中国画的钟长生先生，李明久有更多的关注。钟长生比李明久小两岁，毕业于浙江美术学院中国画系，师承潘天寿、陆俨少等书画大师。虽然是南方人，但是他来到石家庄后却十分"忠"于这块土地，几十年如一日心无旁骛地搞着自己的创作。在长期的创作实践中，钟长生形成了个人的图像程式和笔墨程式，追求古朴趣和稚拙趣，构图饱满，笔墨苍劲涩辣，意境含蓄深邃，具有较浓郁的生活气息和强烈的装饰风格。李明久评价钟长生的山水画做到了中国画"内化"与"变异"的统一。"钟长生师承陆俨少先生，并追随李可染先生的画风，但他的作品，既不像陆也不像李，我以为就在于他'内化'了陆俨少雄拔奇俏的骨法和李可染浑厚华滋的水墨技巧，'变异'为自己的奇俏疏朗的风格。他的作品往往以中国式的视觉层次的密集，在混杂中求变化，在变化中求统一，构成以平的图式包罗着景与境的交融，使人看了颇有新鲜感。我以为，这是对中国画内化和变异的自身规律又一次成功的实践。"

李明久对河北画院的雕塑家也有关注。他评价郭宝寨的雕塑作品充满着神秘天真色彩，其装饰性蕴含着作者对美好的追求，并十分看重其突破精神，说郭宝寨的作品"打破了一般的构想，截断和自己以前作品的连续性，使之既异于自己，也异于别人，给人以旷远庄重之美。这说明画家正奔向自己的未尽之路，与自己的过去相去已远，而又无意回首一顾。"

他评价青年雕塑家王少军的作品充满思考和探求的情绪。"其油画《山》以凝重的大地与苍茫群山的交融，表达作者与大自然的对话。浏览之余，我们仿佛能看出几丝作者和自然的不同微笑，并从微笑里体味出征服和被征服的一种爱意。其作品流露的情绪，仿佛使观者感到一种冲动和勃发的力量，这也是中国美术未来的希望所在。"

风物长宜放眼量
购买名家画作

艺海画廊建成不久，河北师范大学校长李梦醒又收到了李明久向学校借款的申请。款项用途为：购买名家画作，作为美术系师生教学观摩使用。李梦醒看着这个申请，不禁皱起眉头，点燃一根烟，吧嗒吧嗒猛抽了两口。他眼看着在李明久的主持下，美术系的学术氛围及社会影响力与日俱增，不禁对李明久的工作能力深深叹服。可是，眼下学校财政紧张，这个申请着实让他有些作难。经过慎重考虑，他还是决定支持李明久。

教学秘书黄兴国有些担忧地问李明久："这些钱咱们借了，到时候还不上怎么办？"黄兴国是李明久的学生，毕业后留校工作。他既是李明久工作上的左膀右臂，又是他生活中知冷知热的朋友。

老师作为系主任一心为公，从不考虑自己的利益，但是由于系里资源有限，利益不可能平均分配，比如有的教师到了临近退休的年纪，职称问题还没有解决，便意见很大，怨气都发在系主任身上。黄兴国眼看着老师为系里的工作废寝忘食，还有人为了自己的个人利益给他设障碍，便常为老师感到委屈。他作为教学秘书，有些人把牢骚和抱怨向他发泄，也是常有之事，但是向老师汇报工作时，黄兴国往往只说情况，将一些人的过激言行过滤掉，以免让老师糟心。然而，明慧如李明久又

平山雪色
168cm×68cm

怎么会不知道黄兴国的难处。在他心里，这个学生性格开朗随和，虽然厚道但是也蛮聪明，总归吃不了亏，也能处理好人际关系，是个靠得住的孩子。他也观察到了黄兴国的雕塑天赋。虽然不是学的雕塑专业，但是他经常凭着自己的悟性鼓捣些雕塑作品，对雕塑抱有极大的兴趣。后来，李明久就派黄兴国到广州美术学院雕塑系进修。黄兴国学成归来，成了一位非常有成就的雕塑艺术家。这些都是后话。

此刻，李明久面对黄兴国的问话，凑近他的耳朵，压低声音，讳莫如深地说："你见过有几个儿子向老子借钱还要还的？"黄兴国听了，一拍脑门，恍然大悟。其实，教研室除了他师生二人，再无旁人。李明久之所以煞有介事地凑上前去，压低声音，不过是为了诙谐幽默。这时，师生二人开怀大笑起来。

"借"来的资金不多，但是李明久做了件大事。他通过美术界的同人，用极其低廉的价格，为河北师大购买了一大批名家名作，陆俨少先生的作品也在其内。一届又一届的河北师大美术学子得以亲眼见到这些名家真迹并进行临摹，受到潜移默化的滋养。如今，这些作品早已价值连城，成为河北师大永久的财富。

功成身退

月光如水，透过窗棂洒在画案上，为笔墨纸砚披上了一层银白色的光辉。妻儿已经进入甜蜜的梦乡，他们均匀的呼吸声在房间里轻轻回荡。李明久今日无心作画，只是静坐着整理思绪。此刻，他闭目养神，像是睡着了一般，手里举着的香烟，烟灰已经长成了一大截，岌岌可危地坚守在那里。

忽然，李明久似乎想到了什么，将半躺在椅背上的身体前倾一下，手也跟着身体的动作挪移，那截烟灰终于栽倒下来，无辜地散落在棉布长裤上。李明久左手不经意地掸了一下腿上的烟灰，右手将烟蒂拧在烟灰缸里，起身来到画案前，拿出一个本子。这个本子是由一沓稿纸装订而成，边角已经有些卷翘，封面上有李明久钢笔手写的"画语录"三个大字。

"在事业进行中，出彩时既可认为是第一次或又一次，但也可认为是最后一次，因为你不可能老是站在核心的舞台。被推出去不如自己淡出去更好。"李明久在《画语录》中记下了这样一段话。此时，他已经有了退隐之意。当然并不是退隐山林从此不问世事，此处退隐所指为辞去系主任一职。

李明久自认为担任系主任以来，兢兢业业、鞠躬尽瘁，但仍有人因

小品　33cm×33cm

为个人利益对他有意见，这不免让他寒心。更主要的是，担任系主任大大影响了他进行艺术创作的时间。他时刻谨记恩师王仙圃对他的叮嘱："一根肠子做自己的事，用心画画。"于是，他只想心无旁骛地画画。几年前，担任系主任一职，一方面是感念校领导的诚挚邀请，一方面是由于当年他在哈尔滨艺术学院就读时，系主任张晓非对美术教育的杰出贡献以及其崇高的人格魅力，在他心目中留下的深深烙印。他深切地感觉到一个优秀的系主任，一种开明的教育理念，对培养美术人才，对提升一个学校的学术水平，对推动一个地域的美术氛围的重要作用。这些激起了他作为一名教师在美术教育事业上施展抱负、作出贡献的激情。经过几年的努力，眼下艺海画廊的运转已经步入正轨，美术系的学术氛围越来越浓，一批批优秀美术学子正源源不断地步入社会，成为各个重要美术岗位的中坚力量，河北师范大学美术系在全国美术版图上越来越耀眼，社会影响力越来越大，发展形势可谓一片大好。李明久感到比较放心了，是时候辞去"官职"，把更多精力放在艺术创作上了。

  他暗暗下定决心以后，开始着手翻找一些画轴。明天就要迎接新一届国画班的学生了，他要带上自己的一些典型作品，供学生们在课堂上赏析。

岂容华发待流年

学生林宇新

随着李明久先生进入教室，刚才的嘈杂混乱变得落针可闻。学生们一个个挺直了脊背，眼神齐刷刷地望着先生，目光中既有好奇，也有敬重。他们专注而认真，仿佛在等待一场重要的仪式开始。

美术系的学生在基础课完成后就要分专业。八六级学生一共有十九人，选国画专业的有七名同学，由李明久任教。因为是第一堂课，有些学生李明久还不认识，他的目光在一张张朝气蓬勃的面孔上移动着。他知道这些学生都是珍贵的苗子，是未来的艺术家，他们中也许潜藏着艺术天才。"请同学们把自己的名字写在纸条上，放在桌角。"李明久的声音不大，却充满了威严。

待学生写完，李明久走到学生身边，一一念出他们的名字，并与他们眼神交流。其中有一个学生的签名十分狂放，狂放到竟认不出是什么字。这引起了李明久的关注。

李明久的理念是：搞艺术，有没有才先放一边儿，但是首先要有艺术家的范儿，也就是先要有艺术家的身份意识。因此，他从来不把自己的学生只当学生看待，而是从见到他们第一面起，就把他们当作一个艺术家去看待和尊重。而且，越是有个性的学生，李明久越是喜欢。

眼前这个孩子就有艺术家的范儿。李明久看看他，再看看那狂放的

秋林图

签名，龇牙一笑，随口说："大草？"那学生也龇牙一笑，随手又写了一张"大楷"放在桌边。这位同学就是林宇新，八六级的学生堆儿里最为淘气的一个，也是日后与老师李明久感情最深的学生中的一个。

开始上课了，李明久把从家中抱来的一包袄画轴一一打开，挂在墙上，让同学们赏析。这些都是裱好的他自己的作品，其中有一幅《秋林图》，林宇新怎么看怎么眼熟，想了半天终于想起来，他入学前曾在《江苏画刊》上见过这幅画。也正是由这幅画，他早就知道李明久先生是名家。眼下，他格外认真地欣赏这幅原作，发现在密密麻麻的树枝间，由上到下有一溜间隔整齐的小洞。这应该是画轴卷着时轴杆里藏的

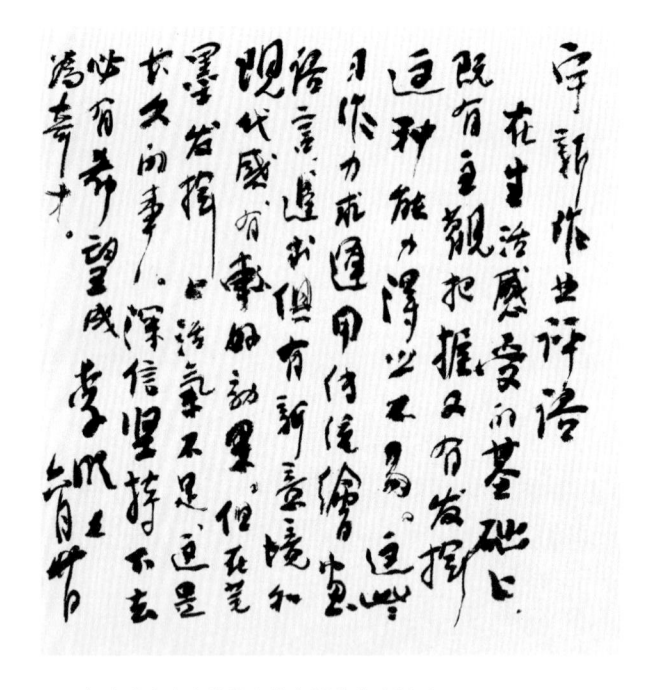

1989年李明久先生给学生林宇新的作业评语

蠹虫爬出来咬穿多层画面化蛾而去。林宇新故意问老师：这是制作的特殊效果吗？李明久过来细看，看了一会儿才反应过来这是学生的幽默，便与林宇新相视一笑没有作答。

接下来，李明久边讲课边作范画，学生们围一圈观看老师演示。这是一幅水墨山水小品，结构轮廓布局好后，便上了点子皴。李明久站立在桌前用笔在宣纸上点个不停，林宇新站在先生背后，先是看画，时间稍长就失去耐心，开始研究先生的头，进而研究先生的身姿。李明久作画用笔点矾时力贯全身，林宇新在后面看到先生身体抖个不停，头后稀疏的长发也随着不停地颤动，联想到当时评书中经常说的"体如筛糠"，不禁捂着嘴暗笑，一不留神竟笑出了声音。先生回头问笑什么，林宇新连忙止住笑声，装模作样地认真看画。

李明久作范画，先勾后点再皴。皴擦画面时，他说是为了增加画面的"苍茫感"。林宇新却看不出好来，心想：干净利索的画面，本来很好，非要蹭上些干刺啦的黑墨，感觉像是在美女脸上抹黑一样，也不知为什么要增加"苍茫感"。

只有经过岁月的沉淀和磨砺，人才能对美有新的领悟。美不是单纯的，美是泥沙俱下的，是充满疼痛和裹挟着污垢的。年轻的、不谙世事的学子，又怎么会明白呢？多年以后，林宇新才慢慢理解了"苍茫感"。

林宇新一直感觉李明久先生是好脾气的，虽然他是系主任，却没有一点官架子。但是，只要他稍稍露出不悦的表情，就不怒自威，林宇新也害怕。有一次上课时，李明久带来一些单页画片让学生临摹。那是些明代沈周的册页作品，画片曾反复使用过，有些画片上被蹭有墨迹笔痕，有的上面还被个别同学用毛笔故意画了一些笔道。这些画片是上一次课的班里负责人结课后收齐交给李明久的，当时他并未检查，这次上课拿出来才发现被乱画，他沉下脸来，说了句："这样的学生多余来上学！"有他这样的表态，学生们在用画片时便格外小心。淘气如林宇新者，也不例外，怕成了"多余的学生"。

认识自己是一个人成长的重要一环，对于艺术生来说更是如此。林宇新与其他很多学生一样，也是从李明久老师的肯定中才意识到自己是一个艺术家的。他永远不能忘记李明久老师第一次拿起他的作品时的神态。那只是他的随意之作，而李明久先生反复端详，仿佛在研究文物一

李明久创作于20世纪70年代末的山水画

般。他从没想过自己的作品值得老师如此费心思琢磨，一种神圣感、责任感、自重感油然而生。老师对他的画大加赞赏：尽管笔墨不够完美，但是画面十分生动，这种生动感，没有天赋也是画不出来的。林宇新不知道，变着法儿地对学生进行鼓励，是李明久教学中惯常使用的绝招儿；他只知道，这个鼓励对他来说非同小可，把他只想混个文凭找个工作的态度，直接转向了当一个真正的画家的决心。

随着和李明久老师渐渐熟谙起来，林宇新不时到他画室里观摩先生创作，课余也模仿着画几笔，久之山水便成了他的主攻方向。大四毕业创作开始后，他自然选了李明久为导师。

林宇新的毕业之作是一幅六尺的太行山村图。由于之前尽是画些小品山水，突然画大幅山水感到力不从心，画面越皴越黑，一塌糊涂。正在愁眉不展之际，李明久先生过来了。他见了这幅作品，并没有挑毛病，也没多说话，让林宇新挤了些赭石和白，他用笔把赭石和白进行浓浓地调和，像画水粉一样在黑黢黢的画上勾皴出几块石墙的石头，随后搁笔而去。林宇新顿有所悟，随后模仿着把画中的石墙、石屋一一画完。隔天，李明久看了林宇新补充好的画作，十分满意，拿起毛笔在画面上点画了人物和山羊，画面顿显生机。

毕业创作画完了，时光匆匆，不知不觉到了毕业答辩的时刻。那时李明久已经辞掉了系主任，主持工作的是孙焕昌和刘业通先生。与李明久主持工作宽松、自由的风格截然不同，二位先生十分严肃。答辩那天，在一间空教室里，同学们把自己的毕业创作挂在墙上，依次在自己的作品前陈述自己的创意，再由老师提问。两位先生亲自在现场主持提问，李明久作为导师在同学们后面旁听。

林宇新被严肃的气氛弄得非常紧张，不知将如何陈述，便偷偷跑到李明久先生身边请教。李明久小声告诉他作品运用了什么方法、描绘了什么题材、表达了什么思想等等，林宇新逐字记在心里，并反复默念。轮到他陈述时，他在画前站得笔直，目不转睛地一字不差地把李明久给他说的背诵了一遍。在后面旁听的李明久听后憋着笑，转身走出了教室。

毕业答辩顺利通过后，同学们都一身轻松，开始等毕业证，并开始互赠留言、照片作为纪念。那时教学辅导员张国军老师在系里的一间空屋里支案裱画，李明久也经常在那里自己托裱自己的作品。一天林宇新溜达到那里，正好碰上李明久老师也在那里。李明久问了林宇新一些毕业的事。林宇新说，李老师给我写幅字鼓励鼓励我吧。李明久欣然应允，并问他写什么。林宇新说，就写一幅不让我放弃专业的内容吧。李明久当即在裱画案上写了一幅"岂容华发待流年"。此后，这幅作品随林宇新回到家乡，裱好后挂在画室成为了他的座右铭。

追求艺术道阻且长，每当感到力不从心、灰心沮丧时，林宇新总会想起恩师李明久对自己的鼓励和期望，想起李明久先生对艺术的执着和他的风范。于是就坚定信念，继续在艺术的道路上走下去。后来林宇新成了国画名家，作为一所高校的美术教授，培养了大批美术学子。

1990年李明久先生为学生林宇新题写的座右铭　　1990年李明久先生给林宇新同学的毕业留言

谦谦君子德
"发菜"发财

已近清明时节,正是美术学子外出写生的好时候。国画班这次写生的目的地是河南,除了李明久和班里七名同学,同去的还有一位女进修生。

学生们都很激动,他们中大多数还没有到过黄河以南,一路上兴致勃勃、有说有笑。然而到了住宿的地方,却有点傻眼了。他们从石家庄坐火车到郑州,当晚住在了一个幼儿园里。这个幼儿园白天看孩子,晚上就在教室里支上床作旅馆。床都是简易床,躺在上面嘎吱作响,正当学生们心中嘀嘀咕咕吐槽之际,李明久笑呵呵地说:"看,这儿还挺干净的,比上次出去写生条件强多了。"于是学生们立刻觉得心理平衡了。

那里没有专门接待学生的写生基地,师生吃饭都在路边的小饭馆,为了节省开支,点的菜也多为素菜。出门在外的新鲜感使学生们眼中闪着兴奋的光芒,把一盘菠菜炖豆腐吃出了珍馐佳肴的感觉,吧唧吧唧嘴,落口回香。大家正谈笑风生、吃得津津有味之际,忽听一名女生叫道:"啊——头发,一根头发。"只见一根长长的黑发被捏在此女生的拇指和食指间,汤汁抑或是唾液正在明目张胆地往下淌。"老板——老板——"学生正要跟老板说道说道,李明久连忙笑着说:"发菜,发

镜泊春早

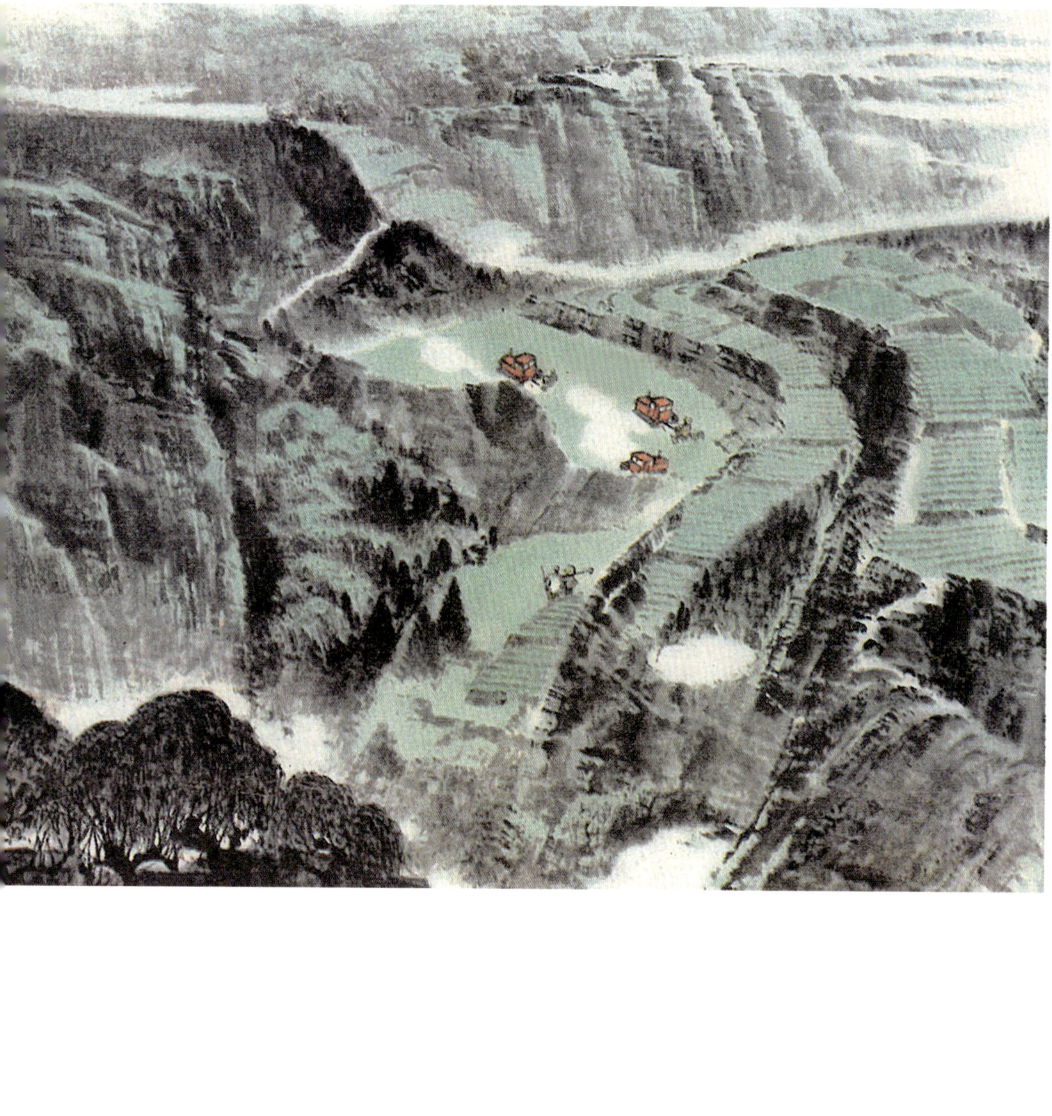

菜。在香港'发菜'就是'发财'的意思。看来咱们要发财了。"他一边说着，一边继续夹菜往嘴里送，学生们见状也接着吃饭，放弃了找老板要说法的念头。

后来，李明久先生宽以待人、宽容大度，永远和风细雨的风范，永远沉淀在学生的记忆中。

正欲乘车前往巩县（今巩义市），不想河南画家李自强来看望李明久。李自强非常热情，邀约为李明久拍摄纪录片。李明久要带学生去写生，时间紧促，便婉言推辞。那时拍电视可是个不得了的事情，学生们都很激动，集体劝说老师不要放过这样一个好机会，说他们也想跟着开开眼界。李明久只好答应下来。

为了拍摄方便，李明久搬进了宾馆里。学生们都去看老师拍纪录片。在明亮的房间内，李明久站在画案前。摄像机的镜头静静地对准他，学生们满含期待地围拢在四周，现场一片静谧，等待着一场艺术盛宴拉开帷幕。

李明久微微俯身，先将手中的毛笔蘸了蘸墨，而后稍作停顿，似在构思画面的布局。接着，他果断地落下第一笔，墨线在纸上蜿蜒伸展，犹如一条灵动的蛟龙。那是松的枝干，苍劲有力，仿佛历经岁月的磨砺，依然挺拔不屈。他的手腕灵活转动，墨笔在纸上自如游走，松针如钢针般细密地铺陈开来，给人一种坚韧不拔的感觉。

李明久全神贯注，仿佛与手中的笔、眼前的画融为一体。他时而凝思，时而运笔如飞，每一个动作都充满了风度。他笔下的松竹仿佛有了灵魂，散发着高洁、坚韧的气质。

摄像机默默记录着这一切，学生们则看得如痴如醉。这张墨笔松树图，笔墨苍劲、造型高古，显示出很深的传统功力。学生们既是羡慕又是自豪。画作完成就放在客房的地毯上晾干，摄像机镜头推过去给了一个大大的特写。

纪录片拍摄完成后，他们乘坐长途汽车前往巩县。一路上，李明久并不说话，只是专心地看着车窗外的景物。学生们心想其实李明久先生是个很沉静的人。在巩县停留期间，李明久带领学生参观了宋陵。他吩咐道：参观期间大家可以随便参观，也可以随意停下写生，画不画都行，全凭自己喜好决定。

接着师生一行又去了登封，参观了中岳庙、少林寺，最后抵达栾川县的伏牛山区。一路上乘车颠簸，写生的时间很少。学生们并未见李明久先生画画，也没见他大讲特讲应该如何写生。他只是挎着照相机到处转悠，让学生们都随意游览，注意安全。学生们不免有点纳闷儿：李老师这是什么路数？直至返校后，学生们看了李明久先生画的一批作品，才有所悟：他并不追求描绘现实风景的真实，而是通过目识心记，画出源于自然又高于自然，且富有个性的"心画"。这其实是中国古代山水画家惯用的"步步看、面面观"的写生方法。

无边光景一时新
大运河写生

一九八四年，李明久凭借《瑞雪》一战成名后，绘画史上一种新的画雪的样式呼之欲出。李明久似乎嗅到了艺术之巅的气息，雾霭迷蒙中，一条通往成功的小路若隐若现。然而，一切都有机缘。也许他的绘画功力还需要积淀，他对故乡冰天雪地的怀念需要涨满，他那与生俱来的对雪的感情尚需唤醒，随着年龄增长对高寒之境的领悟需要加深。总之，他还需要再等。他没有急于求成，也没有吃《瑞雪》的老本儿接着走雪和红色题材结合的路线。命运之舟，把他载到了另一条美妙绝伦的航道。

一九八六年春，李明久应邀参加由中国美术家协会、中国出版对外贸易总公司组织的"运河之子"画展采风团，考察京杭大运河并在沿线写生。当时中央电视台正在播出《话说运河》节目，更激起李明久对大运河的热爱与向往之情。读万卷书，行万里路，写生对于李明久的艺术人生起到非常重要的作用。然而，不管是在东北还是在河北，李明久接触最多的还是大山。而京杭大运河，完全颠覆了他之前所擅长的大山大水的题材，无疑是打开了一片新的天地，更不得不说是一个新的挑战。

采风的画家们首先是乘船走完大运河通航的主要部分，即江南运河和苏北运河，直至鲁运河。然后北方画家走了北方运河，南方画家补充最南一段江南运河，分别共同走完京杭大运河。

他们乘船从江南运河沿岸古老而美丽的苏州启程，途经无锡、常州、丹阳等城市，直至江南运河通过长江的门户镇江市。苏州园林、无锡太湖、常州的新建设、丹阳的六朝石刻、镇江的三山，都给李明久留下了深刻印象。领略繁忙、喧闹、拥挤、充满生机的江南运河风光，寻访沿河两岸的名胜古迹和古人留下的足迹，使李明久浮想联翩。他用大量速写记下了所见所闻和新鲜感受。

大运河通过浩渺的长江，由六圩口开始，画家们的小船进入苏北运河。苏北运河经过整治、开拓，变得宽阔、整齐，迥然有别于曲折拥挤的江南运河。水中有船，路上有车，画家们根据自己的喜好乘船或坐车，自扬州经高邮、宝应、淮安、淮阴、泗阳、宿迁、邳县（今江苏省邳州市）、徐州，直到苏北运河的顶端蔺家坝。四百多公里的苏北运河，是当时大运河最富活力、最起作用的部分。扬州的瘦西湖、平西堂固然给大家留下了美好的记忆，刘邦、项羽、韩信、苏东坡、秦少游、关天培、梁红玉、吴承恩等历史伟人的遗迹和故里，更激起大家的深思和崇仰之情。苏北大运河的建设工程，雄伟的船闸，运煤的大港、铁路、桥梁和到处可见的纵横水渠，配套的水利设施，使古老的运河焕发青春。李明久对大运河的历史和新貌有了更多的了解和联想。

船到蔺家坝，运河已不是畅通的大河，或是部分通航或是季节性通航。经微山湖至曲阜已觉水源不足。李明久一行前后走了一个多月，但对这古老而又壮观的长河来说，仅仅是走了一小部分。李明久通过访问、参观，更深刻地体会到大运河对于南水北调、北煤南运，以及对两岸城镇建设、供水、水利调节等的重大意义。

小品　33cm×33cm

采风回来，李明久又投入到繁忙的日常工作中，然而京杭大运河这一人间奇迹的倩影始终在他脑海中徘徊。

他一直认为，一个艺术家的创作，功夫在画外。白天，他一般不动笔，但只要闲下来，哪怕只有几分钟的时间，他就会从记忆中调出当时采风时的情形，在脑海中回味、构思。一到夜晚，他便把自己的想法付诸笔端。不到深夜，不肯入眠。

入水披沙始见金
运河新貌

时光如梭，不知不觉将近两年的时间过去了。其间，在李明久的主持下，河北师范大学美术系发生了巨大变化。而他的个人创作也如他的工作一般发生了巨大转折，或者称为飞跃。运河风光题材成了他这一时期创作的主流。

一九八八年一月，他的这批作品参展由中国美术家协会、中国出版对外贸易总公司、《中国大运河》编辑委员会主办的"运河之子"画展。除他之外，参展画家还有丁观加、华士清、孙君良、刘懋善、姚奎、赵准旺六人，其中前四位是苏州与无锡画家。画展在中国美术馆举行，时间长达两周。《人民日报》等媒体刊发了画展开幕消息。

当画作从自己的画案上移到展览馆的聚光灯下，意味着运河采风团的几位画家近两年的心血被检验。自己的作品与其他几位画家的作品相比，是否逊色？在中国画坛属于什么水平？业内同人或者名家大家对这些作品怎么评价？他们中的每一位都有所期待又忐忑不安。李明久也不例外。直到"运河之子"在北京和香港陆续举办的主题性联展引起众多媒体和专业期刊的关注，他的心才踏实下来。

"运河之子"画展在中国美术馆举办，可谓美术界的一件盛事，也是一件大事。各大媒体争相报道，全国各地画家纷纷前来北京观展。众多观画者中一位身材瘦削、精神矍铄的白发老者十分显眼。总有人毕恭毕敬跟随其后,似乎在请教着什么。原来这位老者就是当代著名画家、美术教育家吴冠中先生。他在浏览画展时,在李明久画作前驻足良久。这样清新韵致的运河,给了他耳目一新之感。他让人叫来李明久,仔细询问了他的创作构思和一些技法处理问题,对他大加赞赏。吴先生的肯定令李明久信心倍增。

接下来,李明久的画作持续受到关注。作品《河上渔家》被选入由水利电力出版社与中国星星出版公司联合出版的《京杭运河画集》。作品《运河春早》登上《美术》月刊。《古桥新容》登上香港《文汇报》"中国书画"栏目,这幅作品后来又在共青团河北省委出版的《青春岁月》月刊封底发表,几个月后又在北京画院主办的《中国画》杂志发表。《狮子林一角》在《人民日报》"大地美术专页"发表。《人民日报》(海外版)"画刊"整版介绍"中国画家笔下的大运河",李明久的作品《湖口双闸遗迹》与宋文治、秦岭云、吴冠中、何海霞、陆俨少、黄胄等画家的作品,同时发表。这幅画后来被中国美术馆收藏。

评论家陈建玲称:"原先李明久的画风比较写实,这次运河之行使他有了新的突破,那就是力求使作品写出的不仅是瞬间之美,它也包含着历史长河的斑痕所闪现的光亮。"中央文史馆馆员、人民美术出版社资深编辑秦岭云的评论文章《"新八仙"画运河》,在《人民日报》(海外版)发表,说李明久博采众长,摆脱了旧有的束缚,完成了一次艺术上的突破,画得活泼起来;他的《运河曾在这里流过》和《古桥新容》都让人浮想联翩,突破了时空的约束,画出了新趣。

当时的评论界已经观察到李明久的创作出现了新的特质。那便是突破了写实的束缚，而让人浮想联翩。这正是李明久最在意的部分。

他承认大自然最初的诱惑，是它的外象令人为之陶醉。可以说其最初的艺术追求，是从写实主义开始的。他怀着极大的热情，以从老师那里学到的传统笔墨功夫，尽力如实地去描摹大自然。以"似"与"不似"为判断的标准。这种一元性的标准，明显地流露在他的全部早期作品中。

最初的创作实践虽然耗去他许多精力，但也给了他许多补偿。他感到通过描摹外象对艺术产生更深的领悟，并非多余的。因为，大自然的内力和活跃生机，画家是通过外象触摸到的。他不相信那种玄而又玄的道理，所谓不靠任何媒介产生悟性。画家与大自然的对话，始终是以自己的认识能力支配自己。从认识——表现——作品三阶段连接，就是相互间语言的交叉和传递的过程所完成的创作过程，气脉和血流是相通的。因此，在他展开绘画行为时，常感神游意驰，不能自已，觉得他就是自然，自然就是他。

久而久之，李明久觉得在静态的茫茫大自然本体与表现理想、观念、审美情趣的艺术形式间，客观的作用，使自己的主观发挥受到局限。这使他很困惑。

在困惑中，他发现自己不够高明的表现技巧和优质的审美心理是一对矛盾体。这两个因素的对抗造成了其与大自然沟通的隔膜。李明久的这一发现导致他的艺术世界随之发生演变。这种演变的表现便是他的审美心理向深层结构升华，从前单一的艺术技巧产生变异和高度的归纳。进入这一阶段的作品，多以水墨点彩的样式构成其艺术世界新的美学特征。这是其艺术道路所经历的第一个转折点。在全国第六届美展展出的

《瑞雪》，即是较有代表性的作品。

著名美术评论家沈鹏在《迎春花》丛刊载文评论李明久这时的作品："以淋漓大墨和纵横的勾勒，构成交织多变的笔墨结构，以纯净的诗心，宣泄自己心灵里蕴藏已久的光和热，带有强烈的抒情色彩。"这一评论，虽标志着其与自然沟通的隔膜有所突破，但这种沟通仍然是有着明显的客观制约。

经历了长期困惑之后，恰逢大运河采风，在他埋头扎在画案上施展功夫的过程中，八大的孤冷、石涛的深沉格法，都凑上前来给他启示，使他力求排除纯知识的干扰，在造化与艺术之间，寻求独特、个别而又具体的表现方式。这种强烈的意识，贯穿运河风光系列创作的始终，使他由原水墨点彩路数，一变为勾、点、皴、擦结构，形成了令人耳目一新的面貌。

水国春意 57cm×67cm

且将新火试新茶
香港画展

"运河之子"画展刚在中国美术馆落下帷幕,李明久的大运河写生作品《江南行》等十幅作品又受邀参加中国出版对外贸易总公司艺术品中心在美国举办的"现代中国画展"。紧接着"运河之子——大运河中国画展"又移师香港。

画展由香港集古斋主办,在香港钻石会大厦举行。张大千的入室弟子、著名艺术家何海霞题写展标,著名艺术家秦岭云撰写前言。香港《华侨日报》《文汇报》刊登画展消息。此时,李明久尚不知道,这次画展将是他生命中一个巨大的转折。

香港集古斋开业于一九五八年,当时位于中环云咸街,主要经营古籍、旧书、碑帖、佛经等业务。两年后搬到皇后大道中和行,营业项目扩增,经营新旧书画、文房四宝及文玩等,并设置展览厅,举办书画展览。作为海内外艺术界沟通的桥梁,集古斋经常介绍内地的名画家到香港与香港艺术界互相交流,同时又把香港艺术家的作品送到内地巡回展览。除了介绍名家作品外,也注重推介艺坛新秀的作品。集古斋举办的"运河之子——大运河中国画展"在香港备受瞩目,各大媒体争相报道。香港《华侨日报》详尽介绍了《运河之子——大运河中国画展》;香港《明报》第二十九版予以报道,引题为《国内一组中年画家作品》，标题是《中国画"大运河"集古斋今起展出》；香港《文汇报》刊登艺评家杰灵的专访文章《歌颂中华——赵准旺、李明久谈大运河写生》；香港《快报》刊登评论家余元佳的文章《生活、情感、技巧——谈大运河写生展》。

随后，李明久被香港《美术家》双月刊重点推介，刊登他的速写和他的文章《运河画记》，以及《河上酒家》等四幅国画作品。

当时，《美术家》杂志是香港了解大陆艺术家动态的唯一窗口，主编黄蒙田为知名艺评家和艺术推广人。黄蒙田对李明久的艺术非常赞赏，他撰文说："李明久先生的山水画作品，不管是传统功力，还是创新方面，都是成功的。"这也是继韩羽之后，香港《美术家》再度对河北美术家给予关注。

被香港媒体如此关注，是李明久始料未及的。此刻他并未想到这次香港展览对其一生命运会有什么影响，只是很认真地对待展览和各种采访。他意识到，这次来香港参展是一次难得的推介宣传的好机会，于是他想到了自己的学生刘进安。刘进安有才，毕业后留校任教，其业务水平在整个美术系是出类拔萃的，李明久对他极为看重。

李明久连夜撰写评论《刘进安之画》，投稿给香港《美术家》杂志。主编黄蒙田欣赏李明久的才华，其提携后辈的这一举动更赢得了他的敬重。在黄蒙田的安排下，《刘进安之画》一文很快就得以发表了。

首都及香港的强势媒体和专业期刊如此密集地推介，是河北美术家首次借助"联展"形式，被当代中国画坛所知所识。李明久亦由此跻身"全国著名中国画家"行列，并进入学术界视野。

小品　33cm×33cm

人生所贵在知己
结识萧晖荣先生

不知不觉李明久已经在香港停留了半月有余,恰逢"黄秋园遗作展"在香港举行,香港美术研究会邀请他出席展览活动。参加完活动,他就要返程了。

正在收拾行李,忽然有人敲门。来者衣冠楚楚、相貌堂堂,正是大名鼎鼎的香港艺苑集团总裁萧晖荣先生。

一个艺术家在取得成就的路途上,总会遇到一个或几个对自己有知遇之恩的人。此次在香港参加"运河之子——大运河中国画展",李明久的作品备受青睐,媒体广泛报道,他也由此结交了香港《美术家》杂志主编黄蒙田等一批香港朋友。可以说,此次活动为李明久在海外知名度和学术地位的奠定打开了一个缺口。然而,意义更为重大的是,他结识了萧晖荣先生,这位一生的挚友。

萧晖荣不仅是一个书画收藏推广机构的负责人,还是一位水平很高的画家和美术鉴赏评论家。他是广东潮阳人,比李明久小七岁。他的花卉、山水、人物都很精彩,尤其擅长画梅,对中国美术史论很有研究,喜欢鉴赏和收藏。一九七二年起,他常与刘海粟、唐云、吴作人、宋文治等艺坛前辈交游,同朱屺瞻、程十发、陆俨少、谢之光、赖少其、黄幻吾、白雪石等均有作品合作。二十世纪八十年代初,他定居香港后创办了书画收藏推广机构"香港艺苑"。当时"香港艺苑"的宗旨是推介弘扬当代书画艺术家,并支持、帮助有潜力的书画家及年轻画家。

萧晖荣是集古斋的常客。"运河之子——大运河中国画展"开幕这天,他自然到场。在众多画作间流连观赏,李明久的画作将他深深吸引。他感到这个画家的基本功非常扎实,而且在山水表现方面有一种比较新的面貌,当即购买了一幅作品并有意识地了解李明久其人。

听说李明久教授很快要回北京了,萧晖荣便专程赶到酒店看望他。二人一见如故,相谈甚欢。萧晖荣见多识广,古道热肠,对艺术真挚,对画家珍惜。他见李明久不仅艺术风格别具一格,人也极其谦逊儒雅,遂倍感亲切投缘。他介绍了香港艺苑集团的情况,希望能与李明久加强合作。李明久自然乐于接受其好意。李明久画作在海外市场频繁亮相的帷幕从此拉开了。

是非分明敢当先
不同的意见

从香港参加"运河之子——大运河中国画展"回来，李明久又接到一个画展通知。由中国美术家协会和中国美术家协会河北分会主办的"河北中国画联展"将在中国美术馆举行。于是他又紧张地筹备画作。

这次画展规格很高，可以说是河北美术力量的集体亮相。参展画家还有于金才、刘学民、刘进安、江枫、段秀苍、苏锡超、问雨（张文学）、钟长生、赵信芳、赵润生、张国兴、施胜辰、梁占岩、赵贵德、黄耿卓、黄耿新、廉宽宏等。时任文化部常务副部长高占祥，中国美术家协会副主席、中国美术馆馆长刘开渠以及艺术家黄胄、何海霞、任率英等出席开幕式。

与此同时，李明久遇到一项十分棘手的工作。河北师范大学接到河北省某领导关于筹建河北艺术学院的批示。校领导向美术系征询筹建方案。这意味着李明久必须对筹建河北艺术学院提出建设性意见。可是他从心里是不赞成省领导筹建河北艺术学院的想法的。

该批示大致有三点要求：一是以河北师大音乐系、美术系为基础，以大学含院的形式筹建河北艺术学院。二是以河北师大、河北师院音乐、美术四个系为基础改办为河北艺术学院。三是以省艺校为基础改办为河北艺术学院。

经过几天的思考，他完成了《关于如何筹建河北艺术学院建议书》。建议书中，李明久对自己的顾虑直言不讳："以大学含院的形式筹建河北艺术学院，此办法虽然可行，但在河北师大办一个专门的艺术学院是不适宜的。因为师范院校与专门艺术院校各有自己的办学规律和培养目标，二者合不起来，若勉强在河北师大办，其结果只能办成一个不伦不类的艺术学院。假如以大学含院的形式办专门的艺术学院，比较科学的是在综合性大学里办，那最好在河北大学，但河北大学远离省会，欠缺社会环境条件，因而也不可行。"

他又细致地分析道："以河北师大、师院现有音、美四个系为基础合起来办艺术学院，这样势必造成与高等师范教育争嘴，挖走培养师范艺术人才的力量和基地。本来我省音、美两个高等师范教育专业为短缺专业。一九八六年我在担任河北师大美术系主任时，曾对河北省部分地、市中等美术教育情况作过一次调查，获知我省当时共有七千所中学，而美术师资只有九百多人，平均七所中学有一名美术教师。按河北省一九九〇年中学美术师资培养规划，需培养出具有大专以上水平美术师资共计一万一千三百六十三人。而我省目前现有两所高师院校总的培养能力，以每年为五十人（师大美术系三十人，师院美术系二十人）来计算，完成一九九〇年省规划的总人数需要二百年。为此，现有河北师大、师院音、美共四个专业不仅不能砍掉或端走，而且应该加强。因此，以师大、师院音、美两个系为基础筹建河北艺术学院也是不可行的。"

他认为："以省艺校为基础办河北艺术学院是比较可行的。但国家教委对中等学校升格为高校有过明确意见，能否批准是个问题，值得研究。"

李明久站在美术教育者的立场上，深刻了解当前教育资源和力量不足的情况，因此他极力反对以河北师大、河北师院音乐、美术四个系为基础改办为河北艺术学院的设想。他认为以河北艺校为基础改办为河北艺术学院倒是可行，一是现有房舍可利用，能减少投资；二是现有音乐、戏剧、舞蹈师资只需简单调整、充实即可利用。至于美术专业的师资，可在河北美术界招聘一部分尖子人才及请师大、师院支援一小部分，即可组成基本队伍。这样既可避免与高师艺术教育争嘴，又能更好地按专门艺术院校的办学规律办好河北艺术学院。但是，将一个省级艺校升格为高校，在制度上和具体操作上能否通过，值得商榷。

他甚至进行了更细致的谋划："学院可设音乐、戏剧、美术三个专业系。师资以在职聘任为主，同时聘任一部分院外兼职教师（对象主要是河北艺术界的专家名流）。学生全部招收自费生，省拨办学经费主要用于教学设施和基础设施。有少部分经费用于奖掖优秀学生做奖学金。获奖学金者即为免费生。取消指令性分配，保留建议分配权，分配时可供需见面。"

他建议："增设在职文化艺术干部培训部。这一块属于成人教育部分。鉴于我省没有文化艺术干校（其他省市均有此类学校），这批人主要从事群众文化艺术工作，如地、市、县、乡群艺馆、文化馆（站），厂矿企业工会、俱乐部及社会文艺团体、影剧院等，属普及性群众文化艺术工作。这批干部大多没有大专以上学历，根据实际需要，应不断提高业务能力，可到艺术学院培训深造，并可颁发文凭。其培养费可拿出大部分充入办学经费。"

他还建议："附设艺术服务中心，开展社会服务。其人员有一部分是专职的，有的可由教师兼职，学生勤工俭学也可参与。可以搞剧团、乐团，组织演出活动。美术可承揽社会服务——美术服务。这一块可采取承包办法，自谋出路，收益分配要相当。学院可出基本投资，收益中可有一部分充入办学经费和留作职工福利费。另外还可以解决现有省艺校闲散人员的安置问题……"

鉴于李明久在河北乃至全国美术界的影响力，省里领导对李明久的这份报告非常重视。他的恳切、真挚令省领导十分感动。经过研究，省里决定听取李明久的意见，放弃以河北师大、河北师院教育资源为基础改办河北艺术学院的计划。

为伊消得人憔悴
心不在焉的状态

  时光冉冉，不惑之年尚有许多困惑，知天命之年已然来临，心中虽因艺术而坚定踏实，却依然充满迷茫。那个时期，李明久对艺术的渴慕已经达到顶峰，有时陷入一种无我之境。窈窕淑女，君子好逑，求之不得，寤寐思服，悠哉悠哉，辗转反侧。就像处于热恋中的人，他已然撩开了艺术女神的神秘面纱，甚至牵了她的小手，得到了她的垂青，但是还没有能力把她的心彻底征服，进而步入婚姻的殿堂。艺术女神仍然若即若离、飘忽不定，有时仿佛唾手可得，有时又仿佛遥不可及。于是，他有时欣喜，有时忧伤，有时幸福，有时苦涩。

  这种心理状态，只有他一人知道。在同事们的眼中，那时候的他，是个懒散的人。他的学生，后来成了他的同事及挚友的刘进安在文章中说，李明久"不爱活动，也没什么爱好，每天哼呀嘿的，好像总是不太舒服的样子……但走起路来又是噌噌地，目不斜视。越到晚上劲头越足，好熬夜，生活不太规律，随性洒脱。有时玩麻将三缺一，他就凑一手，牌虽然玩得不熟练，但喜欢玩大牌，别人不敢打的牌他打，尤其大牌快和的时候，叼上一支烟，把牌摔得啪啪响。有时手气不好，输光了，就到画室翻书本，万一翻出个块儿八毛呢……李明久打牌豪气，出手大方，但有一样儿，人们弄不准他什么时候走，玩着玩着，冷不防一起身,走了,没有衔接,过渡的话也不说一句,弄得牌桌还是三缺一。上课时也有类似的情况,嘟嘟地走到学生画前说上几句,指点指点,一句话说一半,停了,学生等他说下句时,突然转身走了。如果不知道这是李老师的特点非要等他的下句话,恐怕等到现在也等不来。后来大家一对词儿,几乎都有被李老师这种方式扔掉的经历。"

行为与所说出现偏差,不配套,顾左右而言他,对于李明久来说是常有的事儿。"他总爱说的一句话是:没意思。谁要是结婚了,他说没意思;谁要是机会来了,他说没意思;谁要是准备晋升了,他也说没意思。有的时候还把这种没意思变成现实……当然了,这大多是口头语,但也是他经历了之后的人生感叹。"

李明久这种若有所思又心不在焉的状态,自然是惴惴于对画事的思考。李明久自己也琢磨不透自己情绪的变化。有时候从画室出来,情绪就变得非常坏,很难进入生活状态。有时候画画也找不到感觉,拿起笔,铺上纸,画几笔,没感觉。画也画不好,但是心里还想画。他觉得自己这种状态很像演员,比如演员演百万富翁或者乞丐,好长时间从戏里出不来,在戏里怎么演,在生活中还是那种感觉,跟生活格格不入,无法交流,处于非常孤独的状态。其实就是从虚幻的情境里摆脱不出来,所以老思考那些问题,在生活上受到什么打击就承受不住。如果让心理学家说,就是心理健康有毛病了。李明久的生活、事业,老是搅和在一起,比如回家或在画室,实际是"一个"空间。也就是说,即使回到家,"画"仍然缠绕在脑子里。无论做什么事情,心里都揣着画事,无时无刻不在潜意识中思索着,怎么能不像梦游一般?

有时候,他羡慕傅抱石。傅抱石酒后狂癫,不但能释放压力,还

小品　33cm×33cm

能笔墨潇洒自如，佳作频出。然而，李明久却从不饮酒，情绪不好的时候，喜欢一个人待着。内心的烦闷无法排解，偶尔他也会索性搁下笔，驱车到茶楼，一个人占据一个阔大的房间，居高临下，隔窗看着大街上的车水马龙、各色行人，陷入一种意识的混沌状态，紧绷多时的思绪就在这种混沌状态中得以放松。有时候，他把自己关在画室里，就像装在一个真空的瓶子里。画不了大画，就画些表达自己心情的小品，画着画着，烦扰就没了。

"艺术家长期劳作，身心疲惫，情绪会变坏，所谓到了状态不佳时。因此常常需要心理建设，才能不断焕发创造欲。"李明久曾在《画语录》中记下这样一句话。

风正一帆悬
来自香港的订单

"画者与自然对话,'可与言而不言,不可与言而言',其意延伸为:不以看得见摸得到为主要表现物象,而应通过着力表现看不见摸不到的物情物态为至高境界。"李明久在《画语录》中记下这样一段话。今夜手顺,不论是结构、墨色,还是整体意境的营造,都如有神助。他正在创作一批运河题材的作品,是萧晖荣先生下的订单。

此时,海外书画市场已经比较繁荣,而中国内地还没有形成市场。海外画商乐于从中国内地选择有实力的画家购买作品,运到海外进行展览销售。中央美术学院、清华大学美术学院、浙江美术学院等内地知名美术院校的知名教授,以及已经声名显赫的画家,颇受海外画商青睐。赖少其、刘海粟、吴作人、朱屺瞻、关山月、程十发等在海外已经大名鼎鼎。与这些人相比,李明久可谓初出茅庐,但是他的画因扎实的基本功,以及清润高远的格调,很受海外书画收藏爱好者的欢迎。用萧晖荣先生的话说就是十分有"卖相"。他的画风里带有很现代的东西,但并不脱离传统,这种艺术特质是萧晖荣最欣赏的。

在萧先生推动下,李明久陆续在中国香港、新加坡、马来西亚和中国台湾推出系列个展。受邀观展的观众,一般都是具有购买能力的人士。他们有经济实力,也喜爱艺术,懂得鉴赏。其中也有很多政要及学界泰斗和画坛耆宿观览。由于艺苑集团举荐,香港艺术馆以及东南亚等艺术场馆收藏了李明久很多作品。

眼下这批订购画作是一批工笔重彩。李明久的此类画作,因其雅致、高妙,有高古之貌,又有新奇之姿,特别受香港市场的欢迎。

李明久通过对传统题材的重新诠释,表达对中国传统文化的传承和创新。他的工笔重彩,从不将大自然中的物拿来细致地描摹,而是将中国传统文化中的山、水、石、花、鸟、人物等元素高度提炼,按照其独特的审美将它们巧妙构图。平衡、对称和节奏感等美学规律被他运用到每一幅画中。更为巧妙的是,将这些画摆放在一起,便发现它们互相呼应、相得益彰,像一幅美丽的长卷。

李明久善于运用各种天然矿物颜料和植物颜料,通过层层渲染和精心调配,使画面呈现出雅致、古朴又生动的效果,与画面的整体构图和主题相契合,营造出独特的艺术氛围和视觉感受。

由于约定的时间比较紧张,李明久一连熬了几个大夜。其实以李明久的功力,他只要一出手,画面效果就不会差,完全可以少费些心思,以节省时间、提高速度。然而他是个完美主义者,每一幅画都精益求精。事实上,他只要一开始创作,就像迷恋上一个姑娘,眼里心里只有她,必定要把最好的给她,把她打扮得美妙绝伦才肯罢手,哪里还考虑到这是不是订购的"作业"。

正因为他这个特点,萧晖荣对李明久钦佩有加。这些年他多次向李明久订购画作,甚至将其整本画册的作品全部收藏。这不仅是因为李明久的画作在海外市场好评如潮,更是一位艺术家对另外一位艺术家的惺惺相惜。李明久为人正直、诚恳,但是并不死板、僵化,每当萧晖荣提出一些建议，他都乐于接受。两人的合作既是友情往来，也是生意，但是李明久从来不斤斤计较，价格方面全听萧晖荣安排。

更可贵的是，李明久不甘心重复自己，每隔一个时期，他就会有新的专题，有新的表现，呈现出新的面貌。萧晖荣称赞李明久是一位名副其实的学者型画家。

春思　33cm×31cm　团扇

春归夏来 33cm×33cm

润物细无声
学生闫新生

暑假来临，天气一天比一天炎热，但是只要进入教学楼，就有一股透爽之气扑面而来，这是楼前楼后参天古木的功劳。今天刘进安没来，李明久一个人在教研室画了一天。手上有感觉，本想一直画下去，耐不住夫人一再从教研室后窗催促回家吃饭，李明久只好撂下手中的画笔。

其实夫人对他一向宽松，奈何前一阵子他胃病闹得严重，夫人就加强了对他的管理，一到饭点儿，就到后窗催促。有时，一催再催，李明久还着起急来。

眼下，李明久走出教研室，拐到斜对面教室看看学生闫新生。他正在临摹李明久的画《河上鸭屋》。李明久并不多言，拿起画笔亲手示范如何皴那么厚的石绿、石青，画面仍不感觉腻。闫新生是八八级学生，还有一年就要毕业了。这个暑假他没有回家，就住在学校里，时常过来看李明久和刘进安画画或者闲谈，有时就在斜对过的教室里画画。师生三人享用着他们所营造的大学氛围。

李明久见闫新生的笔力有些软弱，便让他停下来去画各种线，点各种点。看他点了几下，李明久就拿过笔，边示范边讲解：要用力，像钉钉子一样，砰、砰、砰地，一笔一笔地来……当时他不懂这"钉钉子"抽象的内涵，心想画画怎么能像钉钉子，那也太费笔了。虽然不能完全领会老师的意思，但是他模仿老师的动作一笔一笔地慢慢画、慢慢点，果然笔触干脆、爽利了不少，那些线条、点子看上去精神了许多。

专门的符号练习给了闫新生一种全新的体验，是一种难以言传的崭新状态。多年以后，看到有书法家作符号性用笔这样的专门研究，他有一种似曾相识的感觉，才真正体会到李明久老师教学上的前卫和先锋。当他读书读到黄宾虹讲"王叔明用笔金刚杵"并不觉得惊奇，也缘于此。后来，闫新生成了一名美术老师，在教学中给学生讲用毛笔的力量，常常把李明久老师教他用笔的这段故事自豪地讲出来。

画画真的会上瘾，经过李老师的指导，闫新生一下子找到了感觉，他笔下的画面愈发生动起来，这使他兴奋不已、欲罢不能。他终于理解为什么李老师一画画就停不住，甚至通宵达旦。一幅画终于完成了，闫新生去向李老师报喜，见老师不在，疲惫的他躺在教研室大沙发上休息，不知不觉竟睡着了。等他醒来，发现自己身上盖着毛巾被。不知李老师何时给他盖的。

这个暑假，是闫新生度过的最充实、最惬意的一段时间。李明久借给他一本名家册页让他临摹。那个年代很少有精良的印刷品，从这些鲜活的真迹中，闫新生有了很多前所未有的体悟。他还临摹了李明久不少的作品和半成品，都是李明久向他推荐的。除了很轻松、鲜活的样子，他并未看出这些作品哪里好，但是在潜移默化、耳濡目染中已经受到了熏陶。直到多年以后，他才领悟到当时李老师无论水墨还是写生，都已经高度提炼出了一套鲜明的符号体系、程序语言，学生临摹起来很好入门。这使他在接下来的毕业采风前迅速获得写生的方法。他的山水画创作生涯也是从临摹这些作品开始的。

闫新生还跟李老师学到了一个教学绝招。后来他当了老师，经常使用。他从不打击学生积极性，即使画得不好也不批评，而是从他所有的画作中，挑出一张最棒的，跟他说，要是都画到这个水平你就成了。这样一来，不仅鼓励了学生，还为他指明了方向。这个绝招屡试不爽。想到当时李明久老师就是这样鼓励自己的，自己虽不才，如今也为人师表了，心头不禁感到暖暖的。

闫新生一心考研，新学期开始，他无心画画，时常泡在图书馆里攻文化课。河北师范大学美术系当时没有硕士点。李明久特意给天津美院教授闫丽川先生写了信。闫新生在信中第一次知道了"台鉴"这个词。李明久还特意嘱咐他面试要讲什么，其中罗工柳、孙其峰先生等等新鲜的词汇，闫新生都是第一次听说，他在心里努力地记着。等到了天津，面试前夕，闫新生还是心里没底。他去天津电报大楼给李老师打电话。也不知道晚上几点，平时没有打过长途电话的闫新生，那一晚上打了年轻时所有的长途。平时言简意赅的李老师那天晚上讲起来没完没了……这是闫新生上大学期间听得最用心的一堂美术史论课。

山水之间诉衷肠
神交弘一法师

"大凡有才能的艺术家，都会经历是这个世界真实还是自己真实的困惑。弄不明白的是多数，真正弄明白的是少数。"李明久曾把这样的感悟记在《画语录》中。此刻，他身处泉州弘一法师纪念馆，不禁想到：弘一法师是否也曾有这样的困惑呢？

一九八九年春暖花开之际，李明久应邀到福建泉州的华侨大学艺术系进行短期讲学。其间，福州画院、华侨大学艺术系主办了"李明久画展"。《福建日报》副刊发表艺术家王和平撰写的评论《一曲自然的颂歌——观李明久山水画展》。《福建文学》月刊发表李明久水墨山水小品九幅。翌年，《李明久画选》获《福建文学》"一九八九年度佳作奖"。在泉州的日子，对李明久来说是终生难忘的美好回忆，然而给他最大触动的是参观弘一法师纪念馆。

弘一法师李叔同半生红尘，半世空门，是中国人文精神世界里的一枝奇葩。他诗词歌赋、金石书画、音乐戏曲无所不通，却在人生的高光时刻遁入空门，留给世人无限的慨叹、猜测和敬佩。虽然未处于同一时代，自己的艺术修养亦不可与弘一法师相比拟，但自觉对艺术的赤诚和执着与弘一法师并无二致，李明久私下将自己与弘一法师视为同道中人。他理解李叔同的苦恼，因为搞艺术的人一般都敏感多思，容易自我加压负重。李明久自己也常常坠入"人生的意义"这一类哲学的命题而不能自拔。每当迷惘，他会向先贤哲人的传记中寻求答案，将他们的人生作为自己的一个参照案例，而弘一法师就是其中之一。

弘一法师一生中的最后十四年在泉州度过，其纪念馆陈列着法师大量的生活史料、照片、著作和墨宝。李明久还寻访、拜谒了弘一法师住寺讲经的寺庙开元寺和坐落在清源山上法师的舍利塔。一路寻访一路感慨。有人说，李叔同身在福中不知福，自讨苦吃；也有人说，李叔同能为了信仰断绝七情六欲，是高人、是圣人。李明久认为，各自经历和思想不同，认知必然不同，有道是"子非鱼安知鱼之乐"，谁也无法真正理解李叔同的心境。而他个人认为，李叔同定是困惑于尘世的纷扰，遍寻答案而不得，才遁入空门寻找彼岸。困惑人人都有，只是李叔同不肯陷入混沌，不肯随波逐流，而是偏要找出个所以然来。他选择空门，虽然并不一定能解决问题，但在当时于他应是最佳选项。

李明久想到：李叔同出家后，妻儿在寺门外哭着等待，而李叔同就是不见，独自在寺中默默流泪。其决绝的确非一般人能够做到，而李叔同默默流泪也说明其内心深处心如刀绞。可见家是出了，空门是入了，但是作为人的情感却戒不了。

弘一法师临终前的遗言是"悲欣交集"四个字，这正说明，法师虽入空门，但并未求得圆满，仍常有苦恼萦绕。李明久想，人生本没有圆满，而空门亦不是答案，处于人世，必然经受苦难，而能够从艺术中寻找温暖和慰藉，便是幸运的。

乐与师徒共
学生蒋世国

今天，八八级毕业班的学生们格外高兴，李明久先生送给他们每人一幅山水画，还给每人一纸认真书写的评语和建议。学生们知道，李先生是名家，他的画有收藏价值，很值钱的。

李明久刚从教室出来，迎面遇上蒋世国。他十分谦恭地请恩师给自己写一篇艺术评论。

蒋世国是李明久的学生，一九八六年毕业后留校任教，如今差不多有七年了，已成为美术系教学骨干。上学时，蒋世国就非常刻苦，常常熬夜画画到后半夜，离开教室时总发现一个屋子还亮着灯，隔窗望去，头顶闪亮的李明久先生在埋头作画，之后他便时常光顾先生画室，近距离观摩，吃了不少偏食。他毕业留校后，就与李明久及刘进安老师在同一间教研室办公，组成了熬夜画画三人组。他成了李明久真正的入室弟子。流行打麻将那一阵子，师生三人还曾是亲密麻友。

老师李明久的习性他最为了解。老师的趣事是他和师兄弟们在一起津津乐道的典故。比如："先生打麻将反复推敲，认真琢磨，出牌极慢，真是苦了下家了。想来先生本就是认真的性子，时常见其小画上有多处挖补，先生说自己是病态，一点不满意都难以入眠。"比如："先生大事清楚，小事迷糊，一次把我的姓名章错当自己闲章盖在了几幅为东南亚制作的画上,这肯定给未来美术史家制造了麻烦。"比如:"先生平日少语,但在场合上思维敏捷,引经据典,言辞生动,私下与朋友和学生聊天更是诙谐幽默。"再比如:"先生十分爱才,当系主任期间学生留校、教师调入只看才华,不问其他。当年刘进安老师和我每有新作或新探索,先生都大加鼓励。经常私下里告诉我要好好向刘进安老师学习,说他是一个大才,中国美术史中必有一席之地。"

在蒋世国心中,恩师李明久不仅学问大、水平高,亦是最为敬业、通达、智趣之人,能求他写一篇艺术评论应是最为荣幸之事。

对于蒋世国,李明久历来看重。先不说其他,蒋世国的刻苦和执着,李明久看在眼里,喜在心里。眼下,他自然欣然应允给他写评论之事。

时间不长,李明久就将《低徊吞吐,恬适漫美——读蒋世国水墨画断想》一文交到了蒋世国手里。蒋世国喜出望外,只觉手里端着的两页稿子有千斤重。

"近年,在画界忽明忽暗的思潮中,搞工笔画的人,似乎也无法把握自己,弄得彷徨无助。不必说年轻人,那些声名显赫的老者们,也随之而骚动,显出烦躁不安的情绪。诚然,在扯着叛离传统的旗帜下,工笔画界出现了五花八门的作品样式,但画家之间互相借鉴及模仿是较为普遍的现象。要么被幻象形式语言弄得不知所措,要么被世象所累,前者给人视觉阻隔且心理负担较重,后者又令人疲惫乏味。然而,却有一些青年画家,走出了新路,代表着工笔画界的希望,蒋世国就是其中的佼佼者之一……"

这是李明久惯常使用的写作手法,揭示主题之前,先顾左右而言他,有点赋比兴的意思。一通感慨之后,才引入主题:"蒋世国性情平和,襟怀广阔,意识超然,是一位极富想象力和创造力的画家。他的作品,多以工笔画的线条、色彩融会写意画的水墨效果的体式,在保留工笔画的气局里,又有水墨写意画的韵姿,并吸收了一些现代绘画平面构成的手段,以及中国民间美术版刻的造型及线条形式的精华,进行综合提炼,构成富有时代感的新画格……"

蒋世国迫不及待地阅读着这些文字,眼眶不觉湿润起来。

小品　33cm×33cm

清词丽句必为邻
一手好文章

深夜搁笔，忽然来了兴致，信手拈来，竟撰得一则艺术随笔《在其内，而忘其外》。"余每登高临远，徜徉山水之际，浩然之气、旷逸之绪油然而生，且蕴积于胸次，非诉之笔墨不足为快。然为才俭笔拙所拘，临池挥毫，常感画不尽意，仅得其外象景观而已，难以活现其精神意蕴。古人言，'凡画神为本，形似其末也'。诚哉斯言……"文章写完，端详几遍，心满意足，甚是欢喜。

一个人在心智启蒙阶段受到的影响可谓终其一生。李明久幼时曾经上过私塾，在东北大炕上的书桌旁，摇头晃脑地大背《三字经》《百家姓》《弟子规》。对古典文学的较早接触奠定了他一生的文学审美，因此他的很多文章都有古人风范。这类文章辞约义丰，精辟深刻，优美隽永。就像他的绘画，很好地继承了古人的传统，又符合现代人的审美。

李明久艺术修养高，又德高望重，且文章写得妙，常有画坛同道或者学生，请他为自己的艺术写点文字。不少画家在画册出版之前，邀请李明久作序。也有很多画展及文化活动以邀请到李明久撰写前言为荣。凡此种种，李明久无不欣然应允，一丝不苟地对待。这些年，零七八碎加起来，不知不觉已经积累了不少文章，大部分是艺术评论。所评之人不乏名家大家，更多的则是为自己的学生或后辈所写，这也是他最乐于做的事。

艺术评论文章的灵魂是真知灼见，否则就算评得天花乱坠，也不知所云、如坠雾中。李明久喜欢从万事万物的道理中去参悟艺术，由此及彼进行观照，因此常有不凡见解。行文之前，他总要对艺术家及其艺术进行深入了解，并以自己的学识为基础，抒发独特的颖悟。

他为文不拘一格，有时开门见山，有时旁征博引，有时赋比兴全上。相同的是不按套路出牌，常常出人意料，读来耳目一新。

李明久写得一手好文章，一方面缘于他扎实的文化基础，一方面得益于他的博览群书。他的中学美术老师孙凤桐先生十分欣赏李明久，他把自己珍爱的一本夏丏尊著作《平屋杂文》送给李明久，并嘱咐："明久，无论将来做什么，都要多看书。书是老师，看书有种种的好处。以后你会体会到的。"老师的话，李明久谨记在心，并一生践行。他爱读书，艺术方面的书自不必说，文学方面的、历史方面的、哲学方面的，他都涉猎。这对李明久的艺术造诣、理论修养和文学底蕴产生了重大影响。

逸方趣在

迷上收藏

转眼又是周末，李明久照例到古玩市场逛一逛。青花（瓷）、铜器、木器，还有玉器……看见喜欢的就拿起来摸一摸、看一看。十点钟进去，到下午两点钟才出来，愣是忘了吃午饭，两手都是黑的。

刚才有一个斗彩鸡缸杯甚是精致，色泽温润饱满，形状也对，杯底有款儿。李明久端详了半天，还是放下了。他从收藏类书籍上了解过，这鸡缸杯，是中国古代的瓷器名品，饮酒用具，因其杯壁上画有母鸡公鸡，故称鸡缸杯，是明成化景德镇御窑厂烧制的宫廷用器。刚才老板要价两千元，倒是不贵，但是哪有那么多鸡缸杯真品正好让他碰上？想起前一阵子刚花了四五千买了一对乾隆时期的鼻烟壶，激动得好几天睡不着觉，又是查资料又是打听，半夜醒来拿起来还琢磨。可是后来让行家一鉴定说是假的，令他懊悔不已。现在的造假技术太高了，简直可以乱真。

李明久的好朋友都知道：李明久有才，他什么都玩得够档次。画画、弄文、飙车、养花、收藏……当然最表现他的才华的，还是在绘画上。二十世纪八十年代中后期，大学教授的工资不到一百元，而李明久因有画作在海外销售，动辄收到邮局的数千元汇款，不能不说是巨款。那时，他已经开上了小汽车。他是河北师大最早开上私家车的。

口袋渐丰，是他涉足收藏的一个原因。其实还有更深层次的思想认知原因：但凡艺术都是相通的，包括各个门类、古今中外。收藏古董和艺术品当然可以培养审美情操，可以完善美学生活，更是对人类文明遗产的保护。关于收藏的雅趣，古有赵明诚、李清照夫妇，近现代有梁思成、林徽因夫妇等，他们无不为保护中华传统文明作出贡献，传为佳话。可见，只要有一定的经济能力，收藏是一个有品位的、有责任感的文化人应该做的事情。

李明久迷上收藏大概是从一九九〇年开始。他跟着到农村淘古玩的那些人，从辛集一直到蠡县、高阳，还有邢台一带，走街串巷，忙得不亦乐乎。交过不少学费，也淘到不少好物件儿。除此之外，还有不少遗憾，那就是与好东西擦肩而过。

有一回他到长城画廊溜达，恰好碰见大名县的一个老干部拿着一幅刘墉的字找买家。这幅字大概有墙画那么大，李明久一看就知道那不是刘墉的字。刘墉的字比较敦厚、肥硕，而那幅字虽然很像，但比刘墉的字要俏丽一些，但是写得确实好。李明久拿不太准，但是他感觉即使是假的，也有价值。他给那个老干部出价七千五，让他搭上另外几个清代的翰林状元写的四五篇册页。那个老干部不给。这时长城画廊的老板大孙小声对李明久说：再等等吧。因为李明久是长城画廊的常客，一来二去跟这个姓孙的老板熟识了。此时李明久听了大孙的话，他对那个老干部说：您卖不卖，不卖我可要走了啊。那老干部说不卖，他就走了。可是回到家后，他还是放不下那幅字，就给画廊的大孙打电话。大孙说那个老干部可能去了博物馆了。他就立马去博物馆，结果等了三个小时也没等到。他又给大孙打电话，大孙说卖家可能去北京了。

最终李明久也没有找到这个卖家,他肠子都悔青了,好长时间,一想起来心里就难过。

如今,他对收藏理性了许多。不十拿九稳地不出手,错过了也不后悔。而且他的收藏标准也变了,不再只把目光放在老物件儿上,反倒对一些能令他赏心悦目的新物件儿感兴趣,比如造型别致的紫砂壶。

复得返自然
再度上任又卸任

又到了晚饭时分，蔺桂荣收拾停当，正欲去教研室喊李明久吃饭，不想他倒推门进来，面带喜色。"怎么今天这么自觉，没有催就回来了？""先吃饭，再去画画。"李明久一边回答夫人的询问，一边把一封信交到夫人手中。蔺桂荣打开一看，是一份请柬，而且是从奥地利首都维也纳漂洋过海而来的请柬。

七七级的学生刘秀鸣毕业后曾任中国青年出版社编辑，后移居奥地利。如今她已经成为当地知名艺术家，将要举办个展，特地自奥地利首都维也纳给恩师寄来请柬。说是请柬，主要是向恩师报喜，也是问候。蔺桂荣知道，学生有出息，李明久比什么都高兴，怪不得他一进门就眉舒目展。

晚饭后，李明久来到画室，画画之前，首先起草了一份贺电：

秀鸣女士：

绘画及请柬均已收悉。在你的个人画展于Thurn und Taxis亲王宫展出之际，我谨代表你的母校美术系，并以我个人的名义，向你表示衷心的祝贺，预祝展览成功。

河北师范大学美术系主任　李明久

这份贺电是这样严谨而庄重，不知道学生能不能通过这些看似严肃的文字品读出老师的亲切和自豪吧。李明久对待学生一向如此，为人师表，言谈举止十分注意分寸，谨饬而端正，从无过分的热情洋溢。"随风潜入夜，润物细无声"，他对学生的关切和教导不动声色地蕴藏在点点滴滴中。

这封贺电的落款是河北师范大学美术系主任李明久。此时他已再度被任命为美术系主任。其中原因，不言自明，定是人心所向，众望所归。虽然难以割舍艺术创作，但是耐不住校长的一再恳切邀请，他只好再度上任。此时，他的得意门生刘进安和徐福厚都成长起来，成了美术系骨干教师。在他的提议下，刘进安和徐福厚被任命为美术系副主任，为美术系储备后备管理力量。

在紧锣密鼓处理了美术系的一些棘手事务，一切安排妥当之后，他带领学生赴河北邢台杨庄太行山写生。归来之后，他再度挂冠而去，探访他魂牵梦萦的大运河去了。

吹尽狂沙始到金
运河新境界

李明久的习惯是，找到一个能够触动自己心灵的题材，就要不停地开采挖掘，把自己的情思、热情全部挥洒出来。相关部门组织的大运河采风活动结束了，然而李明久对大运河的眷恋还没有结束。之后，他又多次下运河写生，沿着自己已经触摸到的大运河的脉搏，继续捕捉她的灵魂，表现其独特的美。

及至一九九二年秋，李明久第三次赴大运河写生，其间陆续推出的探索性作品中，画面提纯的艺术符号，比如房屋、枯树、流动的云层等，已然营造出一种前所未有的空间。以往的明晰和清丽，几乎都已逐一剔除。山，不再是人们所熟知的太行，而完全是情感的自由奔泻，是精神畅游翱翔划过的痕迹。

美术评论家刘迪先生在评论《涉深水者缚蛟龙》中说："最近，李明久又推出一批运河新作，以沉静清润，灵幻超卓的韵姿，令人耳目一新。如果说他以前的作品风貌，主要是清润中见明朗，那么现在又充填一些浑化无迹的气象。在保留原有作品的内蕴里，又融进一些优柔的情思和韵味。这也是他现在作品的艺术个性所反映出来的新特色。"评论家晓燕评论李明久这一时期的运河画作"变得笔意悠扬，清润明朗中凸现一种含蕴微茫的情调，可谓是'状难言之景列于目前，含不尽之意溢于画面',这是画家超以象外,得其环中,以新的笔墨形式美所创造的新画境"。评论家黄咏诗评价李明久这一时期的画"有说不尽的阴柔之美,下笔淡淡,灵秀中含浑朴,仿佛山在虚无缥缈间"。可见,美术评论界注意到,李明久的艺术创作又推进到了一个新阶段。

没有长期的生活积累,没有奇思颖悟,没有艰苦的艺术实践,不可能达到艺术的新境界。李明久多次下运河,从头至尾进行考察;多次深入江南水乡,进行写生。通过大量素材的积累和不断地思索感悟,完成艺术的升华和蜕变。正如刘迪所说:"对李明久先生不同阶段的作品加以欣赏,可以得出一个鲜明的印象:从技法到表现,从形式到效果的选择,不断在深化,并始终围绕拓展山水画的新境界而展开艰苦的探求。"

这一阶段,李明久不满足于对自然美的客观描摹,而是抽离出来,在脑海中幻化图景,提取自己的艺术语言,去述说自己的记忆和向往,并在把握自己的理想和愿望中,如醉如痴地对自己的情感进行宣泄。

为了更好地宣泄和表达,他对传统山水画的勾、皴、擦、点、染等程式化技法进行陶炼,把它们作为塑造物形物态的新手段,不仅在形态上加以变化,而且更注重它们之间的形态结构关系,并赋予其新的生命和魅力,使之从根本上不受客观束缚,从而获得充分的表现自由。因此,他的这批运河新作所表现的自然律动和生命,才如此天真纯净、活泼舒漫,弦外有音、象外见趣,并具有强烈的艺术个性。

当然,单从绘画技法上变换花样,是不能拓展新境界的。李明久从题材的深度和广度来挖掘,在观念的转换中获得灵机。他首先着眼的是从文化层面去审视运河在传统民族文化中的特殊性,从文化价值和具

运河民居

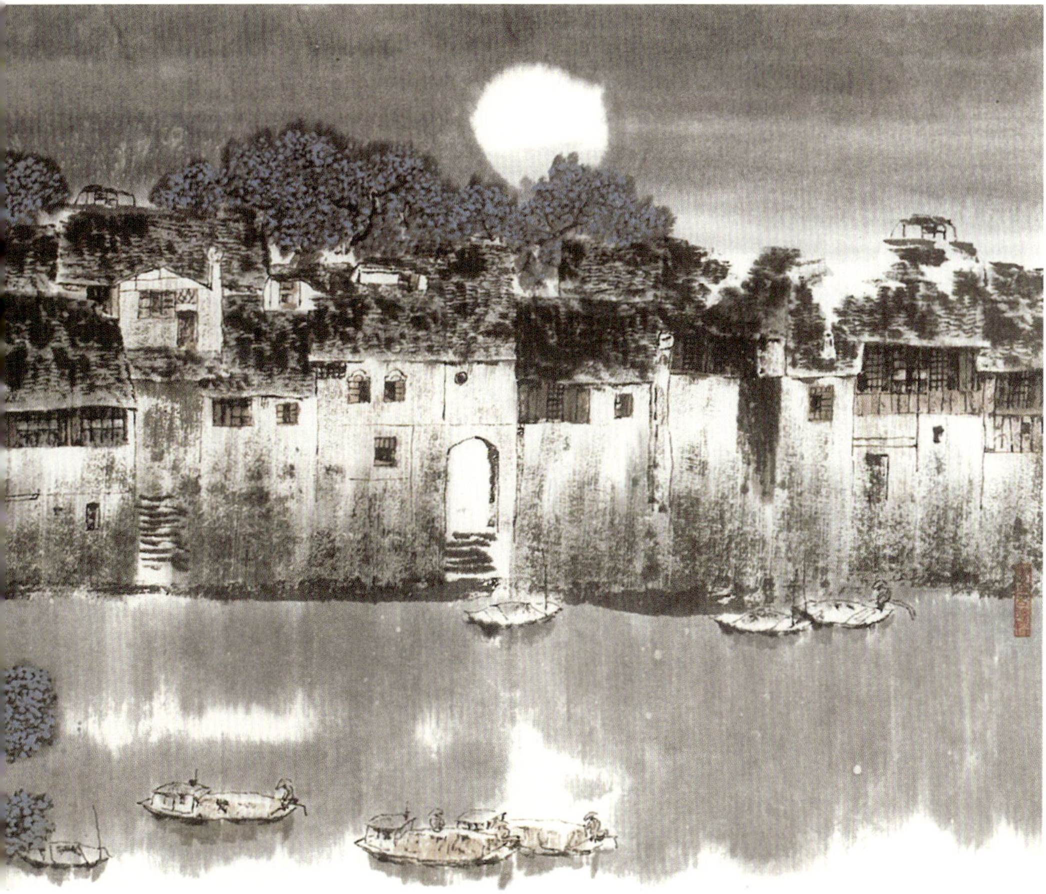

湖光山色共争春 34cm×134cm

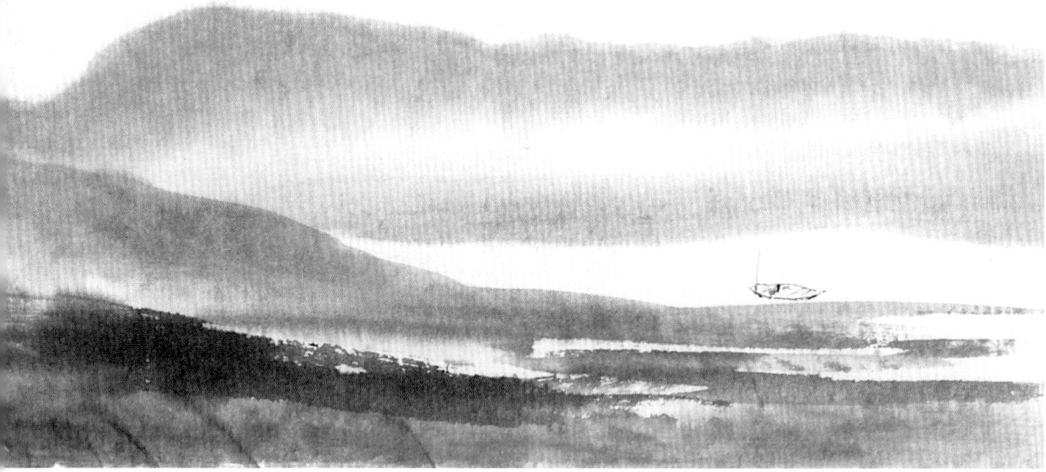

体形态之间凝聚心灵的感知力，并以现代意识和古文化意识，在参悟和比较中，建立新的境界观，从而使"境界"或"诗意"的建造不再是单一的古典审美模式，而具有更广阔的新文化内涵。

要表达这些新的内涵，必须要创造新的视觉效果。因此，他在创作中解放自己的主观意识，与大自然直接对话，直抒胸臆，充分发挥自我把握能力，打破传统山水画的习惯程式，展开对立体空间世界的塑造，使作品达到新的审美效果。而做到这一点，正是画家长期形成的审美观念、美学理想、思维方式、绘画技巧的综合体现。

经过无数次的创作实践，以及殚精竭虑的研究，李明久找到了独属于他的运河，气象鲜明，风貌成熟，在运河绘画史上留下了不可磨灭的足迹。大运河是李明久艺术成就的一个重要板块，在他艺术历程中熠熠生辉，见证着画家挥洒的汗水和那些流光溢彩的岁月。

直挂云帆济沧海
河北师大现象

距上次辞去师大美术系主任一职仅半年时间，李明久就再次受邀重返任上。尽管他一心攀登艺术高峰，但也不忍辜负校领导的深情厚谊和信任，也终究放不下凝结着他心血和智慧的教育事业。人的价值的体现，不仅在于成功，亦在于奉献。如果自己的才能可以惠及他人，产生更广泛的有益影响，那么个人生命的宽度和厚度也必然得到充实，可谓善莫大焉。这一次，李明久的系主任一连干了四年，从一九九三年他五十四岁，一直到一九九七年五十八岁。

在李明久主持下，河北师范大学美术系内部出版发行的《美术学报》办起来了，李明久任主编，创刊号刊登李明久撰写的发刊词《向一流目标迈进》。省里对河北师大的发展非常重视。

艺海画廊的活动更加丰富多彩，"周末美术沙龙"办得异彩纷呈。来自全国各地甚至海外的艺术名家被邀请到河北师大艺海画廊办展览及讲座，并进行现场演示书画创作。各种理论研讨会、座谈会此起彼伏，一些珍贵的美术资料录像和画家的专访录音也时常在艺海画廊播放。除此之外，艺海画廊还经常组织一些其他的娱乐活动。李明久的理念是，艺术院校的氛围应该是越开放越好，越轻松自由越好。

正因为李明久开放的办学理念，使原本地处边缘的河北师范大学美术系，渐次成为河北的美术中心，进而走向全国。

回顾这个历程，不能不说是一个奇迹。以培养中、高等美术师资和美术创作人才为教学目的的河北师大的美术教育力量，师资和硬件都很短缺，早期只有三个专业。教学上专科和本科一、二年级体现师范性，本科三、四年级体现专业性。只有宁大明、李维世、张淑俊、刘业通、白汝博和齐梦慧等几位专业教师，无一名教授，甚至副教授。留校不久的唐勇力和家属，居住在破旧不堪的筒子楼，卧室除了倒水转身，只能保证最基本的睡眠。教师们没有画室，狭窄的教研室便成为大家拥挤的画室。学生最少的时期，只有七八、八〇和八一级三个年级，全系只有四十几名学生。设备也异常简陋，就连模特儿台都由教师自己搭建。

石家庄是火车拉来的城市。随着卢汉铁路兴起，石家庄这个名不见经传的小村庄逐渐发展成一个繁荣的都市。河北省会从北平、天津到保定，再到石家庄，几经迁徙，文化中心飘忽不定，大量人才散失。早年从河北"出走"的名家大家不胜枚举，但毕竟变更了隶属关系，不再属于河北。因此，进入新时期的河北美术，只好另起炉灶。

重新整合河北美术，河北师大美术系的作用可以说是不可估量的。此前虽然有齐梦慧老师的《华主席和全国各族人民心连心》在全国产生一定影响，学生田正祥的油画《清晨在坝上》以及白云乡、刘进安和刘岩森等学生作品入选第二届全国青年美展，但并未改变河北美术的基本格局。河北美术中坚力量依然是基本以河北省美术工作室（河北画院前身）为主，另外河北美术出版社也是著名艺术家聚集地。河北师大全面走入正轨，进入学术视野抑或称之为融入当代画坛，大抵应从一九八四年的第六届全国美展开始。也就是那次大展，李明久的作品《瑞雪》获

李明久和七七级学生合影

得铜奖。这也是新中国成立以来，国家级最高级别大展首次设立奖牌的"挂届"展览。此后，河北省美术家协会换届，才将河北师大美术系列为副主席必然人选单位。这也是官方对人才辈出的河北师大美术系意味深长的肯定。

李明久担任美术系首届系主任以来，采取开放的办学思路，建艺海画廊，遍请全国名家讲座，加强与全国艺术界交流。这一方面使学生们视野开阔、思维活跃，另一方面打通地域壁垒，把河北师大美术系推向全国，赢得前所未有的学术地位和社会影响。一批又一批的青年才俊从这里毕业，走向全国。他们中的很多人成为全国性名画家或名教授，比如中央美术学院非物质文化遗产研究中心主任乔晓光教授，首都师范大学美术学院院长刘进安教授，中央民族大学美术学院纪京宁教授，华南师范大学美术学院教授石磊，北京服装学院美术系教授孙纲，湖北美院副院长陈孟昕教授，北京画院一级美术师郭宝君，以及当代艺术领域最受瞩目的艺术家之一岳敏君、油画家徐晓燕……他们都毕业于河北师大美术系。中央美术学院中国画学院院长唐勇力，也是河北师大艺术系培养出来的。李明久的学生白云乡、徐福厚、朱兴华、蒋世国等，留在河北教书育人并进行艰苦艺术实践，也都取得了斐然成就。

在李明久教育理念的推动下，河北师大美术系彻底改变了河北美术的格局，提升了河北在全国美术界的地位。这就是河北美术史上的"河北师大现象"。

冲天香阵透长安
名扬海外

每日沉浸画事,不知不觉又是岁末。甲戌年刚刚启帷就已被安排得满满当当,恰好抵御岁月流逝的惆怅。青年才俊宫六朝的《水粉静物写生研究》就要由河北美术出版社出版了,李明久受邀撰写序言。想到不久就要到海外办展,还有很多事宜没有准备停当,遣词造句不免有些心急。

宫六朝自一九七七年考入河北师范大学艺术系油画专业本科,到一九八二年毕业,后来又留校任教,一直以来基本都在李明久眼皮子下。他对宫六朝的艺术成长之路非常了解,并对这个学生格外看重。这本教授水粉静物写生的书稿,正体现了宫六朝的深厚功力。一页一页翻看着,李明久忽然有许多话想说,一时间文思泉涌,一篇精彩的评论文章跃然纸上。

邀请函是由新加坡现代画会会长唐近豪先生寄来的,内容是:"为促进中新文化交流,至诚邀请您今年五月来新举办画展……往返中新机票膳食及一切费用,全由我会负责。"时间不长,文化部致函河北省文化厅,批复同意李明久赴新加坡举办画展。

赴新之前,先到了香港。好朋友萧晖荣早已恭候多时。二人见面相互拥抱、嘘寒问暖。回顾五年前,"'运河之子'中国画专题展"在香港举办，二人结识于集古斋，后萧晖荣又专门去宾馆拜访李明久，彼此仰慕，相谈甚欢，真挚的友谊也由此开始了。而今，李明久五十五，萧晖荣四十八，二人脸上的中年气象愈加浓郁了，不禁感慨万千。

李明久来港之前，萧晖荣早已把画展事宜安排妥帖，万事俱备只欠东风。李明久一来，由香港艺苑主办的"当代艺苑精英——李明久教授中国画展"在香港艺苑展览厅随即拉开帷幕，由香港艺苑出版社出版、宋文治题签的精装《李明久山水画选集》，亦于当日与读者见面。

萧晖荣在序言中写道："近年来，中国画艺术，总是在传统与反传统的矛盾中发展。有人认为中国现代化的趋向决定了反传统的胜利和传统的必然失败；而有人又认为这是弃周鼎而宝康瓠，是不惜丢却自己民族文化精髓，而把西方扔掉的东西拾来标榜。我认为不能鼓励宣扬前者观点，进行所谓'反传统'创作的艺术家，说穿了无非是怕传统的深奥，未敢入门，更无力打出来。令我五体投地、永远敬佩者，是终身与古人血战的前辈艺术家，其伟大精神应该发扬光大。"

看来，萧晖荣还是和以前一样，最厌恶反传统求新求变之说。他最欣赏李明久艺术的便是："明久教授在传统的康庄大道中找到自己，而且尽情发挥。"

除了艺术，萧晖荣更钦佩李明久的为人："在其主持河北师大美术系中，把学生带上正路，不愧为人师表……人生最重要的也是个'诚'字，因'诚'而得'信'，明久教授多年来对艺术的挚诚，也已取得爱好者的拥护。"这也是他和李明久多年结交，并以香港艺苑之资源鼎力支持、推崇、宣传李明久的原因。

李明久在香港的活动十分受关注，《香港商报》以半个版发表介绍李明久的文章《清丽明朗的水墨世界》，还在博艺版刊发《香港艺苑举办李明久画展》的报道。香港《文汇报》刊载评论家杰灵的文章《李明久：新法再造山水魂》和《运河春早》等五幅作品。香港《明报》辟出半个版，刊登"李明久画展"评介文章和四幅作品。

一个月后，李明久画展由香港移师新加坡。由新加坡美术总会、中国香港艺苑企业公司、新加坡天鼎艺术中心主办的"李明久教授山水画展"在新加坡河畔艺术中心展览厅举行，新加坡环境发展部高级政务次长何家良主持开幕式，中国美术家协会主席、中央美术学院院长吴作人教授题写展标。《太行春早》等三十五幅作品、《运河烟雨》等十幅作品被现代画会收藏。

2005年夏，香港艺苑主办"李明久中国画展"，萧晖荣和李明久、赵振川、孙中宏、萧晖武、欧阳乃霑等合影

在香港艺苑机构的推动下，新加坡画展结束后，七月，"刚猛之境与阴柔之美——李明久的太行、运河水墨系列画展"又在马来西亚吉隆坡市集珍庄画廊举办，并出版了《刚猛之境与阴柔之美》展览图录。

我国香港、新加坡、马来西亚三地的展出皆以太行和运河题材画作为主，所到之处，无不好评如潮。正如萧晖荣所说：李明久"多年来的勤奋创作，取得社会共识，饮誉海内外，其艺术正进入纯青阶段"。

画展结束，香港艺术馆收藏了《雪国》《江流天地外》《清月吟》《静夜云月》《荷风送香气》《晓看红湿处》《秋思》《春归夏来》《仙山琼阁》《山明水净》等作品。

海内存知己
关于大写意

人逢喜事精神爽。这一天，李明久格外神采奕奕，因为他的好朋友老甲的画展在石家庄市博物馆开幕了，开幕式和"老贾作品研讨会"均由李明久主持。

在李明久的张罗下，除了一些画家、美术评论家外，研讨会还邀请了一些作家、诗人、学者参加。他认为作家、诗人、学者对艺术的体验角度与画家有所不同。他们从绘画作品中看到的、感悟到的东西也与画家有所区别。虽然他们没有绘画的技巧和技能，但对美术作品的感觉却是独特和敏锐的，而这些往往是画家看不到、悟不出的方面。听一些画家的意见可比喻为修皮球，无非把方的去掉修成圆的。说白了仅仅是形式、局部的修补。而听作家、诗人的意见往往能给人以启迪，因为他们不是一种修的办法，他们能够让画家从境界上、观念上提高和升华。

李明久对艺术的鉴赏别具一格，他看艺术，先看人。他认为，大凡艺术大师，都有一个共同点：既然要卓然不群，就得求同存异。没有心性的偏执，就无法把自己的理想推向极致，所要创立的艺术个性，就成了一句空话。也因如此，没有自身经历的故事，难成大家。

老甲身上正具有李明久最为欣赏的画家范儿。老甲，本名贾浩义，是一位著名的大写意水墨画家。他喜欢游历，每年都有两三个月在各地写生。他的足迹遍布山川大河，厚厚的速写本记录着大自然给他的感动。然而老甲的创作却与自然的原貌相差甚远。他用浓重的水墨团块构筑出一种刚健、雄强、浑朴的艺术世界，给人以大气磅礴的美。这种画风，一扫古代文人水墨画的秀逸、典雅之风和柔弱、萎靡之气，给人以强烈的视觉冲击力。他在李明久眼中充满个性色彩。

也是从老甲身上，李明久展开了对大写意的思考。"记不得也说不清，什么时候中国画里的写意画，把'写意'二字前面加上一个'大'字，称为大写意中国画。对于这个概念，近现代以来，中国画坛似乎一直不绝于耳。从花鸟画家齐白石、潘天寿至朱屺瞻、崔子范，从人物画家徐悲鸿、蒋兆和至程十发、黄胄、刘文西、周思聪，从山水画家黄宾虹、张大千、李可染、傅抱石、石鲁至陆俨少这些大师，虽各立门径，皇皇大作蔚成经典，开一代写意中国画繁盛气象。但他们都是在写意中国画上取得名垂千古的伟大成就。我想他们或许想过乃至曾经进行过探索，但终归或由于时代的局限，或失之精力不足，没有谁可称为大写意中国画画家。

"然而，世易时移。这些大师不仅为我们留下宝贵的艺术传统，也传递给我们后辈画家一个启示，那就是开创一个大写意中国画的新体式的可能性。于是，冒出个老甲，托起了这片天。"

李明久关注到，"当下的中国画坛，样式风格繁多，品类不一。大体上分为三种类型：一是承袭传统文人画衣；二是推衍士大夫（黄宾虹语）的规范；三是融汇中西观念绘画或曰实验水墨。总之各有招数，却也不乏出现一些高手。"但是他认为老甲既在其中，又在其外。他的画有文人画的趣味，有士大夫画的才略，又与观念绘画或曰实验水墨都有一定关联。与之不同的是，他有一种特别的胆魄和情怀，他是一个集大成者，且牢牢把握住了中国文化根脉。

老甲画马独辟蹊径，最为李明久推崇。"从见于著录的传世经典看，宋代李公麟、金代杨微、赵霖至清代老外郎世宁及以后的马晋，皆为画马大家。但所采用的，却都是工笔画方式。到了徐悲鸿，才开创了写意的体派，从绘画技法到理念，从实践到理论，形成一套完整的绘画体系。而老甲画马，既与古代的工笔方式截然相左，又与徐悲鸿拉开距离。其差别就在于完全摒弃线条概念，改为分散连接充满活性的墨块，来塑造马的大略形体及体积。他的画，似将马的形体结构肢解开来，并着意大的马的动态，进行置陈布势，去经营画面的总体效果。"

他推测，老甲画马的创意应该是有所参照的，并从运动力学角度试图解读："任何物体快速运动时，它的形体结构，总是处于一种不确定的虚幻状态，所呈现的是一连串的方向性的影像图形，在摄影中拍摄运动的照片可见此情形。老甲笔下的马，正暗合了运动力学的影像规律。"

李明久认为老甲的马之所以独具魅力，正因为其精神内核聚集在一个"气"字上。气有大小，有小气为阴柔，具大气为阳刚。而以王国维之见，大写意乃为阴柔与阳刚之外第三种人文精神。这在老甲的画里体现得非常充分。"他笔下的马，下手虽狠，行墨间横涂厚抹，断续有致，着笔处看似飞动，实则沉稳，无笔处却含无尽意蕴；近看不具体，远观却尽展万有，整体画面给人以气机畅旺、缭绕盘纡之感。这种感受，就在于画中有一种可闻、可听、可读、可思的气息，这气息是通过视觉图像传达的另一种审美品质。"李明久对其"气"字极为看重。

他认为艺术的独特魅力就来源于一个"气"字。所谓"气"，昔曹丕曾言："文以气为主，气之清浊有体，不可力强而致。"为文为艺道理是一致的。就画中之气而言，古而新，拙而雅，质而朴，犷而秀，慎终追远，饱含传统文化之气息，至达高寒之境。

在老甲眼中，李明久也是一位别具一格的艺术家，认为他身上有着异于常人的魅力和气质。他曾在文章中写道："画家李明久有才，他什么都玩得够档次。画画、弄文、飙车、玩古董、建艺术馆，当然最突出的才，还是在绘画上。二十世纪八十年代初，他可称是中国山水画的'新锐之一'，后又涉猎青绿山水、江南水乡，最后回归雪域山水。巨幛小品无不可画，并且都画得到位。他能如此无法无天地广猎博取，这一代人谁敢为？可能也有敢的，但谁又能达到如此'出手不凡'的地步？李明久行云流水般地'生产'着形式题材迥然不同的作品，怎不让人仰视？在李明久古稀之年，他又下决心回归老家风光'雪域山水'，一批别开生面的深沉雄浑且极富内涵的画作，再度源源不断地面世了，说明他的艺术生命仍散发着青春的活力。"

气吞万里如虎
江山无尽图

在河北会堂邯郸厅精心创作两个多月了，恢宏巨制《江山无尽图》即将横空出世。李明久的画笔在颜料与画面之间娴熟地舞动，不同型号的画笔在他手中各显神通，时而如疾风骤雨般横扫，时而似蜻蜓点水般轻点。山峦的磅礴气势、画面的灵秀神韵跃然纸上。那灵动的点苔宛如神来之笔，似点点星辰洒落大地，整个画面更加活泼生动起来。

李明久倒退几步，嘬着牙花整体观摩画面；又走近几步，趴在墙上处理细节。这幅画宽7.6米，高3.8米，高处得爬着梯子画。一整天下来，其辛苦程度可想而知，然而李明久像一台接上电源的机器不知疲惫。画大画过瘾，尤其当巨作完成之时，那宏大的气魄如同一座宏伟的艺术宫殿拔地而起，那壮观之景使他仿佛置身于艺术的神圣殿堂，满心的陶醉与自豪。

如此鸿篇巨制，不是谁都能驾驭，也不是谁都有机会画。而李明久画过，且不止一次。早在一九八〇年，他就和学生白云乡、刘岩森创作了巨作《狼牙山浩气图》，长期在人民大会堂河北厅陈列。一九九四年，他又完成了巨幅作品《太行雄姿》，在钓鱼台国宾馆六号楼会见厅长期陈列。一九九六年，他又应邀赴解放军总参所属的京西宾馆和解放军原总后勤部所属的京丰宾馆，绘制巨幅作品《春到太行》等作品。而

江山无尽图

江山无

现在即将完工的《江山无尽图》装裱后将在中国共产党第十六届中央委员会第一次全体会议主会场——京西宾馆中央会堂一侧悬挂。此时，李明久还不知道，这幅画将在央视新闻联播频繁出现，持续时间长达十九年。

十六大各会场陈列的美术作品由中国美术家协会和京西宾馆负责组织画家进行创作。为此，中国美术家协会经过反复遴选，最后敲定中国画研究院、北京画院、中国美术学院、中央美术学院和中国艺术研究院等部门的二十位画家参与创作，河北的李明久名列其中。为此，河北省政府感到非常光荣，给予大力支持，将河北会堂的邯郸厅辟为李明久的"制作车间"。

创作之前，中国美术家协会将画家分成三组，分别到三峡、云南和广西体验生活和采风，历时三十天。李明久为了赶在十六大召开前完成《江山无尽图》的绘制，推掉了所有艺术交流和商业性展览等活动。在炎热的暑期挥汗两个月，才如期竣工。此时的他已六十三岁。

《江山无尽图》舍弃了描绘某座名山具体风貌的范式，着力表达画家对祖国山河的崇敬和热爱，因而整个作品更加壮美雄浑、神圣庄严，凸显出强烈的泱泱大国的"国家感"。能够为国家绘制作品，李明久感到无比光荣和自豪。

画家很难有练习画大画的场地，李明久当然也没有，平时根本无法练习创作巨幅作品，往往来了机会，抄起笔就得正式登台。而李明久每次都从众多画家中脱颖而出，胜任巨幅创作任务，源于他扎实的基本功。他发明了"李氏放大法"，能够将他心目中的无尽江山按比例搬到画纸上。再加上他无懈可击的李氏笔墨，呈现出的效果总能不负众望。

少壮工夫老始成
篆刻和书法

"今夜我不关心人类，我只想你。"正在练习书法的李明久忽然想起海子的这一句诗，甚觉有趣，便自言自语道："今夜我不画画，我只写字。"

自从几十年前，恩师王仙圃把他叫到面前，看着他的眼睛语重心长地教诲"要一根肠子做自己的事，用心画画"，李明久就下定决心一条道走到黑。因此，他几十年如一日地下苦功，从未停止探索，从未想过讨巧。

诗、书、画、印，是中国画四要素。作为维护中国画传统，一向主张承古求变的李明久，自然不会忽略四要素中任何一个环节。他的书法和绘画一脉相承，是在充分研究书法传统之后，又广泛涉猎今人成功范例的基础上，内化为自己独特风格的结果。

李明久的书法、金石功夫是在哈尔滨艺术学院打下的基础。他的授业恩师刘忠先生，博学识广，对文字学颇有研究，并精于诗词、音律，是东北著名的文化学者，其书法、篆刻出入秦汉法度，而能独树一帜。他的隶字古朴端庄，尤以不求工巧为人称道。李明久好学，在先生指授下初习汉碑，兼参刘老笔意，受到刘忠先生器重。

先生在李明久临习的《乙瑛碑》墨迹中作跋："明久学弟，你的习字，最好学习《居延汉简》，若能升堂入室，前无古人，后无来者……"为李明久习书指出明路，给了他极大的鼓舞。

李明久虽然注重传统审美根脉，但是最警惕师古而不化。因此他非常注重观察今人佳作，从中受到启发，汲取营养。比如，黄绮先生当时在河北乃至全国，都有较高的学术地位。其书法艺术作为一个流派，可谓影响深远，在河北追随、模仿他书风的人不少。李明久对黄绮的书法有非常深入的研究和见解。他评价黄绮的书法艺术："外象给人以风清骨瘦之感，实则刚劲挺拔。他的书法艺术功力深厚，内蕴丰富，风格也很独特，这源于他的学养，他于古汉语、文字学、诗词、中国古哲学及书学都有很深研究，并具远见卓识。因此，他的书法艺术蕴含着文化体验的本源精神，并显现着由此延伸而来的宇宙观，这是成就一代大书法家的根本条件。黄绮先生的书法艺术，从风格特色加以体味，是出自汉隶，收自行楷，而后脱去原本迹象，开一代新风。就中国传统文化而言，凡在某一领域取得突出成就者，必先是鸿儒而后才能是大家，黄绮先生就是典范。再有黄绮先生的书法艺术，无意雕饰巧作，充满大道天然而朴素归真的造象观，这也取决于他为人为艺的品格。黄老始终心境平和，意趣超然，心志澄明，这些在他的书法作品中都有鲜明体现，这也是构成他的书法艺术个性极为重要的因素。"

李明久不相信无源之水、无本之木，他的信条是，所谓灵感乍现或者所谓天赋，是在吃透研究透人类已经积累的经验的基础上生发出来的，即"袭古"而"开今"。因此，他的书法遒劲老辣而雅俊清奇，既有高古风貌又有独特气质。作为画面的题款儿，或补白或提气，书与画相得益彰；作为单独书法作品，金石气扑面而来，又透出一股文人的清雅静谧。李明久的篆刻也走清劲雅致一脉，久看不腻，越看越雅。

今朝放荡思无涯
深夜访贵德

赵贵德仰坐在椅子上，左手擎着一根香烟，云雾缭绕，像擎着一根与仙界相通的天线，兴味盎然地看着对面气喘吁吁的李明久。此时已是夜里十一点半。赵贵德的夫人一边给李明久递过毛巾让他擦脸，一边说："都这么晚了，何苦来呢？这一点你跟贵德还真像，想起一出是一出。"

两个小时前，李明久收到香港艺苑画廊来的电话，邀请他办一个画展，并提到他可以和另外一位画家合办。他第一个就想到好朋友赵贵德。等不及第二天，他骑上自行车就往赵贵德家赶。快到他家的时候，自行车突然往前一栽，李明久被甩了下来。一查看，原来是前车辘轳卡在了一口排污井里。那口井的井盖没有盖好，由于天黑，李明久没有注意到。他好不容易把车辘轳拔出来，就着月光连摸带看，那可怜的车辘轳已经挤成了椭圆形。李明久一边铆劲儿拖着自行车挪动着，一边想：好在还剩二百多米就到了。

赵贵德夫妇二人一开门，看着李明久的狼狈相，大惊失色："这是怎么了？这是？"李明久说："别提了。车辘轳崴到井里了。"听他诉说了原委，赵贵德夫妇又好气又好笑："明天再来不一样嘛，你看看你这多受罪。"他们赶紧让李明久坐下，递上热茶。

不喜欢等待，什么事想起来就去做，是李明久的一贯风格。虽然为人师表、行事沉稳，但他骨子里有自由奔放、恣肆飞扬的一面。深夜访贵德，正是李明久的做派。

而赵贵德呢？亦是个有趣之人，放达不羁、天马行空，行止坐卧透着大丈夫阳刚之气，一根辫子搭在脑后，妥妥的艺术范儿。与他相比，李明久倒显得有些内敛含蓄了。李明久的审美中契合中国老式传统文化人的行事风范，他的自由、浪漫是笼罩在严谨文雅之下的。

在艺术方面，李明久注重突破和创新，反对陈陈相因，食古不化，然而他的突破是在常年浸淫中国书画传统，研究吃透古人艺术的基础上升华、变异、生发而来的。他师古人、师造化，进而内化变异，让自己的感悟和才思去起作用，从而找到自己。正所谓由规矩到自由。

赵贵德没有受到充分的学校教育，他的艺术滋养主要来源于其后期自学、读书，主动从中国传统文化中汲取营养，以及常年如梦似幻的思想状态和人生的苦难。于是他从思想到创作都更加天马行空。

李明久和赵贵德的艺术风格、艺术理念、艺术形成历程截然不同，然而这并不影响他们成为挚友。所谓求同而存异，他们互相倾慕对方的为人和对艺术的热忱，并敬佩对方身上的艺术才情和禀赋。幸运的是，他们都找到了自己的路，创造了自己的艺术面貌，可谓殊途而同归。

李明久在《黑龙江日报》工作期间就已经与赵贵德熟识，赵贵德曾在《河北日报》做美编多年，两个人是同行，又都是画家，一有美术活动或者展览，两个人就见面了，所以李明久到石家庄工作以后，见的第一个朋友就是赵贵德。

李明久欣赏赵贵德不受条条框框约束的自由大胆。在画了二十多年人物画之后，赵贵德毅然挑战自我，转而画马。李明久称赞他："创立了徐悲鸿及至老甲画马之外的第三种体系。他画马非师物而师心，兴起时放笔勾勒，横涂直抹，触手天成。其意蕴玄浑而澄明，似有一息通千古之神韵。"并感慨："这是经历甘苦、开悟得道、坚守静定、才智突发的结果。这是生命的力量，也是生命的艺术。"可见，懂得一个艺术家的只能是另一位艺术家，因为其本人又何尝不是如此呢？

赵贵德看重李明久艺术的文化内涵。尤其是后来当了河北省美术家协会主席以后，他以更高的社会站位去考量艺术，他评价李明久的《瑞雪》是河北革命文化在美术创作上闪出的一个亮点，同时也是河北自然文化与河北革命文化融会贯通之后诞生的非常有文化价值的艺术语言。他认为李明久的《瑞雪》不应仅限于作为一幅高质量的艺术作品来看待，它是艺术家在河北这块土壤里挖掘出来的文化元素形成的艺术思想和文化精神，因此应把李明久作为鲜明的个案来研究。这样就会发现李明久作为一个艺术家，是怎样从地域文化中触摸到民族精神、时代精神和中国文化精神的。然后再从他的作品中进一步分析，他是怎样把这三种精神转换成自己独特的艺术语言的。这正是美术工作者要抓的学术点。

赵贵德高屋建瓴地评价："李明久是一位用文化画雪的画家，李明久是一位画雪文化的画家，这两个概念是哲学。明久所以能创造出一个雪的文化符号，是和他的文化修养、哲学修养分不开的。文化符号是艺术的最高层面，它不是技术层面，也不是方法层面，它是中国哲学在中国画中最形象的体现。这是李明久在中国画向前推进和发展中最有价值的贡献。"

赵贵德后来定居北京,只要回到石家庄,他必然要和李明久聚一聚,或者叫上三五好友吃个饭,或者到李明久的府邸蹊园坐坐。

二〇二一年冬天,赵贵德病逝于石家庄,享年八十四岁。李明久悲痛不已。

天下谁人不识君
摩耶精舍仰大千

任何一个画家的心目中都有几个天才恣肆的艺术大师在熠熠生辉。不说他们荡魂摄魄的艺术，只说他们生活中的风采及坊间流传的典故，都被染上了神秘色彩。现代美术史上"禀赋过人，才华横溢，画学融会前贤精微，又不为所拘，能自出机杼，开破墨、泼彩一宗"的张大千在李明久心目中就是那样的存在。

二〇〇五年四月，李明久跟随"中华魂——情系宝岛华辰艺术采风之旅"参访团前往台湾访问。一踏上宝岛台湾的土地，他的思绪便难以抑制地被张大千牵引。

张大千，一八九九年生于四川，一九八三年卒于台北。研究中国传统绘画，在现代美术史上，张大千是个如雷贯耳的名字。有人曾经在普通百姓中做过调查，其结果是中国有两个半画家，一是徐悲鸿，二是齐白石，半个就是张大千。张大千早年出版个人画集，徐悲鸿为其撰写的序言中有这么一句话，叫作"五百年来第一人"。而令李明久对他无限敬仰的是：张大千是在传承中华民族文化的基础上，走着自己的路。"古人有泼墨法，而无泼彩法，更无墨彩和泼法。张大千在传统的基础上独创此法，为中华艺术开辟了一条崭新之路。这是一次跨越时代的飞跃，将中国画向前推进了一大步。他在中国美术史上功不可没。"这正符合了李明久一直坚持和呼吁中国画应该走"内化变异"之路的艺术主张。

　　李明久对张大千的艺术历程抱有极大的兴趣，曾进行过深入细致的研究，并从中受到启迪。他在文章中讲述：张大千的画风先后数度改变，早期作品从一九四一年远赴敦煌之后才发生重大转折，此前他以研究临摹石涛、八大绘画作品为主，旁及青藤历代名家，其中尤以清石涛为重点。虽也有出新意法度之外，但变异跨度不大，属传统延续走向边缘的形态。晚年以二十世纪六十年代泼墨、泼彩新画风形成为标志，进入辉煌阶段。这个时期大千的创作精力旺盛，感觉也好，出现许多力作，频频举办画展，为世人所瞩目。这时他的用印有"独具只眼""直造古人未到处""一只眼"等。通过这些印章，不难看出大千先生的豪气，以及对自己艺术革新换面的自信。

　　李明久最看重的是：张大千的泼墨泼彩法，是在承继唐王洽泼墨法基础上，任性发挥；也是在长期的艺术实践中自出机杼的结果。他结合西方绘画的色光关系，使二者相融合，创造出一种新的效果。他这种新画法的可贵之处在于技法的变换能始终包含着中国画传统的特色。虽然墨彩交融，样式新奇，但仍有别于西方绘画，仍然保留着中华民族传统文化的底蕴和特色。李明久回想自己的艺术历程，从最初在大自然之间意游神驰，到踏上造化与艺术之间的桥梁，再到独辟蹊径，最后进入高寒之境，与张大千所走之路何其相似。王安石诗云："看似寻常最奇崛，成如容易却艰辛。"大千如此，李明久亦如此。

　　人生如梦，张大千始终像照进李明久心里的一道光，温暖却无法靠近，而此刻，他竟置身台北"摩耶精舍"——张大千先生纪念馆，近距离瞻仰张大千生前的生活起居。

"摩耶精舍"地处两山之间的谷口，阳光下从高处流下的溪水，如长长的银练，忽隐忽现，松风早露，垂柳翠竹，尽收眼底。因此从喧闹的至善路来到这间精舍，更显得这里静谧幽雅。精舍为四合院布局，门首悬挂一古朴厚重的木匾，上书"摩耶精舍"四字，行楷填金。款识小字为"髯公命题戊午秋仲　静农"。台静农先生的草书凝重中见飘逸，与大千的庭院相映成趣。

从侧门踱入院中，首先映入眼帘的，是翠绿的草坪。屋墙、围墙边摆放着许多名贵的盆景，奇特的是，有的放在巨石上，有的挂在树上，有的卧在草坪上，显得别具佳趣。在房门的阳台上，放着四盆年岁在三百五十年以上的扁柏，扭曲回转，多姿多彩。连着草坪的是一方不规则形状的池塘，跨过白色石桥，迎面是一座假山，溪流则从高处淌入池塘，岸边一侧杨柳成荫……

李明久是怀着无限的新奇和激动参观张大千故居的，一边浏览一边慨叹，一种崇敬之情在胸中流转。"不谈大千先生艺术成就，仅仅是峰回路转、跌宕起伏的人生，就足以称得起'五百年来第一人'也。

张大千最终于一九七八年回台北，正式申请移居。他亲自选定台北双溪附近一块荒废的养鹿场建造新居，取名"摩耶精舍"。

李明久觉得，大千先生的艺术属于华夏子孙，他的生命最后时光固守的"摩耶精舍"也是华夏子孙营造，这就足以证明其艺术成就与民族情怀紧密相连，是中华艺术宝库中的璀璨明珠。

吾将上下而求索
笑谈"九十成大器"

"中华魂——情系宝岛华辰艺术采风之旅"活动,除了瞻仰张大千故居摩耶精舍,李明久一行在台期间,还先后参观台北故宫博物院、台北市美术馆、中山楼、台南安平古堡、赤嵌楼等,与中国台湾专家、艺术家就中国画艺术现状和发展进行多次座谈和交流。他们还赴阿里山、日月潭、野柳地质公园、垦丁、太鲁阁等名胜景点,以台湾自然风光、民俗民风、人文景观、历史典故、民族英雄为主题进行写生创作。

趁在台湾活动之机,好友萧晖荣特意策划了"李明久中国画展"。此前,李明久的作品已多次在香港展出,但多是集体展览。而这次是李明久在香港举办的第三次个展。

李明久近十年来的佳作集体亮相,内容包括"大运河"和"太行山"两大系列,还包括一套金笺《四季山水》及近作金笺小品山水。

画展开幕式上,看着在台上发言的饱经风霜的李明久,想起当年初见李明久时的意气风发及中年李明久的气宇轩昂,萧晖荣忽有恍如隔世之感。岁月在这位好朋友身上留下了不可磨灭的痕迹,不变的是他的赤诚和天真。李明久在开幕式上幽默地说:"人在每个历程都要反思,要反省从前的自己,也要打算以后要怎么样,怎样向前发展。六十而蓄胡,七十而抚杖,八十而变法,九十而成器。我生于一九三九年,

冬雪　48cm×59cm

现正值'六十之年','蓄胡'的事毫无疑问是轻易地做到了,思前想后,如今要做的是争取时间,让艺术修养再进一步,为'九十成器'而努力。"

李明久时年六十六岁,九十而成器的豪言掷地有声,源于他对艺术的不懈追求和充分自信。萧晖荣知道,李明久对于艺术上的变法,一直在尝试,并且已经胸有成竹。他告诉好友萧晖荣,接下来,他计划把创作重心放到雪域山水上来。他心中一直有一个梦,就是把自己重新置身在冰天雪地的故乡中,那里有母亲,有外婆,有三姨,有民间画师陈真,有他的中学老师孙凤桐,有镶牙师傅陈太大哥,有在文化馆工作的知己张长弓……可是时过境迁、物是人非,他再也回不去了。然而,他可以通过画作圆梦。他想,这就是艺术的妙处。

其实早在青年时代,李明久就已经开始了雪域山水的创作。一方面,故乡的冰天雪地滋养着他,渗透进他的潜意识中。另一方面是北大荒版画给了他灵感。北大荒版画大面积使用艳丽的色彩,使李明久受到启发,如果这些强烈的大面积的色彩,换成冰天雪地纯白的世界,会是什么效果呢?一九八四年他的《瑞雪》横空出世,一举夺得全国第六届美展的铜牌,填补了河北中国画在全国美展从未获奖的空白,这正是他多年来沉浸在冰雪世界梦境中的结果。《瑞雪》成功之后,李明久隐约感觉找到了一种新的雪域山水样式,便循着这种感觉不停实践。然而身处石家庄,其太行山文化就像一块巨大的磁石吸引着他不断地深入探索。后来,相关部门组织的大运河采风活动,又引起了他画运河的兴趣。一旦兴趣生根发芽,他就一定要让它绽放出最炫目绚丽的花朵。功夫从来在画外,经过无数个日夜心血的淬炼,他的太行山水水墨点彩,以及大运河水乡风光，一经推出就以其新质令人青睐，在香港及海外市场也极其受欢迎，这更使他沿着这两条路线向更深、更广、更完美里去探索。

而雪域山水却是他最珍贵的宝藏，虽从未做大张旗鼓的展览，却一直在积累、酝酿。通过这些年的不断摸索，一种全新的画雪技法和样式越来越清晰。当时，李明久的雪域山水在大陆画坛已经大名鼎鼎。但是，往更深、更广、更完美里走，或者说达到至善至美的程度，他觉得还不够。从香港回来后，李明久就一心投入冰雪山水的创作中。

两人对酌山花开
文人画和画家画

关于李明久的雪，美术评论界早有关注。尤其是他的好朋友、当时颇具影响力的大评论家陈传席先生。既然是画坛好友，就难免有思想的交锋。

陈传席是中国人民大学资深教授、博士生导师，既是评论家，也是一位非常出色的文人画家，他多年来创作的文人画产生了广泛的影响。将中国的绘画分为文人画、画家画、民间画的观点，首先是由陈传席提出的，也是为当代中国画坛所公认的。

陈传席指出，文人画的创作群体是文人，他们精通诗词歌赋，有很高的学识和文化修养，其作品反映了自己的思想和情趣。画家画是由专业的画家来画，他们注重技巧，作品十分认真、工整。唐代就有"五日画一山，十日画一水"之说。所以，他们的画长篇巨构，气势撼人。画家们也读书，但不像文人读书那么多。民间画出于民间，由质朴的农民来画。如果民间画家一经过培训，便立即失去了质朴的情趣，民间画的性质就变了，所谓"民间"的味道也就消失了。因此，陈传席认为，文人画就应该由文人画家来画，画画家画的画家不能染指，而文人画家也不能画画家画，更不能画民间画。

关于这个理论，李明久基本持赞同态度，但是并不完全赞同。他认为，从理论上看来，画家画可以吸收文人画的长处，文人画可以向画家画靠近，这两者如果能够很好地结合起来，相得益彰，会达到更高的水平。画家画和文人画是互相吸收，共同提高的，甚至民间画的优点也可以被画家画、文人画吸收，由此看来，画家画将来也可以向文人画迈进的。当然，要达到文人画需要多读书，但吸收是要加强自己的特色，而不是削弱自己的特色，更不能失去自我。文人画有文人画的长处，画家画有画家画的长处，民间画有民间画的长处，三者可以互相吸收，提高到更高的境界。

李明久对陈传席的文人画十分推崇，认为其作品不但有文人画潇洒、飘逸、自然的优点，同时也吸收了画家画的长处。

千呼万唤始出来
评论家的见解

陈传席非常肯定李明久《瑞雪》的艺术高度。他最看重的是李明久的画雪方法和传统的距离并不是太远，但又是新颖的。令陈传席遗憾的是，相较于当时同样以画雪著称的于志学，李明久没有造出一种气势来，没有在全国造成一种李明久样式的冰雪山水画大气氛，造势造得不够。

于志学是李明久的同乡，也是李明久的挚友。当年李明久在《黑龙江日报》工作时，于志学经常和李明久一同出入王仙圃先生门下。东北严寒的气候、冰天雪地的环境，造就了一批冰雪山水画家，于志学便是其中的佼佼者。他利用特制的纸张和材料作画，一改中国传统雪景山水画采用留白的方式呈现冰雪的画法，由虚画改为实画，为北国大自然冰雪找到了一个新的表现手段。由于画面突出冰的表现，被很多人称作冰雪山水画创始人。

于志学性格开朗放达，擅长组织和社交，具有掀起风潮、引领舆论的能力。李明久性格本是开朗大方，然而在于志学这样能折腾的朋友面前倒常显得恬静内敛。那时，很多热衷于画雪景的东北画家都站到于志学麾下，归为于志学冰雪山水一派。李明久对这位好友的能力颇为佩服，但在雪域山水一脉，李明久既不想归于别人麾下，又不想于此路折返或者停滞，于是凭着自己独特的颖悟和积淀，在这一领域树起了一面属于自己的旗帜。

陈传席曾撰文指出：于志学过一段就推出一大批作品来，过一段就出版一本画集。所以，他的冰雪山水在人们的印象中记忆很深。而李明久的冰雪山水画数量太少，宣传力度也远远不够。"有的画家造势，过几年就弄一个新的方法，捣鼓捣鼓，大家已经遗忘的就又接上了。可是李明久呢？他就弄一下子，没有把他的画推向更深入。如果李明久把他的冰雪山水画不断推出来，再把以前的《瑞雪》放在前面，人们会发现很多名家画雪都是借鉴他。他这幅画影响大，功力深，意境、形式都不同凡响，很多名画家画雪景都学他。过一段时间人们忘了，他再推出一批，就又引起轰动。人们会说，噢，对对对，还是李明久的冰雪山水画水平最高。恰恰李明久不善于宣传自己。"

陈传席认为："李明久是经过正规教育出来的，积淀也很多，他的路子走得更正。他的方法既和于志学不一样，又把北方冰雪山水的精神状态表现了出来。李明久受过中西两派的严格训练。他掌握了素描的造型基础，又掌握了传统的方法，这是他绘画发展到很高境界的一个重要基础。光掌握传统的方法，往往会被传统所束缚；完全没有传统，没有中国根基，面貌出来以后，再深入就会很困难。有些人艺术风格创造出来了，也基本上到头了。但是李明久有传统的积淀在里面，他的路子要是走下去，可以永远走下去，不停地加深。譬如黄宾虹和齐白石的画，只要健康允许，他可以无穷地加深。李明久的画，他的冰雪山水画，如果要发展下去，那是无穷尽的。"

陈传席直言："李明久要经常和专门的理论家接触，接触那些有真

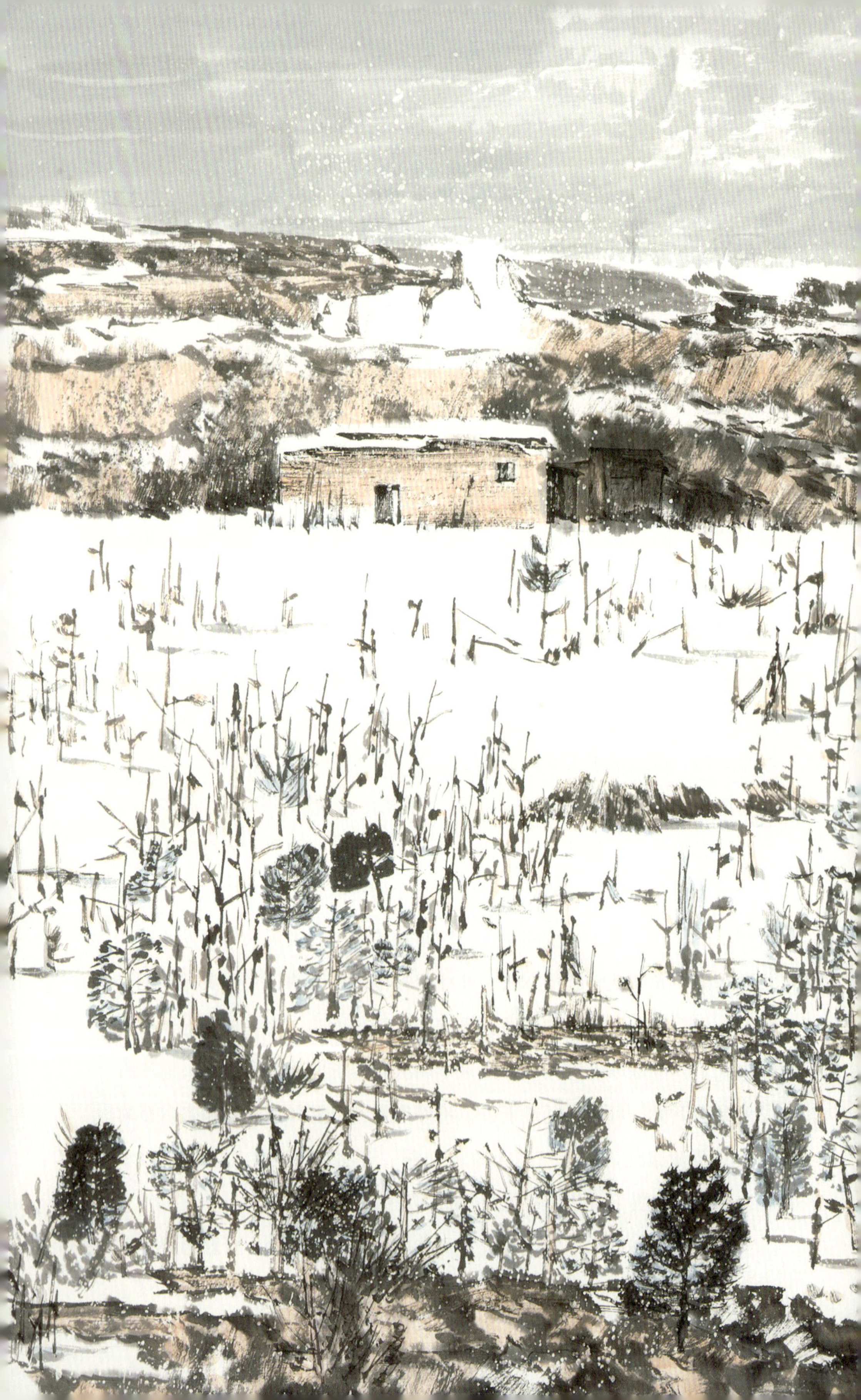

雪后

才实学的,能拿出见解的理论家。那些搞文字游戏的,对美术并不十分懂的,也未必要和他们接触。多接触几个有见解的理论家,对他提示一下,他要考虑的问题,别人替他考虑了,就是说理论家学了几十年,被他一个小时就拿过来了,这样对他是很有好处的。当然李明久也受过系统的训练,他自己也有理论,有一定的知识基础,把绘画发展到今天这个地步也是不容易的。他要继续发展,就要吸纳其他学者的意见。"

陈传席从一个艺术评论家的经验角度出发,认为李明久的画雪路子应该继续完善,再创造出一批新的绘画,在画的过程中再加进一些新的想法,还可以搞出更新的作品来。他不主张李明久完全按照《瑞雪》的方法接着画。路是一条路,但要思考在这条路上怎样更完善,如何再总结出一些变化。

艺术评论家对艺术家的鞭策和鼓励,以及对艺术家发展方向的前瞻性判断,有时对艺术家的进步有切实的推动作用。李明久此后于雪域山水之路高歌猛进,与陈传席这样的美术评论家,以及美术同人、好友的助力不无关系。

少壮工夫老始成
雪域山水绝唱

飘雪的冬日，世界被一层银白的纱幔笼罩。李明久望着窗外出神。大兴安岭、长白山、完达山……那密密匝匝的雪树，那冰天雪地的世界，勾起他无限的怀念。他缓缓铺开一页宣纸，拣笔蘸墨，将这怀念一一诉说。

作为在雪国长大的孩子，画雪自然是李明久从艺以来一直存在的主题。而集中式、高强度、高密度地画雪，是从年近七旬才开始的。

如果说当年《瑞雪》是一种具有特定社会意义的宏大叙述的话，那么，《雪国》《万峰雪色》《雪后》《雪国人家》……则是独属于李明久隐秘的、幽深的内心独白。

雪域山水一直是他的情结，经过多年的思考、沉淀，李明久赋予了雪全新的艺术面貌。李明久的雪原取材很单纯，只是用雪树，或者零散各处的未收割干净的玉米秸秆和衰败的枯草，来安排画面。用雪的厚薄、覆盖与不覆盖来表现层次与画面的迂回。在这处于缓坡的雪树林，雪是那样铺天盖地又无边无际。人们可以清楚地感受到雪的体积、雪的姿态、雪的魂魄。她从来没有像现在这样站立在聚光灯下，被当作主人公一样关注、品咂、研究。

以树托雪，以草托雪，这是多么简单的办法，就如一层窗户纸一捅就破。然而，用最简、最旧、最笨的办法走出一条新路来，这正是令人讶异之处。

树木苍茫、枯草寥落、云幕冷清，整体辽阔静美，像奔腾不息的岁月安静的一帧。李明久笔下的雪域山水，透着苍茫、孤独、宁静，即使是成百上千的雪树置陈布势，仍然传递出空旷之感。这当然是他心象的表达。大美无言，雪树在寒冷中焕发生机，枯草寥落却吟诵着岁月的永恒。李明久画出了雪的寒冷。这是画家对雪域山水的憬悟与提炼，是画家审美心理与长期大自然沟通的结果。

自古以来，画雪的画家很多，却难免陈陈相因，萧规曹随，而李明久却在千军万马中独辟蹊径，赋予雪新的生命。在笔墨表现上，古人基本都是以黑色或灰色背景衬托出前面的白色雪感，雪是一种朦胧的、象征性的、概念性的存在。而李明久的雪不甘心蒙着面纱，她要堂堂正正地走到人的眼前来，让人看清她的眉眼，甚至可以眉目传情、暗送秋波。

厚积而薄发是李明久一贯的原则，凭本事吃饭、不会宣传也是他一贯的作风。直到，二〇一〇年，李明久七十一岁时，《李明久画集》由香港艺苑出版社出版，他的雪域山水才以画册的形式集中亮相。直到二〇一一年四月八日，由岭东美术馆和汕头市美术家协会主办的"刚健婀娜共冶一炉：李明久山水画展"在广东省汕头岭东美术馆举行，他的雪景山水才以画展的形式集中展示。

当李明久的雪以蔚为大观的形式呈现在人们面前，这种全新的、鲜明的样式，立刻揪住人们的心扉，于是，雪成了李明久艺术的代言。

艺术家老甲评价："在李明久古稀之年，他又下决心回归老家风光

'雪域山水'，一批别开生面的、深沉雄浑且极富内涵的画作，再度源源不断地面世了，说明他的艺术生命仍散发着青春的活力。"

河北省美术家协会名誉主席、艺术家赵贵德撰文："李明久是用文化画雪的一位画家，李明久是画雪文化的一位画家，这两个概念是哲学。因此，李明久之所以能创造出一个雪的文化符号，是和他的文化修养哲学修养分不开的。文化符号是艺术的最高层面，它不是技术层面，也不是方法层面，它是中国哲学在中国画中最形象的体现。这是李明久在中国画向前推进和发展中，最有价值的贡献。我们从李明久一系列雪的作品中，最明显、最明确、最集中地看到的就是属于李明久原创性的'文化符号'！它既是有根有脉的文化传统，又是有前瞻性、有现实性的当代。作为河北省整体，李明久是一位非常有文化说服力、征服力和感染力的画家。"

艺术家汉风撰文："我没领略过北国冬日的月夜，但我想象得出北国冬日月夜的晶莹和圣洁。我想，也一定是这种晶莹和圣洁的穿透力，使李明久一往情深，难以释怀；也正是这种晶莹和圣洁的穿透力，使李明久悟出了太多太多生命的真义。不然，那《雪国》就不会像一首无言的诗，让我们感受到一种内在的象征之美和尘世少有的宁静；不然，那反复出现的小木屋和小木屋前那令人眼睛为之一亮的大红灯笼，就不会成为一种带有普遍意义的精神符号，从而点燃李明久内心的希望之烛；不然，那朦胧隐现的明月就不会显现出存在的昭示力量，从而使李明久能够真正回归到他本真的生命世界和艺术世界之中。"

一个艺术家终其一生都在寻找自己的符号，期待着从历史、从古人和今人的画卷里走出来，哪怕只走出来一步，那么这一步，就是艺界的哥德巴赫猜想。李明久是幸运的,虽然历尽千辛万苦,但是他找到了。也许他就是应雪而生,雪就是他的宿命。

雄关漫道真如铁
雪景画的新与变

李明久的雪，于志学的冰雪，美术评论界一般认为他们两位是当代美术画雪领域最具代表性的画家。每当谈到画雪，评论家便乐于将他们二人的贡献对比着探讨。经过沉淀，美术界大致形成了比较一致的看法。

李明久和于志学是画雪领域最具代表性的画家，而两个人走的路子不同。于志学的冰雪山水画，侧重冰的效果，雪的表现是次要的，雪的效果是凝固状态的居多。而李明久的冰雪山水画，侧重雪的效果表现，基本不怎么涉及冰。他的取材很单纯，只是用雪树来安排画面，着力画出冰天雪地的气势。于志学用矾水，在工具和材料上进行了改革，他画冰雪山水，没有那种特殊的纸和矾水就没法画。他的贡献主要是在技法上。而李明久是根据传统的方法，但是又改变了传统。他不是在工具和材料上下功夫，而更重要的是在功力上，加深他的笔墨功力。于志学和李明久两人各有侧重，但总体来说，都应归类于当代冰雪山水画这一范畴。

于志学对于冰雪绘画的改革似乎更加明显。他把矾水利用得很好，画材、画具也都做了改革，毛笔、纸张、材料都是特制的。古人所画的冰雪山水，往往是一个小的局部，在树枝、山头外面用淡墨衬托，此为虚画，而于志学是实画，用矾水把冰雪的质地画出来了，而且是大面积的，把东北那种千里冰封的气势呈现了出来。

那么李明久的雪呢？完全是传统的笔墨，却有一种不明所以的震撼袭来，人们从来没有见过这样的雪。正如艺术家、美术评论家陈传席所说："李明久的方法和传统的距离并不是太远，但是他又是新颖的。"

首都师范大学美术学院教授、博士张鹏说："当代冰雪山水画家中，东北的于志学可以说创造了一种崭新图式，在视觉效果和技术手段上有所突破。但他将视觉单纯拘囿于冰雪物象上，在仿效冰雪真实效果的同时失却了山水空灵冲默的本色神韵。与之不同，李明久的雪域山水是在其多年山水画创作根底上衍化出来的，既强调冰态雪意，又突出空间脉络的延展和山石结构的变化，故而他的雪域山水主体视觉是山水而非冰雪，这是画家醇厚的山水情结在雪景时空中的再度驰骛。'雪域'表面写雪，实写冬山之心绪。这批作品的空间效果尤为独特，画家凭依雪色留白，凸显山水色彩，突出了两者的视觉对比，也开创了一种令人耳目一新的虚实关系。"

作家、美术评论家李浩对李明久的雪进行了深入细致的解读和研究。他认为中国传统绘画的范式是在前人反复试错中总结出来的规律，因此具有强烈的审美合理性。如何在遵循规律的前提下求新求变和个性表达，自古以来是个难题。试图接续传统又寻求突破，为自己的作品打上强烈的个人印迹的画家们也一直在不断地尝试，譬如黄宾虹、吴冠中、贾又福。李明久的雪域山水，恰是成功的范例。

李浩认为，在笔墨技巧、色彩使用等诸方面，李明久可以说是传统的，他的"创造性"突破更多地体现在别处。与传统山水画中山峦叠嶂、强烈体现的散点透视原则不同，与传统山水绘画有意建造的峰回路转和它所带来的曲折迂回不同，李明久有意将构图近景化，他利用了雪，利用雪的薄厚、覆盖与不能覆盖来"重新组织"层次的丰富与画面的迂回……

此外，李明久计白当黑，利用雪中的树或雪中的高秆植物，以及裸露在外的斜坡，使雪得以"疏朗地布满"，让它布局于整个画面，"雪"有了更强的实体性。在以往的传统中国绘画中，"雪景"是山水形体的"虚化补衬"，它依附于山形、树形，从未以真正的实体的样貌得以体现，但在李明久的绘画中，雪被重视、强调，成为表现的重要组成和有机体……

"写下一隅，写下山坡或平原的'局部'，李明久的雪域山水却属于'大画'，他会在这一隅和局部中赋予惊人的旷远、静寂和苍茫，自有一种雄浑而透彻的力量于其中穿透。"

"无疑，李明久的"雪域山水"极为独特，个人标识强烈，'独创性'明显——然而它的每处变换，每种个人的突破都是反复掂量、反复试错和调整之后的结果，始终暗暗保持着对于艺术规范的把握。"

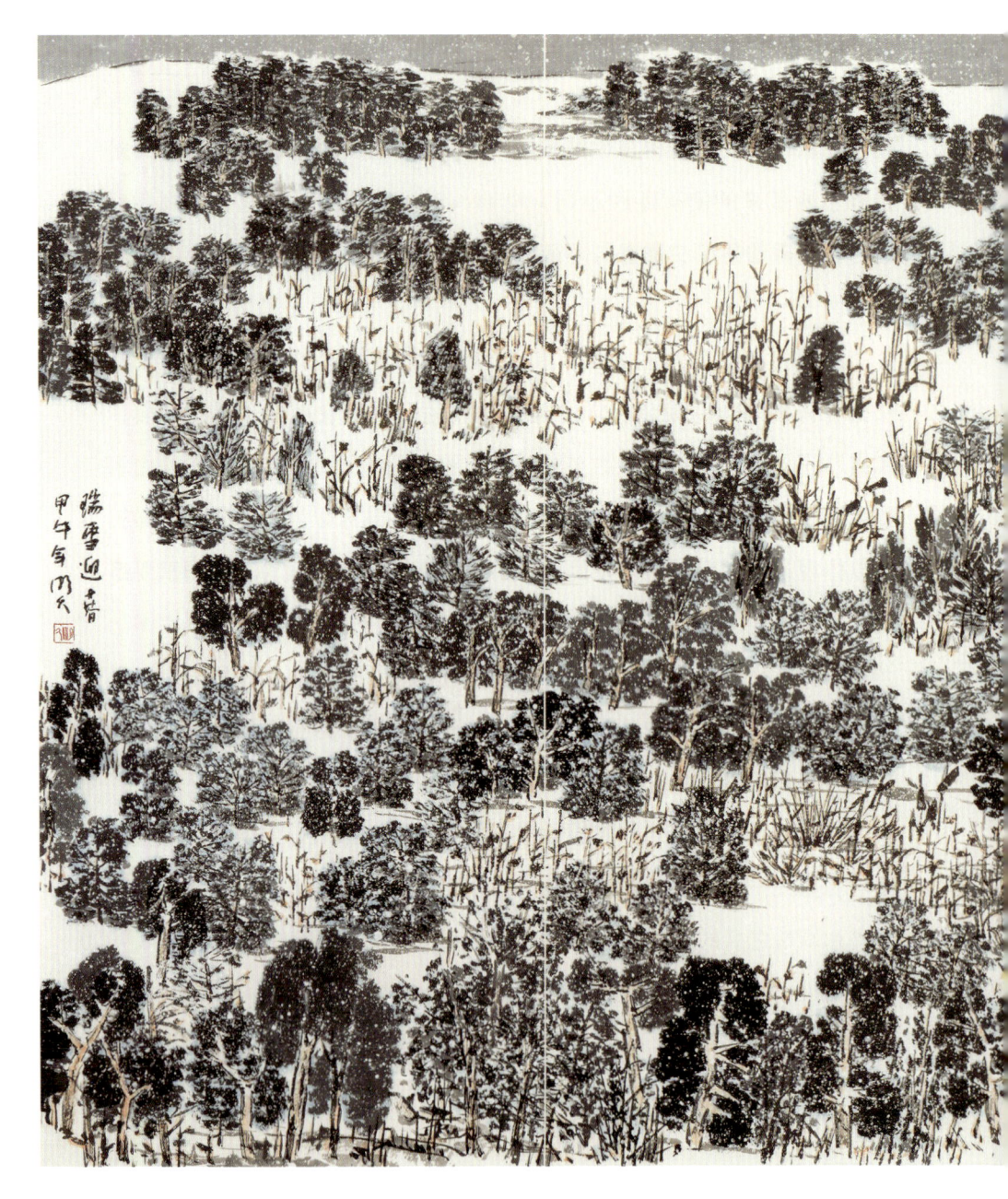

瑞雪迎春

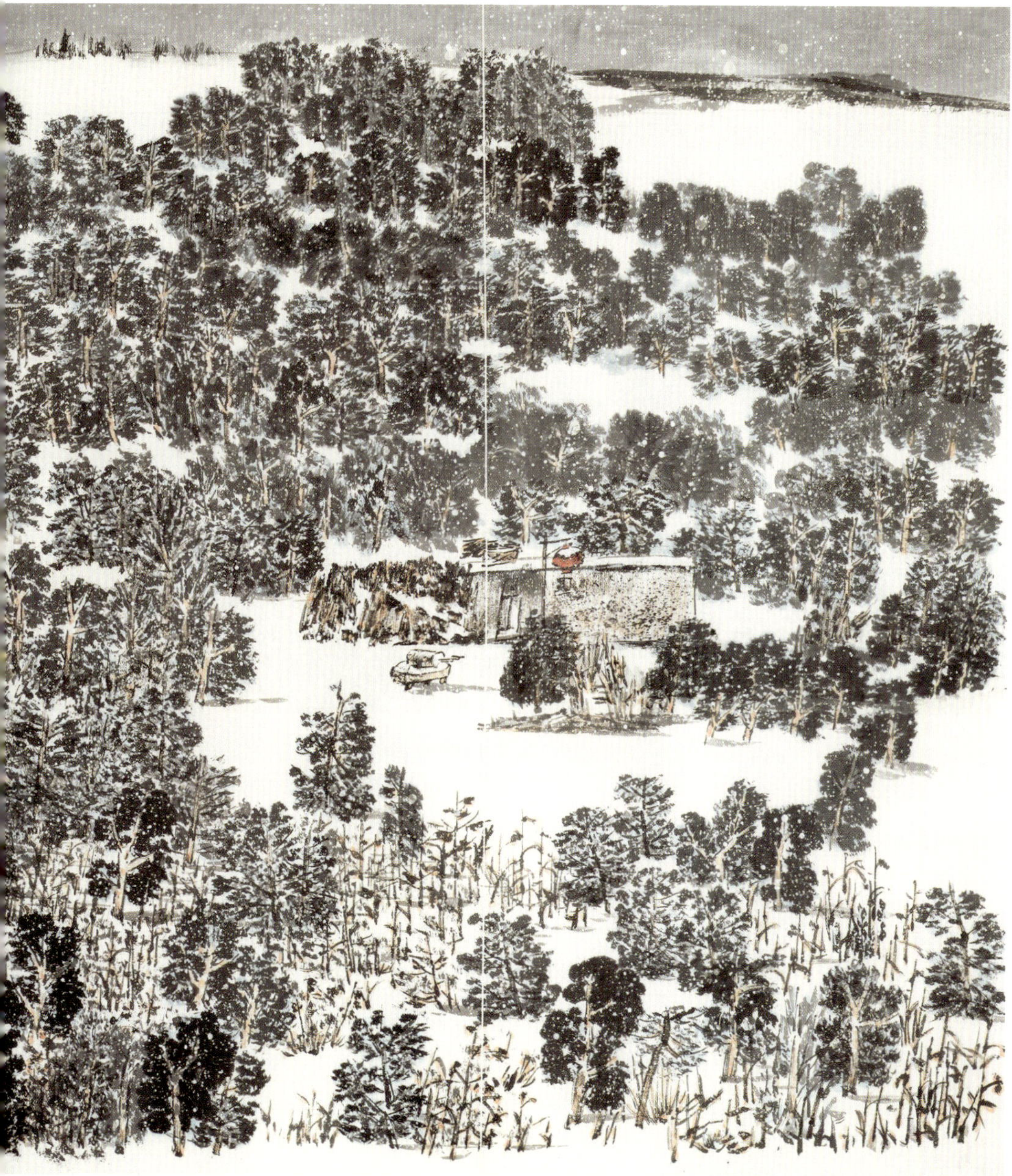

雪国　4000cm×100cm

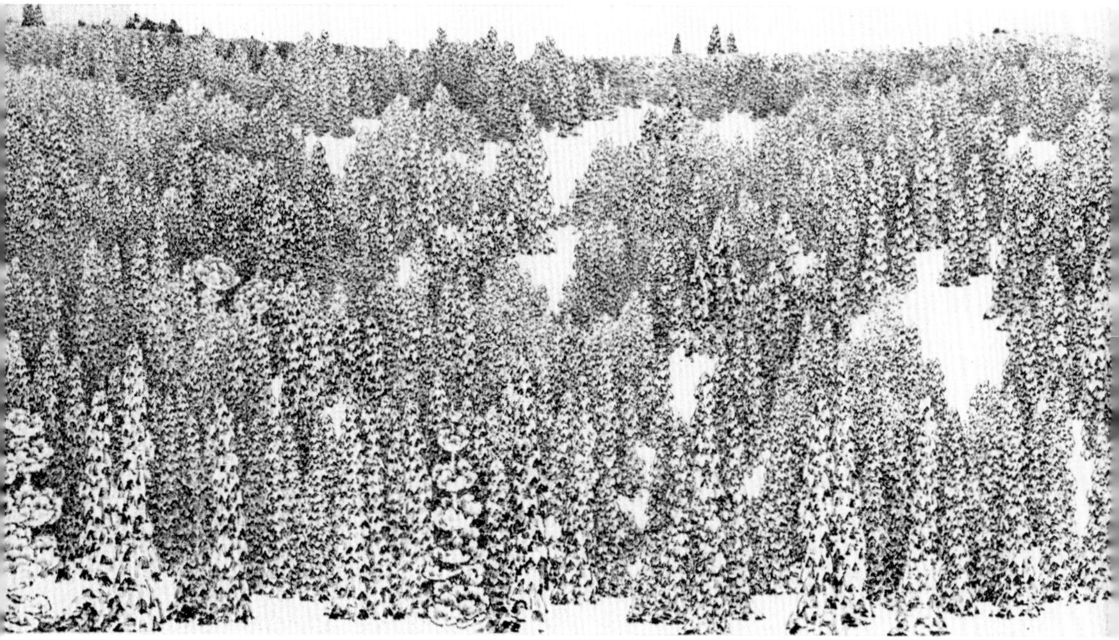

只留清气满乾坤
对"危机"的思考

又是夜深人静之时,李明久却无心作画。

画案上摆放着一些近期的艺术刊物和画展邀请函。他翻看着其中的作品,脸上的失望之色愈发明显。那些所谓的"创新之作",在他看来,充满了浮躁与功利。他想起曾经那个纯粹的艺术时代,画家们以笔为剑,以心为墨,为了追求艺术的真谛而不懈努力。如今,不良风气像乌云一般侵袭画坛,不断蔓延。他长叹一声,站起身缓缓踱步至窗前。望着窗外的夜色,将思绪沉浸在深深的痛心和忧虑中。

"时下以北京为中心,各种展示活动名目繁多,见诸鱼龙混杂'媒体'的画家及作品,可谓铺天盖地。在这种格局下,很多画家六神无主。有些忙于'制作生产',有些忙于'攀附运作',很少有人真正关注中国画本体及画家自身修为问题。这一现象令人担忧。但有些深怀文化理想的画家,视野较宽,眼量较高,无论在什么情况下,都能坚守信念、把握自己,实在难能可贵。"李明久写下这样的文字。

"画应该怎么画?为什么画?这是真正的艺术家必然要思考的大事。这既是艺术人生的定位,也是艺术创造取向的定位,又是文化认识上的定位。"一个艺术家应该如何走自己的道路?李明久作为一个艺术领域的探索者和一个美术教育家,忍不住大声疾呼:画家应有格局观。

"从绘画史及至文化史表明，'大家在精神'，'名家在气象'，这是艺术家境界高低之标志。前者为大雅，后者在能事。诚言，画到有气象不易，而能升华到精神层面更难。"

李明久从根本上思考画家的定位，认为一个好的画家首先应该具备大的格局。从自己的经验和体悟出发，具体谈到一个画家应该注意的头等大事。"艺术是多样的。以自己对社会和自然独特的体认，创造自己独特的、具有鲜明时代特征的作品样式是头等大事，是衡量艺术家成功与否的重要标准。在这个前提下，才可以谈作品独特的意境、独特的内涵等内在的东西。因此，中国画独特的样式非常重要。"

他对画家的发展提出了具体的方向。"一般来说，艺术家之独立思考及独立见解，是走向成功的基本保证。此类艺术家无疑都有一个充满焦虑与不安，对自己的未来满怀期许的'心灵史'。其思维深层，有良知亦有判断力，更有强烈的自信。而处于这种情境的艺术家，对一个时代来说，弥足珍贵和稀少。"

李明久一边奋笔疾书，一边陷入深深的思索。他的文字像决堤的河流越跑越广，越跑越远。

随着历史的车轮将时代从古代载入现当代，整个社会的文化气质都发生了翻天覆地的变化。那么中国画将何去何从？是原汁原味地继承还是大刀阔斧地创新，或是另求新路，一代又一代的文化学者、艺术家都在思考着、探索着。今夜，李明久不自觉地进入对这个问题的思考。

"一个画家每每在自身可信性和可异性、单一性和多元性的互相交错和更替中，对自己进行选择，并从中设计着自己的路线。要紧的是要经得起按照中国化发展道路的刺激和干扰，不断地向前举步。

"从中国山水画的技法史中可以窥知，黄宾虹异于石涛和'四王'，李可染又异于黄宾虹，贾又福和张步又和李可染相去甚远，以上这些大家，虽有师承关系，但绘画风格又各自有别，这说明一个真理，那就是中国画发展的一条'内化变异'的规律。这条规律的基本特征是，促使发展的原动力，是在于国画自身本体内自由的而不是什么观念强制的，是自然的，而不是人为的超越的。"

对于向西画学习的主张，他认为："用什么所谓新观念，企图截源堵流制造'断裂'，强行改造中国画，要与世界艺术合流，其结果如同回归'母系社会'一样，对中国画这个民族艺术来说，不啻是一场灾难。对此，我并非完全主张艺术必须具有民族的纯洁性，我的看法具体地说，洋鼻子安在中国人脸上，只要感觉美，也是可以的。但自然分娩的洋鼻子，总比安装得要好。我所说的'内化变异'，也并非画地为牢，只许小异不许大变。关键是在内在的本质上，要有区别于西方艺术而又不同于所谓僵死的民族性的特色，否则中国绘画艺术是无法立于世界艺术之林的。"

对于当时画坛存在的"危机"感，李明久认为大可不必谈虎色变。"正因为中国画是中国长期封闭型的文化现象之一，它的古老和缺乏生气，犹如一个瘦弱的老人，经不起迅猛的外来的冲击，这也是严酷的现实。那么，中国画也必将面临向何处去这一问题。论争和沉寂，观望和讥讽，不必讳言，这就是'危机'所反映的现象。但是，危机并不等于死亡。作为一个民族的文化现象，绘画和其他事物一样，有着延续与发展，任何力量都不可阻止。如果说，'危机说'有所可取，就在于引起当代中国画坛群体性的普遍思考，而伴随思考必将出现一个空前的主动和被动的尝试性的实践浪潮。这就是推动中国画向前发展的先导。可喜的是，一批年轻的画家们都在竞相奔逐浪头，我想这就是中国画未来的希望。"

对于当时流行的"现代意识"，李明久写道："这一令人激奋的提法，对于当代中国画坛，具有某种超现实性和冲击性。这一观念和中国传统绘画观念，是大相径庭的。冷静审视其来由，它并非中国传统绘画这一本体的产物。对于中国画家来说，它的出现或存在，只能具备一定的令人惶惑和神奇的主观指导意义。遗憾的是，中国传统绘画观念虽然已呈现向多元拓展，但向纵向推进，必然走向折中主义。为此，我以为当代中国绘画，必将经历一个不伦不类、鱼龙混杂的阶段。至今为止，包括那些现在正活跃在中国画坛的所谓观念绘画的先觉者，我也不以为是什么大师。因为模仿的痕迹，粗糙的'技巧'，充满着焦躁和不安的情绪，是极为普遍的。但从长远看，把观念绘画视为中国未来绘画的发展主流，不仅是明智的，也是必然的。但这种主流必将是具有中国文化血统的观念绘画。"

泰山朝阳 33cm×33cm

非宁静无以致远
小园香径

晨光熹微，悄然洒落在小院。两条长毛小狗在主人的脚步间你追我赶，看扫帚划过地面留下波浪一般的痕迹，便对这庞然大物发起总攻，一并冲上去撕扯、轻咬。每当这时候，李明久便停下扫地的动作，任它们撒欢一阵子。

不知不觉，搬到蹊园已经一年有余。这段时间除了一日三餐，就是莳花弄草、逗鸟遛狗，颇有解甲归田之感。画画，自然是日常动作，但是并无计划，亦无任务，全凭感觉。

年逾古稀，总要进行一次心绪的梳理。"花落无声尚存余香，月落无声洒下孤寂，潮落无声暗留激情。面对古稀之年，辗转思索，似有'老无他路欲安归'之感，但凝思静想，仍觉心志未泯，灵神玄幻，心潮涌动。"散文《向往》记录着他此时的心绪。

安闲自在自然是好的，然而，作为一个艺术求索者，定是心智未泯，不肯就此随波逐流。"回味艺术人生之旅，混迹画坛数十年，多有愧悔，而今已补过无从。偌大的空间，因为拥有太少，所以珍视未来。而未来又是难解之题。恰是用心多多，可能更是遗憾多多，但总会梳理出一丝线索。"

在李明久的居室里，多年来一直悬挂着自书的"诗书笔墨立身之本"条幅,作为座右铭,以警自己,虽曾几易住所也不肯丢弃。他也谨记恩师王仙圃生前嘱咐他的话:"一根肠子做自己的事,用心画画。"在追寻艺术的道路上苦苦耕耘、开拓掘进,几十年如一日,不知不觉中,已经蜚声画坛。但是他仍觉"多有愧悔,而今已补过无从"。

然而李明久也深知,"遗憾"正是人生常态。人只要尽力而为,便得自在而悠然。"为了已久的向往,若是德薄而自尊,智小而谋大,力微而任重,或许是灾难的开始,或许是失败而终。纵然是千回百折,伤人神骨,即便充满险阻和崎岖,只要少一点闲事,拒绝纷扰,丢开利害;守护自己的烛光,别去吹熄别人的灯;君子修为,善在独行。任口说去,任性做去,任情欣赏,一片明朗和宁静,自在而悠然,那就是我要的'小园香径'"。

完成心绪梳理的李明久对为人之道、对艺术求索之路更为明晰而笃定。说来也奇,这段时间,他每次临案,总觉心手合一,如有神助。于是,一幅幅崭新的作品仿佛从心底流出,展现出不同于以往的任何模式,包括他自己从前的所有艺术面貌。

雅集可以洗心尘
蹊园逸品

辛卯高秋，恰逢寒露之日，著名诗人刘小放、艺术家赵贵德、作家闻章等诸友应李明久之邀赴蹊园"雅集"。茶过三巡，李明久抱出一大沓近作让大家品赏。近一阶段，他闭门谢客，聚精会神画出的这批扇面小品，正是那种充满意趣、玄机的超然之作。

一幅幅展开品咂，几个人的眼睛都亮起来，亮着的眸子里映照着的不再是茶，不再是鲜亮的水果，而是这些小幅的山水。时间似乎凝固了，几个人都不说话。这种沉默说明，这几个人心底深处定然是有了几分惊讶，正是这惊讶的插入，让惯常的思绪有点紊乱，因此需要片刻的调整和梳理。而在整理之后，还有品尝和品尝之后的回味。品尝和回味都不需要语言，任何的语言都是一种破坏。众友只觉每幅画面都净洁无尘，静虚无极，逸情玄妙，竟是出奇的干净、宁静、逸境。

他们被画作点燃了诗情。人称放翁的诗人刘小放即兴"挥洒"了《蹊园秋兴八首》。连从没写过诗的赵贵德也聊发少年狂，吟出一首长短句来唱和。

作家闻章用以下文字形容这些小品画："这里有散淡，有疏朗，有无言之言，有不画之画。这里与烦乱无缘，与杂乱无涉。让人觉得，如能厕身其间，定能淡涣财、色、名、食、睡，消弭怨、恨、恼、怒、烦，从而高洁其心，高尚其事，高明其人。所谓的高士，正是需要这样的山水；这样的山水，才能涵养那样的高士。"他赞扬这批扇面画，尺幅之内有大气象。这气象不仅在于笔墨的洽然与章法的活泼，更在于心灵的虚静和安稳。"每一笔都安住不动，闲定而居，而每一笔又都鲜亮活泼，充满生机。它能让躁乱的心得到安顿，能让安顿的心沉到深处。他有的用繁，有的用简。繁的不繁杂，简的不简单；繁的用笔虽多，其意却在简上，看着透亮，且是越看越透亮；简的用笔虽少，其意却在繁上，看着丰富，且是越看越丰富。他的繁，恰是简；他的简，恰是繁。正如黄宾虹和八大，黄宾虹千笔万笔，却是一笔；八大一笔两笔，恰是千万笔……"

似乎可以这样说，他的这些小品扇面，是他艺术之树上开出的最明晰、最鲜艳、最有代表性的花。然而，李明久自己知道，这些作品是在他人生的转折点，正是他欲从积极追求向无欲无求过渡的修心养性之作。

正所谓无欲则刚。安居蹊园，无欲无求，身心放松，闲来作些小品，以慰身心，不想却受到友人盛赞。不久之后，这批小品画在保定当代美术馆"李明久山水画艺术展"上集中亮相。香港艺苑出版社出版了《蹊园逸品：2012李明久》。

李明久在画展前言中说："我日耽翰墨数十年，也是穷尽全部精力，但所得甚少，业绩平平。也深知艺术人生从头至尾，中间必经历漫长的静定和寂寞的旅程，于今蓦然回首，已是残秋，但至九五回归道山尚有时日。原以为墙外风恶，不如忍寂闲居，养桃在园，自得其乐。然而屡得朋友们引我打开困顿心结，促成在保定当代美术馆举办个展，并

烟水浩浩　19cm×24cm

将这些近年之作曰为'蹊园逸品'结集出版。这些作品可能鄙俗不堪，自己羞于言说，至希观者及艺林有识之士教我。"

李明久时年七十三岁。

水涵空 28cm×28cm

君子之交淡如水
茶余饭后的交往

这一阵子，画坛人士聚到一起必然会提起一个别开生面的展览，那就是在河北省作协河北文学馆举办的"对话——铁扬、李明久小幅作品展"。铁扬专于西画，李明久精于国画山水，不同的画种，不同的风格，在一起展览，正像两个性格迥异却互相敬慕的人在一起交流对话。更有意思的是，这两位久负盛名的泰斗级老艺术家虽年逾古稀，却都仍然雄姿英发，一身才子气象不减。铁扬又是画画又是雕塑，小说、散文出版了一本又一本。李明久也是佳作不断，文章频出，汽车开得飞快。

之前并未听人谈及二人有所深交，因此，"对话"画展多少有点出人意料。其实，他们早在二十世纪八十年代就因赵贵德的牵线而相识。如今已经二三十年过去了，在"君子之交淡如水"的基础上，更增加了"茶余饭后"的随意与家常。

李明久向来崇尚文学，他对铁扬的敬慕，不仅因为他是一位出色的画家，还因为他是一位著名的作家。李明久曾经谈到一个艺术家应该具有"长度、宽度、厚度"。"所谓长度，就是一个艺术家艺术的生命力；宽度就是艺术家修养和学识的广博；厚度就是指艺术家的作品是不是总有质量，是不是不同时期有不同的代表性作品。而铁扬在这方面给大家做出了榜样。"他评价铁扬的油画，在借鉴西方创作形式的基础上，融入了东方传统文化，充满了写意精神。就像翻译家傅雷，其翻译的作品在保留原作精髓的基础上有着浓浓的东方美感。

在铁扬眼中，李明久是一个率真、坦诚的君子。他永远记得，一九八二年，他刚到画院不久。在一次去北京看画展的火车上，恰巧碰见在门口吸烟的李明久。那时两人还不熟悉，简单寒暄几句，李明久便直截了当地说："铁扬，来师大给我们上上课吧。"虽然没有附加任何客套，也没有以夸赞其艺术作为邀请的前提，这看似随意的邀请却令铁扬感到无比亲切和诚恳。画家与画家之间，无须多说，便已心有灵犀。互相尊重，互相敬慕，也互相理解，从那时起，两人交往的基调便是轻松、随意。

之后，二人常在为一些画展做评委时见面。李明久的风格是匆匆来匆匆去，发言也言简意赅、凝练精辟，从不长篇大论或拖泥带水。两人有时能说上几句话；有时仅在各自的座位上用眼神交汇一下；有时则各自为活动尽责，并无交流。铁扬看出李明久总是心中有事，这事应该比摆在他眼前的事更重要，那一定是他的艺术。此后几十年间，李明久在人生不同阶段取得突破和成就，证实了他的判断。他不想用华丽的辞藻来夸赞李明久，而是用一句最朴实的话来概括他："他是一位画家，是河北省'落住'的一位画家。"

二〇一二年秋冬之交，一日兴起，李明久招呼赵贵德、铁扬、刘小放、闻章一众友人雅聚。茶余饭后，李明久很随意地跟铁扬说："铁扬，咱俩搞个小活动吧，搞个小画展……"铁扬欣然同意，说："这实在是我们俩应该成全的一件事。"

兴尽而归，一众友人在酒楼大厅合影留念。性格一向豪气奔放的诗人刘小放大喊:"快过来,吉祥三宝,先给你们仨合个影。"李明久、赵贵德、铁扬,时年分别是七十三、七十五和七十七岁,又都是令人高山仰止的泰斗级艺术家,可不正是河北画坛的"吉祥三宝"吗?

岁月如烟,从青年到老年,"吉祥三宝"没有向时光妥协。他们用执着和勤奋在人生历程上书写了一个又一个壮丽的篇章,最终遇见了更好的自己,也成了很多人心目中仰视的大山。

傲骨梅无仰面花
为善从不与人知

虽然已是深冬，阳光却很和煦，尤其坐在车里，简直温暖如春，然而蔺桂荣却手脚冰凉。看着老头子开着车，阴沉着脸一言不发，蔺桂荣知道他生气了，心中很是忐忑不安。本想温言软语劝说两句，但是想来想去自己并无过错，一阵委屈袭来，竟湿润了眼眶。

同道中人的聚会、饭局，李明久很少带她出席。蔺桂荣也乐得给他自由，不愿干涉他的事情，从不抱怨。这次耐不住友人请客一再邀请李明久偕夫人一同参加，蔺桂荣才得以一同前往。本来老两口高高兴兴赴约，回来却生了一路的气。蔺桂荣知道老头子一向为人恭谨、谦虚低调，从不喜欢招摇夸耀。以前就因为她在饭桌上多讲了几句老头子的高大上事迹，他就生了很大的气。蔺桂荣是了解老头子的，在他的理念里，自我修养是自己的事，只需坚定自我操守，没有必要说给别人听；"为善不与人知"才是君子之道，而自我标榜是粗陋和庸俗的表现。从那以后，蔺桂荣再出席这种场合总是小心翼翼，说话很注意分寸。

这次聚会饭桌上，在座的虽是同道，但都尊李明久为师长，言谈话语，无不赞叹明久师的艺术造诣、为人风范。更有后辈一边给师母蔺桂荣夹菜，一边央求她讲讲李老师的典故。看着这位后辈诚恳的样子，蔺桂荣没有忍住，讲了几段不为人知的故事。

有一回，李明久收到一封信，是一位书画爱好者寄来的，但是信开头的称呼却不是他，而是他的学生。原来是这位书画爱好者在正定机场看到巨幅画卷，非常震撼。他向机场打听到作者是河北师大的老师，并要了联系方式，便写信表达崇敬之情。这幅画是李明久带领学生一起创作的。末了，李明久把学生的名字署在前面，把自己的名字署在最后。那位书画爱好者以为第一署名者就是那联系方式的主人，才闹了这个笑话。

有一回，一个做买卖的托人找到李明久，要买画送礼用。因为对方喜欢艺术，尤其喜欢李明久的画，所以不管多少钱，他一定要买李明久的画送礼。那人走后，蔺桂荣故意打趣说："这种情况，就该多收点钱。"李明久就说了一句："不能那么做人。"

讲了以上典故，蔺桂荣又讲了二〇〇五年李明久的画随"神舟"六号飞船一起飞上太空等光荣事迹。要是旁人早就炒作开了，而李明久从来没有对别人提起过。她一边讲着，还不时察言观色，恐怕老头子听见。看着老头子越来越不悦的脸，她知道自己又话多了。

苏北运河展新容

苏北运河展新容 九〇年初夏运河行过扬州

坐看云起时
李明久封馆开馆

这是一个阳光明媚的春日，李明久唐山艺术馆盛大开馆，从此河北唐山多了一个艺术地标。

艺术馆整体造型现代而不失典雅，传递出神秘的艺术气息。门前花团锦簇，热烈地欢迎着每一位即将踏入艺术殿堂的宾客。各界名流、艺术爱好者从四面八方纷至沓来。

进入宽敞高大的展厅，一股浓厚的艺术气息扑面而来。灯光柔和地洒在一幅幅精美的画作上，为它们披上了一层神秘的光辉。观者或驻足凝视，或轻声交流，沉浸在高雅的艺术氛围中。

七年前刚搬到蹊园时，李明久就已经有了"退休"之意。李明久一生喜欢古典文学，记得杨杏佛"三士论"之三说：人至血气衰时，宜做"居士"。所谓居士，就是安闲自在之意。李明久想自己既然已入老年行列，不若养气读书，崇德修学，弄花养鸟，过夜犬晨鸡相闻的日子。从此，不责人过，不举人私，不念旧恶，也可净心远害。

李明久劝自己修心养性、安享晚年，抛却一切功名利禄，回归一种自由的状态。无奈艺术家的本性使他难以遏制创作的激情。此后几年，李明久年龄渐长，精力却愈发丰沛，艺术之树愈发青翠。正如他在文章中所写："对艺术家而言，在这个人世间，半缘是生活，半缘是艺术。

自己酷爱之业，岂能因闲散而罢废。我虽年届七旬，但我对自己的艺术探索，依然故我，仍保持很强的守护温度。"

在此次活动上，75岁的李明久，着装简约而不失庄重，脸上既有岁月沉淀后的从容淡定，又满含对这一非凡时刻的喜悦与激动。

随着开馆仪式的盛大启帷，"李明久艺术成就研讨会"进入高潮。来自海峡两岸暨香港的知名学者、艺术家七十多人参加了研讨会。中国美术家协会为此发来贺电，对李明久的艺术成就给予高度赞誉。

众多媒体争相报道这一盛况。其中《河北日报》的标题为"李明久：山水常青树，扎根山水间"。报道称："李明久作为河北美术界的领军人物之一，被誉为当代中国山水画界的常青树，在全国美术界具有很强的影响力和美誉度。李明久虽已年过古稀，但依然保持着对艺术的不懈探索和旺盛的创作活力，被称为'李明久现象'。"

李明久之所以被称为常青树，一是因为他对艺术几十年如一日地不懈探索，更重要的是因为，人们关注到了李明久在艺术道路上不断求新求变的精神。

画家的艺术模式有两种：一种是一个模式从开始一直画到最后，另一种就是不断更新。

中国历代有成就的画家，大多重复自己。把他的画摆在一起看，实际上在画一张画。当然，这种重复的练习，使一种艺术范式达到炉火纯青的程度，是艺术成就达到完备成熟的一个标志。

还有一类，就是画家在不同时期有不同的东西。很显然，对于后者，要想成功很难。然而，李明久却倾向后者。他认为，时代变了，生活内容也在不断变化。人的情趣、审美追求、审美心理也都产生相应变化。艺术家的思想，就是要跟生活同步，跟时代同步。

无论是题材所涉还是画面样式，李明久一生创作所体现出来的丰富和全面，见证了他左奔右突、不断实践的历程。茫茫雪原、巍巍太行、烟雨江南，抑或青绿浅绛、水墨写意、时代新貌，巨幛山河、尺幅小品，皆有不俗的画图佳景，可谓之画路宽广、成就卓荦。但在这庞杂的艺术变量中，李明久最根本、最牢靠的坚守，依然是根植于传统文脉和审美上的自我个性彰显。

路漫漫其修远兮
高寒之境

毕竟已是七十五岁高龄，在唐山参加了"李明久艺术馆"开馆仪式，又会了几次朋友，回到石家庄，李明久就感染了风寒。暂时不能作画，躺在床上静养之际，便时不时地陷入思考当中。

回想一路走来的艺术历程，是一条清晰可辨的"内化变异"之路。

李明久曾在一篇文章里写下："余每登高临远，徜徉山水之际，浩然之气，旷逸之绪油然而生，且蕴积于胸坎，非诉之笔墨不足为快。然为才俭笔拙所拘，临池挥毫，常感画不尽意，仅得其外象景观而已，难以活现其精神意蕴。古人言，'凡画神为本，形似其末也'。诚哉斯言！"李明久记述了自己欲求艺术高格而不得的苦闷和困惑，即"仅得其外象景观而已，难以活现其精神意蕴"。

任何一个画家，都不免要长期地在纵横交错的艺途上瞻前顾后，在左趋右撑中去寻觅，去开拓。使自我意识、理想和志趣，在获求某种"契机"的启迪下，来显示其才华。李明久在日以继夜、食不甘味的不懈追求中，认准了"内化变异"的道路。

他曾有文章说："余作山水有年矣，窃以为：笔墨艺事之要旨，非以刀斧硬入、刻鹄类鹜为是，贵在得天然之灵性，取造化之神韵，摄本体之真趣耳！"艺术不是凭空想象或者靠临摹大自然而形成的。须得以造化为根本，融入画家本体的旨趣、意念等，方能达到一定境界。"观古人名绘，惟八大、石涛超人一筹。余近年力学穷探，既注重本土传统文化之借鉴，又有意于西方现代意识之吸取。追模前者，得其孤冷简括笔法之本；体味后者，得其恢宏丰厚之精髓。遂以勾、点、皴之法，经营画面结构。其办法是，勾中皴、皴中点、点中擦。勾、皴、点皆用淡墨，唯擦用重墨，并可往复多遍。敷色当少而轻，也可用墨加擦，以求浑厚多变。此法主要以清入手以浑为终，是为破，积墨法之新变。若能随意命笔，缘物导意，忘乎形迹，尤能得佳趣。"

他真诚而细致地记录了自己在摸索中的体验。他从古人和西方现代意识中汲取营养，并力求从中超脱出来，以求笔墨"新变"，缘物导意，忘乎形迹，便能得佳趣。"以余一己体会而言，勾、点、皴、擦等传统山水画法，绝非朽木腐草，其表现之功能，实则无穷尽。关键在于能否思变。变则通，通则灵，灵则必能出新奇，规范自立。故此之曰延续型'内化变异'者也。为绘事出新之一端。"

他也注意到，有一种新的艺术主张，反对传统，打着现代艺术的旗号，力求从当前现实中提炼艺术。"另有异军，鸣唱反背古法（即传统），力图废弃旧有，以西学艺事最新轨迹，于'现代艺术'之样式中获求灵机，以本土艺术之变态物，标新独造，此名之曰逆反型'外融反变'者也。为艺事出新之另一端。"

对于艺术求新的两条出路，李明久主张兼容并包，取各家之所长，反对划清界限。"窃以为，于今之计，从历史与现实双向上，寻求出路，探求艺术之新生命，'内化'与'外融'，'正变'与'反变'，并存则可，结缘尤佳。只要出现沉实之作，即为幸事。"

李明久在艺术历程中苦苦寻觅，终于形成了比较清晰的认知和奋斗方向。造化、传统、西方、现实，在李明久的艺术字典里都是工具，都能为其所用，但是主宰只能是他自己，是他自己的意识、旨趣、理想、审美等等。

直到此时，李明久的画终于可与成熟二字相提并论。其画面一眼看上去的直观感受便是：好画，舒服。再看就会感觉：既严谨又活泼，既规矩又生动，既丰富又清新，就像一个美女，性感和清纯，她全占了。

其实任何一个艺术家的艺术都有可以参破的密码。有了这个密码，破译变得异常简单。稍懂绘画技巧和规律的人就能分析出来，李明久画作的结构和布局，是非常符合老祖宗总结的各种美学规律的。比如疏密得当、错落有致、浓淡相宜……这些简单的理论，画家都知道，但是很多人不好好去用，是太想标新立异而不屑于用，还是想用就是用不好呢？估计都有。但是李明久将这些规律运用到了极致。

李明久的笔墨功夫也练就得出神入化。他的线条能够根据大画小画以及各种画面效果的需要，有时朴拙，有时潇洒，变化多端。皴擦点染，他并不偏爱哪一种，而是根据需要运用得随心所欲、因地制宜。

李明久能够做到意到笔到，笔随心动，源于他几十年如一日的求索不息。他接受过正规的高校教育，进行了严格的美术基础训练，这使他打下了扎实的基本功。李明久的求艺信条是"内化变异"。"内化"是指必先吃透传统，变异就是要在传统的深层中解放出来。

艺术家在熟练驾驭规律的基础上必然要形成自己的绘画语言，实现自己的美学范式。一个艺术家成功的标志，就是有他自己的样式，这是头等重要的事。而找到这个样式的过程，就是要把一种东西推向极致的过程。只有推向极致，艺术才能有震撼力。否则就是平平淡淡，跟别人的，跟从前的差不多，而无法作为独立的个体走出来。

由此可见，师古不泥古，跳脱出来，找到独属于自己的绘画语言，进而推到极致，是李明久成功的秘诀。

艺术家的求艺历程是艰苦而孤独的，一个有思想有责任感的艺术家，不会浅尝辄止，不会停留在不错、挺好的层面，他必定要经历自我折磨的过程，在痛苦中蜕变升华，找到独属于自己的路。这就是他追求的高寒之境。其上下求索之路，正是路漫漫其修远兮。

师恩恰似三江水
学生王旭

筹备多时的个人画展开幕在即,王旭躺在床上辗转反侧,难以入眠。他倒不是担忧,有恩师李明久先生坐镇,画展必然成功,只是有些难以抑制的兴奋和激动。

王旭擅画工笔花鸟,三十年来,他在艺术道路上孜孜不倦、上下求索,形成了独特的个人风貌,在艺术版图上占据了一席之地。此次画展正是他的高光时刻。回想自己的成长之路,他的思绪自然落到恩师李明久身上。

三十年前,王旭还是大一新生。早就听高年级的同学们说过:系里的李明久先生是大师,武林地位相当于黄老邪或洪七公!王旭便对先生产生了深深的敬意。那时,王旭求知心切,有时会起床很早,不洗漱、不吃饭,先去画室画一阵子再说。在美术系门前的路上经常能遇见李明久先生回家。"老师好,您来得真早啊。"他至今还记得第一回和先生打招呼那心跳加速的感觉。先生说:"画了一宿,我回家歇会儿,一会儿还得来上课。"此后,王旭很长一段时间坚持早起,其实潜意识里就是想和李老师打个招呼!

无论春夏秋冬,寒来暑往,只要起得早,准能遇见李明久先生回家。在王旭心中,李明久先生是不睡觉的。毕业后很多年里,王旭习惯

苏州北寺塔 33cm×33cm

夜里画画，也是受他影响。当然，王旭在艺术之路上取得的成就，也与其从恩师身上继承的痴迷艺术的精神有关。

王旭还记得大三时那次难忘的西柏坡写生。到西柏坡纪念馆招待所办理入住之际，班里七个同学一致推举王旭和李明久先生一个房间。大家认为要给先生身边安排一个学生端茶倒水、跑腿传话，而王旭睡觉不打呼噜，情商智商都经得住考验，所以这个人非他莫属。同学们自然是把先生当父亲一样恭敬、爱护，但多少有些因敬而生畏。和他同住一屋，不免心虚胆颤。恰好，王旭不怕，不但不怕，反而觉得先生还挺可爱的！

大约夜里三点，王旭早已熟睡，朦胧中就听见李明久先生叫他："王旭，王旭呀——"声音不大，但是警觉的王旭还是醒了过来，他连忙答应："老师喝水吗？"没想到先生却说："不，不喝水。河北民歌《放风筝》怎么唱来着？"王旭心中一乐，赶紧说："老师，我不会唱。"然后李明久打开了话匣子，跟王旭讲："艺术家要学习美的感知力，学习相关艺术的关联，不能光是手头的技术，手挥五弦易，目送飞鸿难……"王旭在昏昏欲睡中听得云里雾里，只记住了《放风筝》。后来，有了互联网，王旭从网上一搜，《放风筝》还真是一首旋律优美动听的曲子。

第二次跟李老师一起写生是去山西与河北交界的驼梁山区。那天，天气寒冷，赶上了漫天的大雪，李老师非常喜欢在有雪的季节去山里看山和画风景。在风雪中坐了一天的车，傍晚的时候，他们到了远近闻名、风景优美的山区。在村里找了一农家院，跟当家的老农商量着住下。那个年代没有发展旅游，没有旅馆，写生都是住在农民家里。王旭跟房东问好了三顿饭的伙食标准，商量好了一天的吃住价格，便等着吃晚饭了。然而，房东看学生们留下来了，就一点点改变了规则，说好的给烙饼，却以一碗稀粥代替了。王旭心想先生辛辛苦苦冻了一天了，吃不饱饭哪行呢！因为是他谈的价格和伙食标准，自然感觉很对不住老师和同学们，便去和房东理论一番。听到语调越来越大，李明久先生便派学生把王旭叫到一边，语气缓和地慢慢和王旭说："王旭呀，我听到你和人家在争吵啦，不要这样。我经常在山里写生，也不是在意吃得好赖。看到农民的日子特别苦，你们在学校天天馒头米饭、鸡蛋牛肉的，贫困山区农民过年才能吃一顿肉、烙一张油饼呢。咱们在这冰天雪地中能有顿热乎饭就不错了，就别挑了吧！"这话顿时让王旭感到无地自容，顿时想起鲁迅在《润土》中所写的对农民饱含深情的目光。

"三十多年了，想起老师的教诲依然在耳边，他的高度不仅仅在于艺术造诣上，更有对劳苦大众的人文关怀。现在我明白了许多学生在笔墨技巧上可以达到一个貌似李老师的高度，但是李老师的精神内涵是学不来的！"王旭在笔记本上写下这段文字。

他年应记老师心

学生文岗

以画荷而著称的艺术家李文岗这几年积累了不少画作，常年习练摸索，自我感觉精进了不少，朋友们都催他尽快办个个展。要办展览，必然要请一位德高望重的画坛前辈写个前言，他自然想到了恩师李明久先生。

然而，据说先生这段时间不会客，更不会外出吃饭，文岗不免有些忐忑。当他敲开恩师家的大门时，一切担心都烟消云散了。

李明久听明白学生的来意，随即驱车赶到位于友谊大街的"李明久艺术空间"，提笔就写。此时，他已经八十有二，不会用电脑打字。他的写作保留着传统的书写习惯。他在竖式信笺纸上行文，字斟句酌，反复修改、推敲。写完一遍，不甚满意，又起稿另写，如此反复写了三遍。站在一旁恭候的文岗甚是感动。此时文岗在河北大学任教，从保定到石家庄虽然不远，但到底不在一个城市，这么多年很少来看望先生。即便如此，先生没有丝毫推脱与抱怨，一丝不苟地认真对待，他不禁感慨"山高水长有时尽，唯我师恩日月长"。

李明久先生的教导有后劲儿，这一点学生们都有体会，文岗也不例外。二十世纪八十年代末，文岗正在河北师大美术系就读。那会儿学生少，学生的画室和李明久先生的画室一步之遥，先生经常晚上到学生教室转转，有时说上那么两句，那种感受是现在大学生无法体会的。李明久先生讲得最多的就是"人要离生活近，画要离生活远""创作要走窄道进窄门"等等，看似平常的话语，其中却蕴含着深刻的画理。寥寥数语就可能让学生少走很多弯路。跟先生一起下乡写生更是受益匪浅。文岗还记得，晚上吃过饭后，先生给学生们说画，当时似懂非懂，十多年后，偶然翻到记在速写本上的笔记，才明白了先生的高深，其实那时先生已把画上道理都讲清了，先生谈到的可都是干货，讲的都是多年创作经验，只可惜当时学生学识浅薄还没悟到那种程度，还不完全理解。

文岗自认为作为一个长期与艺术耳鬓厮磨者，对艺术有着一定的判断力。所谓大师，因其名盛而少有人与之相提并论，更遑论比对，恐怕有不自量力之嫌而贻笑大方。其实，大师之所以成为大师，必有其突出贡献，但并不意味着尽善尽美、无可指摘、不可超越。前些年看到先生创作的山水小品，是将素描语言、素描光影移入山水，在淡淡浅绛色调氛围中融入山水画语境，不生硬，不唐突，完美而契合，前无古人。想想，徐悲鸿、蒋兆和、林风眠那代大师试图完成对中国画的改造，完成对基因图谱的改造，完成一种文化对另一种文化的置换，尽管有当时的文化政治背景，但现在看来是不完美的。而先生的山水小品，这些"暗部"完美诠释了"洋为中用"的美，这就是先生对当代美术史的贡献，对山水画史的贡献，是对"皴法"的拓展。他不曾困于传统固有程式里，更未在一遍遍重复中消耗生命。

"先生的画常看常新，一直求变，跟着时代审美变，不落伍，八十多岁老人一直在思考，令人仰慕。这几年先生又欲重回故里，重回黑土地，重回大兴安岭的松林、白雪，回到生命原点再次出发，进行新的探索。先生还是那位先生，尽管步履有些蹒跚，语速越来越慢……"文岗在文章《高山仰止》中写下这样的文字。

死生从此各西东
学生徐福厚

在空旷中独坐，李明久心下一片凄然。偌大的李明久艺术空间，唯有满墙的作品和李明久一人。他心中的苦闷无处可诉。当然他也不想倾诉。他是刻意从家里赶到工作室独自伤感的。今晨，天还没有大亮，他便接到一个学生的电话，传给他一个噩耗："福厚走了。"这是二〇二一年四月七日，徐福厚时年六十六岁。

徐福厚是李明久钟爱的学生。他能担任河北师范大学美术学院院长，正是恩师李明久传下的衣钵。而今白发人送黑发人，怎不让人心痛。

徐福厚有才，在从事美术创作的千军万马中间，他找到了自己的美术语言，开创了独属于他的美术面貌，竖起了自己的大旗。他脱离了现实主义油画的物象描摹，也不同于印象派、毕加索等任何一种画派，而是完全走了一条新路。他惯常用残破、沧桑、粗粝的大小不一、不规则的色块，或连缀、或聚合、或撕扯、或断裂，形成阔达、恢宏的气象。人物、风景，以及他们的故事就浮动在这浩瀚、苍茫、朦胧、广阔无垠中的气象中。读他的画，可以想到历史，想到时空，想到命运，想到岁月。他创造了一个不可言说的世界，在当代画坛，占据一席之地。

李明久固然爱才，但是他更看中的是徐福厚那颗柔软的心。徐福厚是最为厚道之人，对人宽宏大量，不计自己得失。李明久认为这是一个人最重要的品质。

福厚多情善感，有时候率真得像个孩子。他的善良、赤诚、深情，常化作动人的诗句流淌出来。他不仅是个画家，还是个很好的诗人。

李明久一人独坐良久，福厚的音容笑貌在脑海中掠过，不禁湿了眼眶。这些年，自己的恩师大多已故，父亲、三姨等亲人早已不在。原以为，关于生死这人人都要经历的事，自己早已看淡，不想福厚的故去竟让自己如此揪心。

下午，学生贠冬鸣来了，简单讲了一下福厚走的缘故和情况，师徒二人便相对无言，陷入沉默。

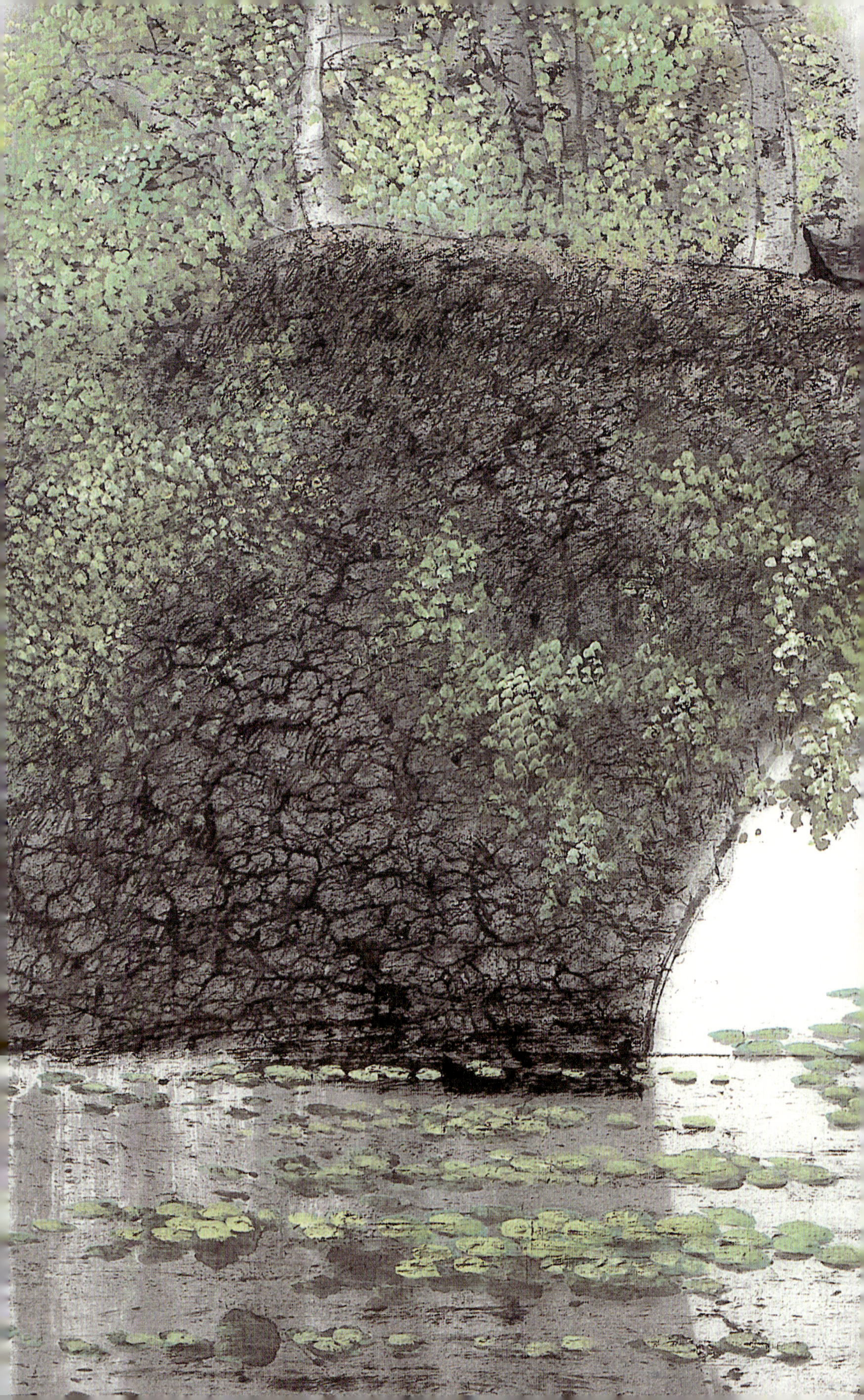

水边新绿

谁言寸草心
学生贠冬鸣

夜深人静之际，是最能全神贯注做一件事情的时候。这是一个普通的夜晚，河北著名美术评论家贠冬鸣正在埋头整理《李明久全集》。《李明久艺术年谱》《李明久文集》《李明久画集》……贠冬鸣一项项细致地打磨着。

贠冬鸣早在师大美术系就读时，就表现出与众不同。同学们用赭石颜料作画，而贠冬鸣不知从哪里搞来了黄泥替代赭石色颜料，美其名曰可以达到更加雅致的效果。"一个人有没有才华，首先看他有没有个性。"李明久认定贠冬鸣是个可塑之才，如此敢于标新立异，将来一定了不得。后来贠冬鸣在报社工作，练就了一副好文笔。到了河北美术研究所之后，时间不长贠冬鸣就展现出过人的评论才华。这既在李明久意料之内，又在他意料之外。

贠冬鸣自称是时代美术印迹的忠实记录者。外表粗粝豪放的他，内里却有着严谨治学的原则。多年来，他作为一位非常活跃的美术批评家，撰写了大量美术研究文章和画家评论。在进行艺术批评和美术史的编撰时，贠冬鸣始终坚持以艺术价值为唯一的评判标准和遴选原则。他不会从个人好恶和关系远近来判定一个画家的价值轻重，也不会按照职务高低来为画家排序。能入他"法眼"的艺术家，在他看来应具有才华、才情、才气,而画作本身,是他衡量艺术家贡献的根本价值依据。

耕耘不断,贠冬鸣致力于借助史料、梳理史料,最大限度地接近历史真相。多年来,凭借大量出版物和策展活动,贠冬鸣对河北有价值的美术家艺术创造的点点滴滴加以缜密地梳理着。其中,他写的《洞鉴——河北历代美术家》(与林宇新合著)以及编著的《标志——新中国河北美术文献》、《1912—2012:百年河北花鸟画史略》(与张鹏共同编著)、《保定美术二千年》(合著)、《田辛甫和他的时代》等著作,依据或长或短的历史轨迹,从不同角度系统叙述了河北及区域美术事业的发展历程。对于河北美术界,尤其是河北新一代美术家的进步,贠冬鸣起到的推动作用显而易见。

恩师李明久的艺术修养、治学精神、教育理念、行事风范令贠冬鸣感佩。多年来,他对恩师李明久的艺术历程、艺术内涵等进行了深入的研究,帮助恩师整理资料可谓不遗余力。他称:"检索李明久先生的探索轨迹,其实也是自觉和被动地自我检视、自我剖析、自我反思的过程。这些过程,无疑会给后人、给艺术史留下一个有血有肉且呼之欲出的人的影踪。"

在耄耋之年,有像贠冬鸣这样的学生的理解和陪伴,无疑是李明久巨大的灵魂安慰和精神支柱。

惜春行乐莫辞频
晚年生活

　　进入耄耋之年，无非莳花弄草、逗鸟遛狗、品茗赏月。至于画与不画，全看心意；所行所为，全凭自在。老伴儿蔺桂荣倒是注重养生，对李明久的睡眠饮食皆有规定。然而，艺术家的基因中天生排斥墨守成规、循规蹈矩，李明久的生活习性历来遵循自己本心的喜好，不肯就范，正所谓随心所欲。老伴儿管得严了，就做做样子；一旦管得松了，就"放浪形骸"，晚上常常看手机到凌晨之后，遇到爱吃的就大快朵颐。也许是心性放达，也许是有艺术的滋养，李明久的身子骨与老伴儿的身体一样硬朗。耳不聋、眼不花，思维敏捷、动作麻利。每日开着车带着老伴儿下馆子，或者到山前大道兜风儿。

　　这日闲来无事，浏览手机短视频，养生妙招、明星绯闻、时事政治，看了一大堆，突然觉得索然无味。看了看表，已是夜里十点，但奈何毫无睡意。李明久想了想，拨通了潘海波的电话。

　　潘海波可谓晚辈中颇有意思者。此人酷爱书法，亦通文学，针砭时弊、嬉笑怒骂，交游广阔、仗义疏财，颇有侠士之风。其自由疏狂的品性令很多人大呼吃不消，却十分对李明久的口味。李明久每日醒来，第一个想到的就是给他打电话问问有什么好玩儿的事儿没有。

　　此刻，他在电话中问道："又在哪玩儿呢？"潘海波在电话里那头大声说："有几个朋友在西二环这边呢，您来吗李老师？"李明久说："来，你们等着。"潘海波要去接，李明久坚持不用。他顺手取下衣架上的皮衣，挂上格子毛呢围巾，再戴上八角文艺范儿小帽儿，拿起车钥匙就出了门。

  李明久的黑色宝马刚停在饭店门口，几个人就围拢过来。他们是来迎接的，有的认识，有的不认识。及至走到饭店包间，众人集体起立欢迎"超级老泰斗"。看众人脸上的光景，大都喝了不少。李明久落座，随意地与大家闲聊。就着轻松愉悦的气氛，有人壮了胆，上前拥抱了李明久一下。众人看老泰斗随和，有人又大胆问道："您可有红颜知己？"只见李明久微微一笑："无可奉告！"

李明久艺术年表

1939年（己卯），1岁
生于吉林省榆树县（今榆林市）忠善乡西万泉岭村。

1946年（丙戌），7岁
对绘画的兴趣开始显现，无师自通地画"桃园三结义"和黄牛等，获乡村秀才陈梦周先生称赞。入官办小学，取学名李明久。

1949年（己丑），10岁
在草纸上仿画民间年画《三国演义》《水浒传》人物及山水画等，颇受父老乡亲夸奖。结识民间画师陈真，常携画稿请其指教。

1955年（乙未），16岁
得秦政功、萧淑卿二先生资助及鼓励，考入榆树县第三中学。得孙凤桐先生扶掖，绘画日见长进。

1959年（己亥），20岁
遵父命考入长春电信学校。在《吉林青年报》发表漫画。因迷恋绘画，下决心退学报考美术院校。

1960年（庚子），21岁

凭借好友陈太及张长弓先生资助，考入哈尔滨艺术学院预科。

1961年（辛丑），22岁

学业优异，提前升入哈尔滨艺术学院美术系中国画专业，为本科。美术系由著名美术教育家、画家杨角、张晓非夫妇主持，并有尹瘦石、吴镇东、刘忠、陈位昆、廉浦、郝石林及外聘教师关松房和王仙圃指授。

1962年（壬寅），23岁

赴辽宁千山写生，画稿得关松房先生激赏。在《哈尔滨晚报》首次发表山水画《千山无量观》。为《北方文学》等报刊绘制插图。

1963年（癸卯），24岁

速写《春灌》《小巷》《街景》在《哈尔滨文艺》发表。

1964年（甲辰），25岁

春季和同学一起赴北京进行艺术考察，拜谒王式廓、叶浅予、吴光宇、溥松窗、秦仲文等前辈。6月，毕业创作《一九六四年之春》发表于《黑龙江日报》。7月，自哈尔滨艺术学院美术系中国画专业毕业。9月，分配到中共黑龙江省委农村工作部《人民公社建设》杂志社任美术编辑。与中学同学蔺桂荣结婚。作品《立下愚公志，改造大自然——冬季农田水利基本建设速写》刊登于《北方文学》。

1965年（乙巳），26岁

多次赴大小兴安岭、绥芬河草原和完达山采访和体验生活。女儿出生。

1966年（丙午），27岁

调入《黑龙江日报》任美术编辑。

1968年（戊申），29岁

儿子出生。

1972年（壬子），33岁

4月，连环画《小英雄阮友充》发表。到全国第一所"五七干校"——柳河"五七干校"劳动锻炼。8月，速写《同学》在《黑龙江文艺》杂志刊载。《冰场侧记——一九七二年省冰上运动项目集训速写》在《黑龙江日报》发表。

1974年（甲寅），35岁

在《黑龙江日报》、柳河"五七干校"内部刊物《柳河通讯》发表速写。

1975年（乙卯），36岁

被中国美术家协会黑龙江分会抽调，进行对外展览的中国画创作。山水画《万山红遍》《镜泊春雨》等受北大荒版画启示，初步形成水墨点彩画风。在《体育报》《黑龙江日报》多次发表速写。

1976年（丙辰），37岁

速写《庆祝中华人民共和国成立二十八周年》在《黑龙江日报》发表。

1977年（丁巳），38岁

作品《镜泊春早》在《黑龙江青年》刊登。

1978年（戊午），39岁

7月，黑龙江电视台"文化生活"节目播出专题片《只研朱墨作春山——邀请我省国画家王仙圃、李明久、于志学来台作画》。中国画《镜泊春雨》等作品被黑龙江省博物馆收藏。9月，调入河北师范大学艺术系美术专业国画教研室任教师。秋，赴阜平县城南庄写生。

1979年（己未），40岁

春节期间，石家庄举办"迎春画展"，6幅作品首次与河北观众见面。山水画作品赴瑞士参加画展。8月，应河北省新闻出版局、河北省旅游局之邀与崔子范、溥松窗、黄润华、费新我、田辛甫、王怀骐、钟长生等到北戴河海滨疗养和作画。赴太行山写生。

1980年（庚申），41岁

2月，与学生白云乡、刘岩森共同创作《狼牙山浩气图》，此作后长期在人民大会堂河北厅陈列。6月，作品《镜泊春雨归来时》在《人民日报》"大地副刊"发表。11月，作品《漓江晨曲》在《诗刊》杂志刊登。

1981年（辛酉），42岁

2月，中国作协主办的《诗刊》杂志社转来法国《海淀》（PARIS PEKIN）杂志社社长济安的信函，邀请李明久到法国举办画展。赴华山写生。

1982年（壬戌），43岁

参加在中国美术馆举行的"河北八人中国画展"，作品辑入河北美术出版社出版的《河北八家画集》。赴三门峡写生。

1983年（癸亥），44岁

11月，由中国美术家协会天津分会主办的"山川乡国情——张步、李行简、于志学、李明久山水画联展"在天津市美术展览馆举行，李明久的《红上枝头已知秋》等25幅作品参展。赴泰山写生。

1984年（甲子），45岁

3月，河北师范大学艺术系一分为二，音乐和美术专业各自独立成系。出任美术系副主任，主持全面工作。10月，《瑞雪》参加由文化部、中国美术家协会主办的"第六届全国美术作品展览"，获铜质奖，作品随后被中国美术馆收藏，这是河北中国画家自新中国成立以来，首次在全国美展获得奖项。

1985年（乙丑），46岁

9月，菲律宾中国艺术中心举办"中国画联展"，作品参展。"李明久作品系列"在人民美术出版社编辑出版的《中国书画》丛刊刊载。加入中国美术家协会。

1986年（丙寅），47岁

1月，《河北日报》布谷副刊刊登"李明久作品选"，选发作品《太行暮雨》《秋》和《天都峰》等。3月，被任命为河北师范大学美术系主任。加盟即将举行的"运河之子"画展团队，考察京杭大运河并在沿线写生。6月，在河北师范大学举行80周年校庆之际，历时一年多主持筹建的艺海画廊正式投入使用。8月，在日本石川县松任市举办"86国际美术展"，作品《太行魂》获优秀奖，日本石川县松任市市长细川久米夫为其颁发感谢状。12月，在中国美协河北分会第二次代表会议上，当选为副主席。

1987年（丁卯），48岁

5月，组织浙江美术学院、天津美术学院、内蒙古师范学院美术系、河北师范学院美术系以及河北师范大学美术系举办"五校学生联展"。12月，作品《水乡吟》参加在日本鸟取县举办的"中日友好河北省书法绘画展览"。中国河山画会成立，成为首批会员。

1988年（戊辰），49岁

1月，由中国美术家协会、中国出版对外贸易总公司、《中国大运河》编辑委员会主办的"运河之子"画展在中国美术馆举行，时间长达两周，大运河写生作品参展。3月，中国出版对外贸易总公司艺术品中心在美国举办"现代中国画展"，大运河写生作品《江南行》等10幅作品参展。由香港集古斋主办的"运河之子——大运河中国画展"在香港钻石会大厦举行，大运河写生作品参展。当选第六届政协河北省委员会委员。

1989年（己巳），50岁

3月，偕夫人赴地处福建泉州的华侨大学艺术系进行短期讲学。9月，

《李明久画集》由河北美术出版社出版，吴作人题签，孙其峰作序。画集辑入近作43幅及各时期代表作若干。

1990年（庚午），51岁

3月，澳大利亚《企业家》杂志刊载作品《风穴古塔》，石鲁、吴冠中和王有政作品亦同期刊登。4月，主持在艺海画廊举行的河北师范大学美术系"教师素描速写作品展"，共展出写实和探索性习作150余幅。6月，在台北雍雅堂举办"李明久水墨小品展"。9月，香港《文汇报》"中国书画版"整版介绍李明久作品并配发评论。第二次赴大运河写生。

1991年（辛未），52岁

1月，《人民日报》（海外版）发表刘迪撰写的评论"画得江山助"，配发作品《孟春》。3月，"现代中国水墨画新作展——香港东方书画院创院首展"在香港举行，作品《江南春雨》和《春到水乡》参展。6月，由商务印书馆（香港）有限公司主办的"李明久水墨画展"在香港商务艺廊举行，并随展览再度赴港。赴大别山写生。

1992年（壬申），53岁

5月，作品《太行银装》《太行春早》和《斜阳留照有余红》参加在汉城举办的"现代中国画展"。6月，被评选为河北省省管优秀专家。再度被任命为河北师范大学美术系主任。11月，带学生赴河北邢台杨庄太行山写生。第三次赴大运河写生。

1993年（癸酉），54岁

作品《太行无名寺》获"中国首届旅游书画艺术节"优秀奖。再次出任河北师范大学美术系主任，晋升为教授。当选为中国人民政治协商会议河北省第七届委员会委员。

1994年（甲戌），55岁

5月，由香港艺苑主办的"当代艺苑精英——李明久教授中国画展"在香港艺苑展览厅举行，由香港艺苑出版社出版的精装《李明久山水画选集》，亦于当日与读者见面。6月，由新加坡美术总会、中国香港艺苑企业公司、新加坡天鼎艺术中心主办的"李明久教授山水画展"在新加坡河畔艺术中心展览厅举行，共展出《太行春早》等35幅作品，《运河烟雨》等10幅作品被现代画会收藏。7月，在马来西亚吉隆坡市集珍庄画廊举办"刚猛之境与阴柔之美——李明久的太行、运河水墨系列画展"。

1995年（乙亥），56岁

6月，为"河北师范大学美术系毕业生作品展"撰写前言。9月，由香港集古斋画廊主办的"中国画六人展"在香港钻石会大厦举行，李明久、申少君、崔海、梁占岩、吴庆林、刘进安等参展，李明久撰写前言。获"河北省文艺振兴奖"。被评定为中共河北省委、河北省人民政府省管优秀专家。

1996年（丙子），57岁

12月，参加中国文学艺术界联合会第六次全国代表大会，会议期间，拜谒恩师、中国文学艺术界联合会副主席尹瘦石先生。

1997年（丁丑），58岁

4月，辞去河北师范大学美术系主任职务。12月，出席河北省美术家协会第三次代表大会，再次当选为副主席。

1998年（戊寅），59岁

1月，当选第八届政协河北省委员会委员。11月，《当代中国画家丛书——李明久卷》由河北教育出版社出版，所辑入作品皆为青绿山水画。

1999年（己卯），60岁

5月，香港《大公报》"画坛撷英版"推出李明久的新作——金笺青绿山水。刊出《塞上初寒》《繁红嫩翠》《秋光夕影》等作品，以及萧晖荣撰写的评论"运河之子——李明久山水画"。

2001年（辛巳），62岁

7月，参加中国美术家协会和中国美术家协会中国画艺委会在中国美术馆主办的"中国当代百家画扇精品展"并辑入同名画集。9月30日，中国美术馆藏品《瑞雪》入选在中国美术馆举行的"百年中国画展"。

2002年（壬午），63岁

1月，"2002年老甲中国巡回展"在石家庄市博物馆举行，主持开幕式和"老甲作品研讨会"。8月，《中国现代山水画全集》由河北教育出版社出版，辑入李明久代表作《秋到太行》《登山临水》以及画家小传。11月，经过两个半月的紧张创作，恢宏巨制《江山无尽》在河北会堂邯郸厅完成，装裱后在中国共产党第十六届中央委员会第一次全体会议主会场——京西宾馆中央会堂悬挂。

2003年（癸未），64岁

12月，赴京出席中国美术家协会第六次全国代表大会。"当代国画优秀作品展——河北作品展"在北京全国政协礼堂开幕，作为河北代表性中国画家参展。参加文化部主办的"中华世纪之光——中国画提名作品展"。

2004年（甲申），65岁

5月，参加全国文联组织的赴南水北调源头——湖北丹江口市采风活动。8月，作品《雪夜》入选"第十届全国美术作品展览"。12月，参加中国美术名家埃及之旅采风团活动，作品《春山新雨》《秋山雨后》及小传辑入《中国美术名家埃及之旅采风团作品集》。

2005年（乙酉），66岁

4月，随"中华魂——情系宝岛华辰艺术采风之旅"参访团前往台湾访问。5月，由中国艺苑集团有限公司、香港艺苑、中国艺苑研究学会主办的"李明久中国画展"于香港大会堂高座展览馆隆重举办。8月，作品参加在中国美术馆举行的"中华魂·宝岛情艺术采风之旅写生作品展"。河北电视台"美术广角"栏目播出李明久艺术专题片。赴黄山祁门县古民居写生。9月，作品参加在中国美术馆举办的"'中华魂——情系宝岛华辰艺术采风之旅'：画家眼中的宝岛摄影展、画家笔下的宝岛写生作品展"。作品《江山无尽》参加由中共河北省委宣传部、河北省文学艺术界联合会主办的"艺术河北北京行——河北省美术、书法、摄影艺术精品大展"。

2006年（丙戌），67岁

1月，巨幅作品《天纳百川》陈列在重新改建的石家庄机场。

2007年（丁亥），68岁

1月，"田辛甫、李明久精品展"在石家庄大名人书画院举行。9月，参加在石家庄举行的"中国画逸品八人作品展"，并为展览和作品集撰写序言。10月，赴京参加老甲艺术馆成立十周年庆典仪式，在研讨会上即席发言。参加中国人民大学与河山画会共同举办的"河山如画图——中国人民大学成立七十周年暨河山画会成立二十周年纪念画展"。12月，在河北省文学艺术界联合会第八次代表大会上，当选为荣誉委员。

2008年（戊子），69岁

2月，随中国美术家协会河山画会代表团赴英国访问。

2009年（己丑），70岁

1月，赴人民大会堂北京厅出席中国人民对外友好协会艺术创作院成立大会，被聘为艺术委员会主任。8月，作品及艺术档案被辑入四川美术出版社出版的《中国当代名家画典》。9月，中央电视台戏曲频道"翰墨戏韵"播出专题片《画家李明久》。

2010年（庚寅），71岁

精装《李明久画集》由香港艺苑出版社出版，贠冬鸣主编。

2011年（辛卯），72岁

4月，由岭东美术馆和汕头市美术家协会主办的"刚健婀娜共冶一炉：李明久山水画展"在广东省汕头岭东美术馆举行，展出60多件雪意山水作品。中央电视台"翰墨戏韵"播出纪录片《画家李明久以及他的画作》。

2012年（壬辰），73岁

1月，"同源——陈传席、李明久书法作品展"在石家庄雪浪石画廊举行，展览由河北省美术家协会、河北省美术研究所主办。7月，由湖南省美术协会、湖南省画院主办的"李明久、吕绍福山水画展"在长沙举行。香港艺苑出版社出版《蹊园逸品：2012李明久》，贠冬鸣主编，闻章作序。

2013年（癸巳），74岁

4月，"铁扬、李明久对话作品展"在河北文学馆举行。《李明久艺术馆》印行，出品人赵晓剑，主编贠冬鸣。

2014年（甲午），75岁

《荣宝斋》辟专栏持续刊发作品。5月15日，由中共河北省委宣传部、中国美术家协会中国画艺委会、中共唐山市委、唐山市人民政府和河北省教育厅、河北省文化厅、河北省文学艺术界联合会、河北省政府参事室、河北师范大学主办的"李明久艺术馆开馆仪式"暨"李明久艺术成就研讨会"在唐山举行，"李明久雪意山水画作品陈列展"亦于同日开幕，来自海峡两岸暨香港的美术界的知名学者、艺术家70多人参加了研讨会和开馆仪式。香港艺苑出版社出版、贠冬鸣主编的《李明久雪域山水集》亦于当日面世。9月23日，"李明久'逸品'艺术展"在河北美术学院拉开帷幕。

2016年（丙申），77岁

9月，作品受特邀参加中共河北省委宣传部、河北省文化厅、河北省文学艺术界联合会主办的"美丽河北·走进太行——河北美术作品展"，展览在中国国家博物馆举行。

2017年（丁酉），78岁

12月，作为艺术委员会委员，赴京出席在中央数字电视书画频道美术馆举行的"河山如画图——中国美术家协会河山画会成立三十周年艺术展"开幕式。

2018年（戊戌），79岁

10月，出席在河北美术出版社美术馆开幕的"向前辈致敬——庆祝河北美术出版社建社七十周年画展暨《冀美绘事》出版座谈会"，并有作品特邀参展。

2019年（己亥），80岁

1月，"李明久艺术空间"在石家庄揭牌，同时展出代表作近60幅。3月，出席河北美术出版社召开的《韩羽集》新书发布暨出版座谈会。9月，河北省美术教育学会第六次会员代表大会在石家庄召开，被聘为名誉会长。

2020年（庚子），81岁

4月，为贠冬鸣主编、河北美术出版社出版的《美术家个案研究丛书——老驷》作序。

2021年（辛丑），82岁

5月，出席"河北师范大学美术与设计学院'第十三届学院杯优秀作品展'"活动并宣布展览开幕。

2022年（壬寅），83岁

4月23日，第27个世界读书日，石家庄市图书馆举行"俊采星驰——杜建奇画笔下的文学大家"主题绘画展，出席开幕式并宣布画展开幕。

2023年（癸卯），84岁

5月，赴井陉太行山中出席龙山书院揭牌仪式，并被聘为龙山书院顾问。8月，"雕琢未朴——李浩书画作品展"在石家庄市图书馆新馆举办，出席开幕式并宣布展览开幕。

2024年（甲辰），85岁

1月，赴杜建奇美术家工作室出席"三人行——杜建奇、潘海波、李浩书画作品展"开幕式并宣布展览开幕。

后　记

就像遇见老朋友，总有说不完的话。《下在庄里的雪——李明久传》搁笔了，我只是从森林的一端，尽量以最短的距离穿越到另一端，而整片森林的风景又怎能全部领略呢？李明久先生的艺术求索历程、艺术精髓、艺术理念、艺术修养、艺术成就和贡献，像一个富矿，值得更多人去挖掘、参悟、探究，从而获得熏陶、启迪以及鞭策和鼓励。

有时候一个城市的魅力是因为一个人。在艺术领域，石家庄因为有李明久而变得不同。先生是当代中国画坛名副其实的大家。他的太行风光、水乡风情、怡情小品，无不打破了陈陈相因的窠臼，而刻上了自己的烙印。凝结着他对故乡深切思恋的雪域风光更是独树一帜，开创了一代画雪新貌。那幅在全国第六届美展上获奖的《瑞雪》，像一枚勋章永远镌刻在中国美术史上。他是一代宗师，是河北美术教育的奠基人，当年对河北美术的格局以及河北在全国画坛的地位起到了举足轻重的作用。他的学生们正在全国各地重要美术事业岗位上作着贡献。

毫无疑问，李明久先生是河北美术史上的一座里程碑，是石家庄这座城市的一个标志和一张名片。他是吉林长春人，却把满腹的才华贡献给了石家庄，恰似下在庄里的雪，装点和滋润了这片土地。而今，任何一个从石家庄经过的画家心里都充满敬意，因为庄里有个李明久。

后 记

采访李明久先生是从二〇一九底开始的。算来他那时有八十一岁。友谊南大街有一处李明久艺术空间，一到周末我就打车去那里聆听先生教诲。艺术空间很大，中间有一个小圆桌，先生坐在一个半高的软椅上，习惯性地将双臂非常舒展地搭在椅背，显得高贵儒雅，很有大师风范。先生喜欢白色，常着米白色或者鹅黄色系衣裤，又加身形瘦削，体态轻盈，自有一种仙风道骨的飘逸气度。他的语速较慢，语气舒缓，多停顿，言谈轻松家常，风趣中透着斯文。因来河北多年，仅个别字词保留东北口音，比如把"人"发音成"银"，这为他的语言增添了趣味性。先生自有长者的威严气度，同时又善解人意、和蔼可亲，让人既敬重又放松。

近距离聆听李明久先生的教诲，感受先生的风范，是一件非常幸运的事，然而，对先生的采访是个艰难的工作。我多么希望他能把以前的事给我讲得详细一些、生动一些，可是他总是言简意赅、惜字如金。长篇大论、滔滔不绝这两个词语今生与李明久先生无缘，更别说添枝加叶、绘声绘色、夸张渲染。无论多么重要的事或者好玩儿的事，他都是三言两语点到为止。任你再怎么追问，他也就是那么几句话来回说。这使我不禁想起电影《甲方乙方》中的那句台词："打死我也不说。"

文如其人，他的文章也是辞约义丰、简洁精练，雅致而蕴藉。这可能与他早期受到的文学启蒙来自古典文学有关。他小时候上过私塾，还没识字就开始摇头晃脑地大背文言文了。

李明久先生待人宽厚，慷慨义气。有时候有幸和先生一起吃饭，每次他都抢着买单，动作之迅猛令人措手不及，完全不像八旬老者。有一次他没有开车，饭后我想开我的车送他回家，他执意不肯，硬要自己打车，怕我不依，竟小跑起来。

其他认识李明久先生的人也都这么说，他身上有一种老式文人的风范，恪守君子之道。这大概是因为先生在求学阶段，正值审美和观念形成阶段，有几位恩师都是老式传统文人，对他影响很大。

先生这样令人高山仰止的艺术大家，对人，尤其是对我这样的年轻人，谦恭礼让，令人感佩。然而这也给我的采访增加了困难。每次拜访先生，他总是全套礼节必须走完。嘘寒问暖、沏茶倒水、清洗摆放各色水果，再闲聊些题外话，才能进入访谈。走的时候，先生又执意起身相送，或要亲自开车送，或者非要给打上出租车。一套推让下来，耗去他老人家不少时间和精神。然而，他不厌其烦，下次依然如故，次次如故。我担心先生太累，每次不敢采访时间太长，掐头去尾，留给真正采访的时间不多，每次捞到的干货有限。

如此一来，只好软磨硬泡、战线拉长。如今完稿，算来已经过去了四年。

其实，各种理由都是托词，主要原因还是在我。我比较懒惰又贪玩，工作繁忙，家里琐事也多。最主要的是我的情绪不太稳定。一阵子来了精神，气吞万里如虎；一阵子萎靡不振，凄凄惨惨戚戚。再加上李明久先生体谅我，总说："别着急，别着急，慢慢写。我离一百二十岁还早着呢，一时半会儿走不了。"我就更加拖沓懒散。

如今能完稿，多亏了老师和朋友的帮助。我第一个要感谢的是书法家潘海波先生。他学富五车、侠肝义胆、交游广阔，认识很多艺术名家。有一回他邀请我为一位艺术家写篇文章，我答应试试，没想到却得到了他极大的肯定。因此，潘海波先生是我美术评论写作的引路人。因

后记

为是在工作中相识,我从未叫过他老师,但是他是我名副其实的老师。拜他引荐,我结识了不少艺术名家,李明久先生就是其中之一。《下在庄里的雪——李明久传》的写作也得到他的大力帮助。他学问大,见识广,有时候李明久先生提到的人物或者事件,我闻所未闻,他却都知道,经他一讲我便很明白。

我要感谢我的老师郭宝亮先生。七八年前,我为了混个硕士文凭,读了在职研究生。我的导师郭宝亮先生在文坛名气很大,我虽顽劣,但好面子,怕老师笑我才疏学浅,便不敢投机取巧,短时间内恶补了一下现当代文学。写毕业论文的时候,经老师指点,我才知道我从书上所了解的当代文学和当下的当代文学已经是两码事了。我所想到的论文课题,都是别人写了八百遍的。恩师建议我研究真正的当代文学。经他引导,我才对当代文坛的现状、风云人物等有了了解。他们的作品,与我们当下的生活更加贴近。读了一些之后,我感觉我也能写,于是便尝试着写一些散文和小说,没想到得到了师友的肯定,还发表了不少。因此,郭宝亮先生为我打开了一扇文学的门。《下在庄里的雪——李明久传》是我写的第一本人物传记,一定要请恩师作序。郭宝亮先生一口答应,序言字里行间蕴含着恩师对我的厚爱、自豪和期许,给了我极大的鼓励。

我要感谢我的老师李浩先生。他是获过鲁迅文学奖的文学大家,我十分敬仰他,但有一次我们对某个时事问题看法不同,我没大没小地跟他抬杠,把他气得不轻。我的第一篇小说写完,厚着脸皮传给他,请他指点,心想这么大的作家在身边,不请教太亏了。半个月后,他给我打来电话,对我的小说高度赞扬,用了半个小时给我讲好的地方与不足的地方，那语气听上去比我还激动。后来还帮我把作品向文学刊物推荐。他在百忙之中为我的第一本散文集《品茗听雪》作序，称赞我的人物散文别具一格，称我为"林外的树"，给了我极大的信心。这次《下在庄里的雪——李明久传》，他虽百事缠身，却不忍推辞我的请求。一篇洋洋洒洒四千多字的见解独到、逻辑缜密、言辞恳切、文字优美的序言，为这本书稿增添了无限光彩。李浩先生的才华、率真、仗义、正直、惜才、刻苦，我要终身学习。

我要感谢闻章先生。闻章先生不仅是写人物传记的高手，一位才华超众的艺术家，还是一位得道高人。他对人生道理的参悟非常深刻，是我认识的人中最能悠游自在地面对人生之人。他的话常常令人醍醐灌顶，他的学识、智慧、思想，总是对别人有启迪意义。记得有一次我心有疑惑，便去请教闻章先生。去时心情和归时心情截然不同。《品茗听雪》和《下在庄里的雪——李明久传》，我都邀请闻章先生作序，闻章先生欣然应允。时间不长，先生就完成了序言，还列了好几条修改建议。先生对晚辈的提携鼓励和帮助，我感激不尽，在此拜谢。

我要感谢李明久先生的众多朋友和学生，比如陈宗麟、萧晖荣、黄兴国、刘进安、林宇新、陆成刚、郭宪、刘小放、戴魁、王旭，等等。各位老师或者接受我的采访，或者提供了不少资料和信息，为《下在庄里的雪——李明久传》的完成起到了关键作用。

我最需要感谢的自然是李明久先生。先生谦虚，尽管很多年前不少学生和朋友就提议他做一本传记，他总自谦不够分量。直到耄耋之年，先生耐不住友人相劝，终于答应做传记。感谢先生对我的信任，以及在写作期间对我的体谅和鼓励。先生看了书稿后说我比他自己还了解他，他人生中发生的事情，好像我就在他身边亲眼所见；他的所思所想，仿佛我就是他肚子里的蛔虫，摸得清清楚楚。虽然先生向来与人为善，对人不吝夸赞，对学生更是以鼓励为主，但是想必不会有大的差池，先生对传记还是比较满意的。这给了我极大的鼓励。

当然，正如我开头所说，李明久先生的人生历程是一个富矿，不是一本十几万字的传记就能涵盖的。我只讲述了自己当前最想讲的一部分，如若把我想说的话都说完，估计得再过几年才能完稿。而且我的能力有限，书中必定有不少不足之处。在此，恳请各位读者不吝批评指正，以便本书再版时能得到完善。

图书在版编目（CIP）数据

下在庄里的雪 ：李明久传 / 付聪著 . -- 石家庄 ：河北教育出版社，2024. 11. -- ISBN 978-7-5545-8995-3

Ⅰ．K825.72

中国国家版本馆 CIP 数据核字第 2024Z3Q297 号

书　　名	下在庄里的雪——李明久传
	XIA ZAI ZHUANG LI DE XUE——LI MINGJIU ZHUAN
作　　者	付　聪
出 版 人	董素山
策　　划	汪雅瑛
统　　筹	牛亚勋
责任编辑	李　楠　王宏图
装帧设计	郝　旭
封面题字	王　蒙
肖像绘制	杜建奇
出　　版	河北出版传媒集团
	河北教育出版社　http://www.hbep.com
	（石家庄市联盟路705号，050061）
印　　制	石家庄海德印刷有限公司
开　　本	787 mm×1024 mm　　1/16
印　　张	25
字　　数	285千字
版　　次	2024年11月第1版
印　　次	2024年11月第1次印刷
书　　号	ISBN 978-7-5545-8995-3
定　　价	96.00元

版权所有，侵权必究